大辽晚歌

下部 ／ 群雄称帝

王冠臣◎著

中国文史出版社
CHINA CULTURAL AND HISTORICAL PRESS

图书在版编目（ＣＩＰ）数据

大辽晚歌.下部,群雄称帝 / 王冠臣著 .-- 北京：
中国文史出版社, 2018.7
　ISBN 978-7-5205-0463-8

Ⅰ.①大… Ⅱ.①王… Ⅲ.①中国历史—辽代—通俗
读物 Ⅳ.① K246.109

中国版本图书馆 CIP 数据核字 (2018) 第 183537 号

责任编辑：梁玉梅

出版发行：**中国文史出版社**

社　　址：北京市海淀区西八里庄 69 号院　　邮编：100142

电　　话：010-81136606 81136602 81136603（发行部）

传　　真：010-81136655

印　　装：北京温林源印刷有限公司

经　　销：全国新华书店

开　　本：16 开

印　　张：17.5　字数：261 千字

版　　次：2019 年 3 月北京第 1 版

印　　次：2019 年 3 月第 1 次印刷

定　　价：49.80 元

目录

第一章

药师计杀韩丑儿 大石乘夜取沈州

耶律淳见金军鸣金收军，便令一部分军士站岗放哨，大部分兵士回营帐休息。正熟睡间，忽然有哨兵来报："营北面树林起火！"

耶律淳急忙起身，走出营帐，又见萧干飞奔过来，喊道："元帅，不好了，金军已上了山顶，现在军营四面起火！"

耶律淳知道这怨军营帐都扎在树林之中，大火蔓延过来，怨军会尽被烧死。他急忙传令，让萧干率兵当先锋，当先开路，杀下山去。自己率领中军随后杀下山来，又令张镇州领本部人马断后。

萧干急忙率领本部人马冲下山来，金兵早已在山下列成阵势，只等怨军下山截杀。萧干回头一看，自己带的将士看到金军阵容强大，都畏葸不前。萧干振臂高呼道："兄弟们，咱们身后是火海，前边是金兵，你们是想葬身火海，还是想与金兵拼个鱼死网破？"

他身后的将士听了他这一气吞山河的吼声，顿时抖擞了精神，齐声吼道："誓与金兵拼个鱼死网破!"于是，萧干一马当先，冲入敌阵，身后两千骑士都拼了命，饿虎扑食般冲进金军阵营。

俗话说，横的怕愣的，愣的怕不要命的。那些金兵虽然骁勇善战，但是碰上这群不要命的儿郎，也是胆怯，呼啦啦就被萧干冲开一条口子。激战一个时辰，终于被萧干杀出一条血路，冲出包围圈。耶律淳指挥中军，后杀出了重围。

迪乃古见怨军队伍庞大，估计一下子消灭不完，便传令："放过中军，集中全力包围断后的怨军，务必吃掉怨军的尾巴。哪员将领放过一兵一卒，提头来见!"

张镇州率领的断后军被金军团团围住，厮杀了一夜，兵士越来越少。杀到天亮，张镇州环顾左右，身边只剩五十余人。这时他已身被八创，其余将士皆带伤，个个鲜血淋漓。

金军将这几十个辽兵团团围住。金将迪乃古道："你们这几个人已插翅难逃，如果缴枪投降，可免一死!"

张镇州对部下道："断后五千兄弟皆已战死。我等岂可偷生? 不怕死的跟我上!"说完跃马挺枪，向金军冲去。身后五十余伤兵也奋力冲杀。张镇州连挑几员金将，最后马蹄被砍伤，战马扑通一声跪倒在地，把张镇州掀下马来。金兵一拥而上，把张镇州砍为肉泥。

其余五十余骑怨兵尽皆战死，无一人投降。

再说金军急行军三天，来到山寨，未曾消停，就攻打山寨，夜里又与怨军厮杀一夜，疲劳已极，因而歼灭了张镇州的后卫军，就懒得去追击耶律淳的大部队，停下来休整。

耶律淳残部一直逃到懿州，才停下来，一面修筑城墙，一面扩充军队，准备迎击金军。

再说威州路都统斡鲁古率领五千精兵，围了东京，见辽军节度使韩丑儿正在城头巡视，便写了一封书信，绑在箭上，射入城中。

韩丑儿拆开一看，见书上写道："我大金国，自起兵以来，战无不胜，攻无不克，辽军闻风丧胆，狼奔鼠窜。今日耶律淳全军溃败，丢盔弃甲，已远遁辽南。你以一千羸卒，守此孤立无援之城，危在旦夕。一朝城池打破，尔等玉石皆碎。俗话说，识时务者为俊杰，你若能审时度势，弃暗投明，归顺大金，不仅可以保全性命，还可官留原职。现在你已到了生死抉择的关头，是死是活，皆由自取，勿谓言之不预也！"

韩丑儿看了书信自思，手下这一千老弱，如何能敌金军虎狼之师？若是金军打破城池，不仅自己要命丧黄泉，自己的老婆也将为金人之妻，倒不如早日投降，保住这一官半职，还能保住美人不被别人抢走。

于是他就写了一封回信，也绑在箭上，射到城外。金兵拾了书信，呈给斡鲁古。斡鲁古打开一看，见信中写道："大金国都统麾下：窃闻大金国顺天应时，讨伐无道之辽。所向披靡，百战百胜，卑人早有归顺之心。今日天兵已到，小可岂敢抗拒天兵？待我与众将商议，明日开门投诚，迎贵军入城。"

斡鲁古见其言辞谦卑，知其不敢对抗金军，便不准备攻城，等待次日接受投降。

韩丑儿虽为东京节度使，但留守东京的一千人都是郭药师的部下。郭药师手下有四员战将，都是郭药师的拜把子兄弟。他们只听郭药师的，不听韩丑儿的命令。因而韩丑儿想投降，必须和郭药师商量。没有郭药师的支持，他的命令就没有人去执行。

韩丑儿回到府邸，就请来郭药师商议投降事宜。韩丑儿道："现在耶律淳已全军溃败，逃往辽南去了。我们只有一千老弱之卒，怎能守住东京？倒不如投降金兵，还可保住官职，也避免一场屠杀。"

郭药师表面上表示赞成投降，但又说道："此事关重大，我必须和手下校尉商议妥当，统一了认识，才能行动，避免军队哗变。"

韩丑儿听他说得有理，便让郭药师回到军营，劝说手下军官。

郭药师回到营帐，便召来手下军官，对他们说道："韩丑儿贪生怕死，想卖城求荣，投降金军，你们意下如何？"那些军官齐声说道："我们都是辽东人，家乡父老遭金贼杀戮，投军参战，就是为了报家仇国恨，岂有降金之理！"

郭药师称赞道："诸君所言正合吾意，明天我就诱骗韩丑儿来军营，你们各带十个刀斧手埋伏于帐内，等他一进帐，就乱刀砍死！"

几个军官都道好计，领令而去。

第二天，郭药师派人去对韩丑儿道："有的校尉认为没有节度使的命令，不愿投降金军，请节度使亲自去军营，向他们晓以利害，劝其投降。"

韩丑儿信以为真，便带了两个亲兵，来到军营，刚迈进大帐，几十个刀斧手一拥而上，顿时把韩丑儿砍死。

郭药师杀了韩丑儿，亲自率兵进驻节度使府，找到了宝英。宝英见到日夜思念的郎君，抱住郭药师痛哭一场。郭药师好言安慰一番，又抱住她温存了一回，宝英才面露笑容。

郭药师道："怨军主力已被金军击退，东京只剩一座孤城，不能久留，今晚趁金军不防，咱也撤往徽州。"宝英说道："宝英生是相公的人，死是相公的鬼，愿意跟随相公走到天涯海角！"

当晚半夜时分，郭药师点起人马，悄悄开了南门，逃出了东京。

斡鲁古不知韩丑儿被杀，还以为到了天亮，韩丑儿必会打开城门，率怨军投降，因而并没在南门设防。到了天亮，见城上没有一个守兵，还以为怨军都到校场集合，准备出城投降呢。谁知到了中午，城中仍无动静。

一偏将粘罕对斡鲁古道："城头不见一个怨军士兵，也不开城门投降，别让韩丑儿逃跑了呀！"

斡鲁古便令士兵，攀云梯爬上城头一看，果然不见一兵一卒，便放下吊桥，打开城门。斡鲁古率金军入城，竟是一座空城，韩丑儿早已不知去向！

斡鲁古急令粘罕，率领二千骑兵追击。

且说郭药师保护着宝英逃出城外，他知天亮后，金兵必然追来。自己手下只有三百骑兵，其余七百都是步兵，恐怕被金兵追上，便令校尉哥竺领七百步兵走大路往宣州撤退，自己却领三百骑兵保护着宝英一路狂奔，往徽州方向去了。粘罕率领金兵，听说大队辽兵往宣州逃跑，便领兵往宣州方向追击，第二天中午追上怨军。哥竺见金兵追来，知道抵敌不住，便令士兵四散逃命，有的逃进了山林，有的隐伏于草丛之中。金兵抓到了百十个怨军士兵，听说怨军已分崩离析，四散逃命去了，便问："韩丑儿何在？"

怨军士兵告诉他道："韩丑儿已被郭药师杀死。"

粘罕又问道："郭药师何在?"

怨军士兵答道："郭药师已率领三百骑兵投奔徽州去了。"

粘罕知道中了郭药师的金蝉脱壳之计,急忙率领金兵去徽州路上追赶。

郭药师领着三百骑兵眼看着快赶到徽州,忽听身后人喊马嘶。郭药师回头一看,一队金兵飞驰而来,郭药师就令一百骑士保护着宝英先走,他率领二百骑兵摆开方阵,等待与金军厮杀。

粘罕追到面前,见郭药师兵少,便跃马挺枪直取郭药师。郭药师也拍马抡刀迎战,两人大战十余合,粘罕力怯,勒转马头逃跑,金军见主将败逃,纷纷后撤。

郭药师也不追赶,复率军往徽州而来。粘罕虽输了一阵,但并没多大损失,正欲往东京撤军,却见北方烟尘滚滚,又一队金兵驰了过来。原来是迪乃古听说东京怨军败退下来,便派裨将忽豪领一千骑兵前来追杀。

忽豪见了粘罕,问明了情况,二人便合兵一处,复来追击郭药师。

郭药师率领二百余骑,来到徽州,城上看是郭药师到来,急忙打开城门,放下吊桥,让郭药师进城。郭药师和他的骑兵刚进徽州,就见远处尘土飞扬,忽豪和粘罕率大队金兵追杀过来。郭药师令拽起吊桥,紧闭城门,任凭金军叫骂,就是不出战。忽豪和粘罕见城上守军甚众,料难以攻破,于是退十余里下寨,等待迪乃古率大军到来。

谁知迪乃古知耶律淳大军屯驻徽州,附近崇州和显州空虚,便令婆卢率一万兵取显州,自己率一万兵取崇州。待攻下崇州和显州,三路军合兵攻打徽州。

郭药师进了徽州城,拜见耶律淳,将韩丑儿欲降金军,已将其杀死,自己带兵突围的经过说了一遍。耶律淳道:"郭将军临危制变,转战五百里,保存了有生兵力,实则有勇有谋,真虎将也!"于是加封郭药师为辽东路节度使,兼行军都监,又拨给他五千怨军让其据守宣州。

萧干密谓耶律淳道:"郭药师贪色,因争夺女人而杀死了韩丑儿。如果让他守宣州,万一宝英落入金军之手,郭药师必然降金。不如以保护家眷为名,把宝英送回南京。只要宝英在,郭药师不会降金。"

耶律淳听从萧干的建议，下令："不日我军将与金兵决一死战，为保护家眷安全，凡在军中女眷，一律送回上京居住。"

郭药师也不敢违背将令，只好打发亲兵，将宝英送回上京安置。

又有拦子马飞报："金将婆卢率领一万人马，向显州进发。"

耶律淳恐显州有失，便令萧干率五千怨军去增援显州。耶律淳又恐怨军新败，士气低落，抵挡不住金兵的攻势，又派人送信给耶律大石，令其率领五千辽军来辽东助战。

且说这耶律大石虽然年轻，但是进士出身，通古晓今，精通兵法，善于用兵。这时他正在驻守白沟，防宋军入侵，接到耶律淳命令，便留三千辽兵守白沟，自己带领五千辽军向辽东进发。

耶律大石出了居庸关，便对部下道："金将迪乃古率领二万骑兵，攻辽西，大败怨军，现在锐气正盛；我军仅五千人，大部是步兵，长途跋涉上千里，金兵以逸待劳，恐怕正面攻击难以取胜。"

耶律大石手下将领也都有惧敌之色。大石又道："金军主力都在宣州一带，东京和沈州守兵不多，我不如直接去攻打东京。若能攻下东京和沈州，就断了金军的粮道，金军的辎重都囤积在东京。迪乃古听说东京失守，必定回师自救，我军可选择有利地形于路伏击，可大获全胜。"

众将听了，都拍手称赞道："此计甚妙！"

耶律大石又道："我军有不少家乡是东京的兵士，可以从中选百十个人，让他们化装成商人，预先潜伏进东京。待我大军攻城时里应外合，可以一举攻克东京。"

众将十分信服，便回营挑选出一百名东京籍的士兵，让他们换上平民服装，给足了盘钱，先行潜入东京去了。

一切安排就绪，耶律大石才率领大军，浩浩荡荡向东京进发。

且说东京只有一千金兵防守。金将罕路虎听说耶律大石率领五千辽兵来犯，大吃一惊，因为耶律淳大军已被金军打得大败而逃，跑到辽南去了，想不到辽军还敢来个逆袭，急忙安排军士加强防守，严阵以待。

耶律大石率领辽军赶到东京，把东京四面围定，架起云梯开始攻城。城上金兵乱箭齐发，射死不少辽兵。但仍有辽军勇士一手持盾牌，一手持钢刀攀爬云梯，与城上的金军格斗。战至天晚，耶律大石才鸣金收军。罕路虎见辽军收兵，也令一部分士兵置班放哨，另一部分金兵回营帐休息。

这边耶律大石收了兵，让战士饱餐一顿，然后把军队分成四队，分别到四门外埋伏起来。但看见城门起火，城门打开，便杀进城去。

这时预先潜伏进东京的百十个辽兵，在一百人长带领下，悄悄来到西门。见西门里面仅有四个金兵站岗，城墙上面黑黢黢的看不清人影。那站岗的金兵见走过来一队士兵，还以为是金将率队出来巡逻，因此没防备。谁知这队士兵来到面前，举起钢刀就砍，那站岗的金兵还没弄清是怎么回事，就稀里糊涂地命赴黄泉了！

这伙辽兵打开城门，放下吊桥，并在门洞里点起一堆火来。埋伏在城外的辽兵见门洞大开，吊桥落下，便似潮水开闸一般涌进城来。守城的金兵见势不妙，纷纷跳下城墙逃跑。

罕路虎听见街上有喊杀之声，知道是辽军攻进城里，急忙领着一队金兵出来阻击，正遇着耶律大石杀了过来。罕路虎挺矛来刺耶律大石，被耶律大石用枪一拨，把矛拨飞，那枪尖顺势刺向罕路虎腰部，罕路虎躲闪不及，只听"扑哧"一声，就被刺了个透心凉！罕路虎惨叫一声，落马而亡。

耶律大石率领辽军奋力冲杀，只杀得金军鬼哭狼嚎，尸横遍地，血流成渠！战至天明，金军死的死，降的降，已经没有负隅顽抗的金兵了。

耶律大石一面令辽兵打扫战场，一面出榜安民。城内百姓，本来都是辽民，今见故国大军光复旧地，辽军又军纪严明、秋毫无犯，纷纷带着酒食到军营慰劳辽军。

耶律大石打开金军仓库，见粮草辎重堆积如山，金军前线食用之物尽藏于此。有将领献计道："我军兵少，此番靠偷袭夺回了东京，金军大队人马必回师自救，那时我军守不住东京，还得快速撤退。这些粮草辎重我军又带不走，倒不如一把火烧光。金军几万人断了粮食，在东京也待不久，必然北撤，到时候我军再乘虚进击。"

耶律大石道："我若放火，虽燃烧了金军的粮草辎重，但城中百姓见我军放火，必然怨恨我军无道、失去民心，百姓转而拥护金军，则大辽永无光复之日也！"

耶律大石又寻思一计，他令士兵把粮草辎重都堆积在一起，掺以硫黄引火之物；又令几个东京籍的士兵换上民装，潜伏下来，但等辽军撤出东京、金军刚进东京的时刻，放火把粮草辎重烧了，然后在东京城内四处造谣，说是金兵杀人放火，烧了东京城。

耶律大石部署完毕，留一千人马守东京，又率领四千辽兵去攻打沈州。

沈州只有八百金军防守，金将哈马雷见辽军大队人马包围了城池，便令扯起吊桥，紧闭城门，城墙上布置了弓箭手，待辽军攻城便乱箭齐发，射杀辽军于城下。若辽军攀爬云梯，则用滚木炮石将辽军砸死于云梯之上。哈马雷又严令金军，受伤不许后退，后退者斩。凡杀一辽兵者赏银五两，杀三个辽兵升官一级。

且不说哈马雷积极部署防务，但说耶律大石率辽军围了沈州，他见金军防守森严，估计强攻必然大量伤亡，于是把大军安顿停当，却不攻城。他骑上马，带了一队将士，到城外一座山冈上观察城内动静。

耶律大石来到山上，见遍地荆条丛生，他心生一计，立刻传令，派三千士兵上山砍柴，每人限砍一捆，用绳索捆住扛回军营。

当天夜里，月黑风高，城下看不见城上的士卒。耶律大石令那三千砍柴的士兵，每人都扛着自己砍的柴捆，送到城下，堆积起来，不一会儿就堆起一座小山。沿着这小山，可直通到城墙上。耶律大石指挥大军，沿着柴堆蜂拥而上。城上的金兵虽然拼命抵抗，终因寡不敌众，被杀得死的死，伤的伤，剩余的仓皇逃窜。

登上城楼的辽军放下吊桥，打开城门，大队辽兵杀进城来。

哈马雷闻报辽军已杀入城里，急忙率三百金兵出来迎敌。怎奈辽军如波翻浪涌，前赴后继、铺天盖地地杀了过来，哈马雷身边的金兵越战越少，他抵敌不住，只好开了北门，率领百十个残兵逃往会宁府去了。

耶律大石占了沈州，立即打开沈州的府库，把沈州府库中的钱粮辎重尽行装车，运回中京去了。他在沈州不敢久留，带着辽军星夜撤往中京。

再说迪乃古正在徽州指挥攻城，忽然拦子马来报："东京和沈州被辽军占领！"迪乃古大惊道："东京和沈州被辽军攻占，不仅断了我军归路，而且夺了我军粮草辎重。我军危矣！"于是急忙派人通知婆卢和斡鲁古，火速撤军，同往东京迎战耶律大石。

迪乃古率领的这三支人马都是骑兵，进退自如，行军迅速，第二天夜晚就赶到东京。见辽军已经撤走，金军进驻东京城里。是夜仓库起火，大火蔓延半个东京城区。烟焰漫天，至天明才扑灭。迪乃古来到仓库察看，粮草辎重尽皆烧光。这时城里谣言四起，都说是金兵要撤退了，这些粮草辎重带不走，又不愿施舍给老百姓，故意放火烧光！

再说哈马雷率领残兵逃回会宁府，向阿骨打哭诉，沈州、东京尽被辽军夺走，阿骨打也吃惊不小。他恐怕迪乃古腹背受敌，急忙点齐三万大军，星夜兼程，急驰沈州而来。到了沈州，见辽军已撤走，府库被抢劫一空，阿骨打叹道："耶律大石神出鬼没，真是大金国的劲敌！"

第二天，迪乃古也率兵来到沈州，他向阿骨打奏道："耶律大石十分歹毒，他派人在我大军进城之后，火烧粮草辎重，还四处造谣，诬蔑金军杀人放火。"

阿骨打道："可抓捕放火之人，令其招供是辽军派其放火，然后公布于众，可解民怨。"

迪乃古道："我已抓了几个嫌疑人，皆无真凭实据，已杀头示众，称其为辽军士兵，放火作乱。"

阿骨打道："我大军在东京储备的战略物资还有粮草尽被烧毁，几万大军断粮，近期无法进兵辽南。再说耶律大石在中京虎视眈眈，我大军南下，他势必来骚扰后方。不如暂且退兵，等待机会再求进取。"

于是阿骨打令娄室为东京都统，令哈马雷为沈州都监，留下五千人马驻防，其余大军尽随他返回会宁去了。

阿骨打回到会宁，整饬军备，厉兵秣马，伺机而动。

一日升殿议事，何论古奏道："耶律淳率两万怨军驻防辽河一带，南京原有一万辽军，又被耶律大石带走五千，现踞中京。如今南京仅剩五千辽兵，三千军驻防白沟，两千军驻守南京，后防可谓极其空虚。圣上何不派一大臣出使宋国，请宋军出兵袭取南京，耶律淳和耶律大石必然回师自救，我大军随后掩杀，可一鼓而定燕云十六州之地！"

阿骨打听了大喜道："爱卿所言，正合孤意，只是要约宋国出兵，必须派一精通汉语且能言善辩之士出使宋朝才行。我观朝中百官，此任非你莫属，就请爱卿辛苦一趟，如何？"

何论古慨然应诺道："臣受皇上大恩，当效犬马之劳于陛下，虽万死不辞，何言辛苦？臣愿往宋，必不辱使命！"

当下何论古受命，带了几个通汉语的随从，装扮成商人，带足了盘缠，绕道辽东半岛，乘船渡海，漂到山东莱州去了。

不知何论古此番能否搬来宋兵，且听下章分解。

第二章

何论古出使大宋
武石碾反叛辽朝

何论古到了莱州，先拜访了莱州知州。莱州知州知他是大金国派来的密使，便派一队骑兵，护送何论古一行来到汴京。

何论古久居云中经商，往来于幽燕之地，虽精通汉语，熟悉汉家礼仪，可是并没到过汴京。今日一进汴京城，见街道两旁高楼广厦，气势雄伟，店铺鳞次栉比，路上车马水龙，游人如织，往来之人，皆谈吐文明，不由赞叹道："人言大宋乃礼仪之邦，果然名不虚传！"

何论古先拜见了殿阁大学士赵良嗣，具言金主欲联合大宋、共同伐辽，同分幽燕之意。

赵良嗣是力推宋金联合、消灭辽国的主谋，今见金国主动来约，正中其下怀，立即禀报了徽宗。徽宗就令百官聚集在金殿，宣何论古上殿。

何论古由赵良嗣引领，来到金銮殿，仰头一望，那金銮殿金瓦丹柱、雕梁画栋、飞脊走檐，富丽堂皇！石阶上武士环列，佩金甲玉带，执刀斧戟戎，威风凛凛。何论古虽没见过如此场面，但他胆识过人，毫不畏怯，随赵良嗣拾级而上。

何论古到了殿上，施礼已毕，双手呈上国书。徽宗令赵良嗣接过国书，转呈徽宗。徽宗览毕道："宋金两国永结盟好，共同伐辽，顺天应时，我朝并无异议。具体出兵日期，待朕与群臣商量后，作国书回复。贵使一路奔波，辗转几千里，十分辛苦，请先回馆舍安歇。"

何论古一边听徽宗说话，一边打量徽宗，见他生得面如美玉、慈眉善目，说话温和，可是底气不足。何论古心想，这宋朝天子，长相斯文，太平时可继大统，乱世中难服四夷。

何论古谢过恩，便随赵良嗣到了馆舍。赵良嗣把何论古一行安顿妥当，又安排馆舍领班，细心照顾贵宾，不得怠慢，然后才告辞而去。何论古住进一座小阁楼，他在楼中凭窗眺望，见眼下是一片园林，有清泉流水、假山秀石、曲桥长廊、桃林修竹、百鸟和鸣，又有才子佳人弹琴吟咏，好一处幽雅所在！

何论古对随从道："这汴京果然是人间仙境，我们何不去街上逛逛？"

随从人喜道："爷的主意好，我们都想出去了，只是没有爷的令，不敢到处乱跑。"

于是何论古领着几个随从，下了阁楼，出了馆舍大门，来到大街上，见右边甚是繁华，便往右边走来，却见前方有一牌坊，上书"汴河瓦肆"四个大字。

何论古领着随从转身进了瓦肆，见街两旁有酒楼、绣院、茶楼、杂货铺、药店等门面，一家挨着一家。再往前走，见是一片广场，广场内设有许多勾栏。那勾栏里有说书的、唱戏的，还有玩皮影的；路边上还有摆地摊算卦的、理发的，卖各种小吃的，十分热闹。

几个人一边议论，一边往前走。又见路旁有一座茶楼，茶楼上有一匾额，上面写着"花茶坊"三个金字。从那楼窗飘出婉转娇声，如莺啼燕语，又伴有丝竹韶乐，令人听着荡气回肠，心醉神迷，兼有阵阵茶香扑鼻。何论古等人经不住诱惑，便一齐进了茶楼。

又见楼下一层茶座客满，便上了二楼。只见二楼更是幽雅，不仅窗明几净、古色古香，四壁还挂有名人字画。何论古等人拣了一处靠窗的茶几坐下。就见有茶童拿了茶单来让何论古点茶。

何论古接过茶单一看，上面写着："甜豆沙，椰子酒，豆儿冰，鹿梨浆，卤梅水，姜蜜儿，金橘团，紫苏散。"这些茶名，大部分何论古听都没有听过。于是他随意点了一壶金橘团、一壶紫苏散。

不一会儿，茶童就用托盘端来了紫砂壶和紫砂杯，给每人斟上了茶，桌前立刻就嗅到浓郁的清香，沁人肺腑！

何论古等人虽通汉话，但毕竟是在牡丹江边长大的，从少狩猎捕鱼、骑马射箭，养成了豪爽奔放的性格。哪里有雅性慢慢饮茶？他们耐不住性，一会儿便喝光了三四壶茶。又见其他桌上有歌女又弹又唱，便也要了一位歌女，唱了几支曲子。但这汴京流行的曲子都是委婉优柔、情意绵绵的那种调子，这几位金人听惯了林海雪原的虎啸狼嗥，还有猎人打猎归来、仰天长啸那种高亢激越的吼声，今天一听这轻柔细腻的乐音，反而觉得很不过瘾。

又听了几支曲子，这帮人还是欣赏不了那文绉绉的调门。何论古掏出几两银子，赏了那位歌女，那歌女道了个万福，说声"谢老爷的赏"，便又向别处唱去了。

茶童又拿着菜谱进来，笑盈盈地说道："天色已晚，几位爷在这里就餐，好吗？"何论古道："你们这茶肆，还卖饭菜吗？"

茶童道："这汴京城的茶馆都是带酒食的，为的是客官方便。"何论古道："好吧，拿来你的菜谱我看。"茶童双手递上菜谱，何论古点了八个大鱼大肉的荤菜，又要了几斤浊酒。

茶童去后，一会儿菜酒都送来了。几个金人海吃海喝一通，吃得酒足饭饱，才回馆舍休息。

次日，蔡太师派人来请，何论古便带了随从来到太师府。见蔡太师和赵良嗣出门迎接，叙礼毕，落座献茶。吃着茶，蔡太师说道："宋金两国结盟，共伐辽国，是我大宋既定国策。燕云十六州自古就是汉家地盘，现在辽势已衰，金攻辽南，宋取幽燕，旗开必胜。只是我朝目前方腊生乱，大宋军队都调到南方平乱，一时抽掉不回来，因而暂时无法出兵。请你回去转告金主，待我大军凯旋，定能如约出兵攻辽。"

何论古闻听宋国也发生了内乱，知道近期无法联合攻辽，便问道："江南草寇，一遇大宋精兵，必定望风而逃，不出一月，大军便能凯旋吧？"

蔡京道："吴中距汴京三千多里，我朝大部分是步兵，在路上往返就需要四个月。若战事顺利，到班师回到汴京，恐怕也得一年。"

何论古道："攘外必先安内，既然贵国有匪患未除，应当待四方平定以后，再图燕云之地。我大金国期盼贵国早日安定天下，与金国联手剪灭暴辽。"

赵良嗣道："辽朝内外交困，民怨沸腾，将士离心，只要宋金一齐出兵，一定势如破竹，几个月就可平定残辽。"

蔡京又把国书交与何论古。何论古告辞回到馆舍，心想这宋朝外表看着十分繁荣，其实主弱臣愚，料其兵力也未必强盛。看来平辽大计，还得靠金国独力承担。想到这里，何论古无心再在汴京游玩，便带着随从，又绕道海上回金国去了。

何论古见了阿骨打，把宋国正在用兵平叛之事细说一遍。阿骨打道："既然宋国近期不能出兵，我大金就趁这个机会，巩固已占领土，颁布法令，稳定秩序，收拾人心，整饬军械，等待有利时机，再出兵伐辽。"

再说大宋朝因吴中百姓深受花石纲的盘剥，千家万户濒临破产，民怨沸腾。方腊见人心思反，便于宣和二年十月兴兵作乱。一月之内，聚众数万，斩宋将蔡遵于息坑，十二月攻陷睦、歙二州，接着又攻克衢州，杀郡守郭汝方。往北攻下新城、桐庐、富阳诸县，前锋逼进杭州。杭州郡守弃城而逃，制置使陈建、廉访使赵钧相继被杀。方腊攻下杭州，纵火六日，死者不计其数。

警报奏至京师，王黼隐而不报，于是方腊军势迅速蔓延。兰溪灵山造反首领朱言、吴邦，剡县的仇道人，仙居的吕师囊，方岩山的陈十四，苏州的石生，归安的陆行儿，皆举起造反大旗，遥相呼应，东南大震。发运使陈亨佰请求调京畿及鼎、澧枪牌手兼程以来，遏制贼兵的嚣张气焰。

徽宗始闻方腊造反的事情，急忙派遣童贯、谭稹为宣抚使，率领禁军和秦晋番汉兵十五万人，前去征剿。

童贯率宋军来到吴地，见遍地盗贼，民不聊生，便召集乡中父老询问：

"为何吴中这么多造反者，而且造反头目能一呼百应，万众随从？"

那乡中父老答道："这吴中本是膏腴之地、米粮之川，只因这几年朝廷征花石纲，弄得老百姓倾家荡产，活不下去了。所以那造反的头头振臂一呼，应者云集。若朝廷能废除了花石纲、老百姓能安心生活，谁还会跟那亡命之徒惹杀身之祸呀？"

童贯听了父老的话，心想，若不废了花石纲，老百姓没法生存，官兵就是把这里的土匪镇压下去了，那里又会冒出造反的人来。要想断了造反头目的兵源，非废除花石纲不可！于是他传令："皇上有旨，废除花石纲，并减轻税赋。"童贯又申明军纪，军队所到之处，不得骚扰百姓，不得抢拿百姓财物，违令者斩，并令地方官吏安抚百姓，劝游民回家安心生活。

老百姓听说朝廷废除了花石纲，人心大快，奔走相告，游民都回家安心务农。消息传到造反队伍中，就有许多胆小怕事的人偷偷开了小差。

宣和三年正月，方腊手下悍将方七佛引众六万，攻秀州。宋统军将领王子武率军固守，方腊军猛攻不克。童贯驱大军赶到，战于城郊。方腊兵大败，折兵两万余人。方七佛逃往杭州。宣和四年二月，宋军前锋至清河堰，水陆并进。方腊见宋军势大，焚毁了宫室、府库、民居，连夜逃跑。这时童贯的手下大将刘延庆、王禀、王涣、王惟忠、辛兴忠相继赶到，收复了被方腊占领的所有城池。四月，生擒方腊，杀叛军七万，余党悉平。宋师从出兵到凯旋，共历四百五十天。

童贯回到京师，先向徽宗请罪，详说江南百姓饱受花石纲之苦，因而造反者此起彼伏，难以剿灭。"臣为挽回人心，假言圣上开恩，免除了花石纲，因而江南民心拥护朝廷，匪帮人心思散，朝廷大军才得以顺利平叛。"

徽宗乍听童贯假传圣旨，心中发怒，可是仔细一想，他乃一片忠心，而且又平定了叛乱，因而不与计较，还嘉奖了一番，又晋升童贯为太师，并封楚国公。

赵良嗣知道童贯回到京师，便登门拜访，建议童贯乘得胜之余威，联合女真，收复燕云十六州故地。童贯也觉得辽在金兵的强大攻势下，一败再败，已经到了日暮途穷、气息奄奄的地步。若不及时收回幽燕之地，恐被金国占有，悔之晚矣！于是童贯又面见徽宗，细陈联金灭辽之策。

徽宗也恐幽燕之地被金军占领，非常赞赏童贯的主张，立即命赵良嗣出使金国，约金国联合出兵攻辽。

再说天祚帝听说耶律大石逆袭女真，一度攻取沈州和东京，逼迫阿骨打从辽南撤军，心情稍安，又与萧奉先外出狩猎。

这日来到松山，至晚已猎取二十只鹿、十多只狼，天祚帝高高兴兴地率领卫队返回行宫。正行间，忽然前面林子里转出一队人马，有上千人。为首一将，骑乌骓马，手使一双黑鼓铜锤，大声喝道："哪里来的蟊贼，敢在爷爷地盘上打猎？快快把猎物留下，饶你等不死，若牙缝里蹦出半个不字，让你吃老爷一锤！"

天祚帝手下的卫队长策马上前喝道："大胆蟊贼，瞎了你的狗眼，你没看到这里竖着天子旗号？还不快下马请罪，皇上开恩，可饶尔等不死，若再无礼，将犯灭门之罪！"

那贼将哈哈大笑道："什么鸟皇帝，只会欺压百姓，被金兵打得屁滚尿流，还在这里作威作福，先吃爷爷一锤！"说完跃马抢锤冲杀过来。

卫队长也挥刀相迎。两个人大战二十余合，不分胜负。这时贼兵蜂拥而上，萧奉先也指挥卫队抵敌。天祚帝乘乱带了十来个亲兵掉头逃窜，一气奔逃三十余里。到了饶州，被饶州刺史迎接进城。

却说卫队长正与贼将厮杀，冷不防飞来一支流矢，射中左臂。他疼痛难忍，想掉转马头逃跑，被贼将一锤砸得脑浆崩裂，坠马而死。其余的卫士死的死，降的降，只有十余人随萧奉先逃到了饶州。

原来这贼首名叫武石碾，久在江湖闯荡，少年就在松山当了土匪，一开始身边只有几十个小喽兵，靠着拦截过往客商为生。因近年辽军屡屡被金军打败，逃兵游勇四处游荡，有不少人就投到了武石碾麾下。于是武石碾的喽兵越聚越多，渐渐达到一千多人。

武石碾见萧奉先向饶州方向逃跑，便带领喽兵一路跟踪追击。

萧奉先逃进饶州城内，见了天祚帝说道："贼兵大队人马已追杀过来。"

天祚帝见饶州城矮兵少，恐守不住，又和萧奉先逃往云州去了。

武石碾率喽兵来到饶州，以为天祚帝还在饶州城内，便四面包围了城池，架起云梯攻城。饶州城内只有五百兵丁守城，抵挡不住贼兵的攻势。刺史萧北海便开了北门，率军弃城而逃。谁知一出城门，迎头撞上贼将武石碾，交马只一合，被武石碾一锤砸死于马下。其余辽兵，尽缴械投降。

武石碾占了饶州，又获得大批辎重、钱财，便召集流民和散兵游勇入伍，一个月就扩军三千余人，得战马几百匹，军威大振。

武石碾不由得野心膨胀，他想，上京是辽朝京都，我若能攻下上京，便可自称皇帝，仿效阿骨打，也建立个国家，弄个三宫六院，过几天皇帝瘾，也不枉为人一世！

武石碾率领三千喽兵，往上京进发。这时武石碾手下的军师萧百轮献计道："上京有四五千辽兵守卫，城高池深，我军虽号称三千，实际都是新兵，未经训练，攻上京若不克，士气受挫，后果不堪设想。上京附近有咸宁和怀州两座城池，守备薄弱。我军不如先攻取此二州，然后招兵买马，扩充军队，待兵力过万，方可进攻上京。"

武石碾听他说得有理，便令萧百轮领一千兵去攻打咸宁州，自己领两千兵去攻打怀州。

萧百轮点起人马，杀奔咸宁州而来。他见这咸宁州城墙很矮，不过是一道土墙，城中守军不多，便令军士攻城。

咸州守将张善手下只有五百士兵，又都是老弱之卒。张善见贼兵攻城，不敢怠慢，亲自登城指挥防守。战到傍晚，守军已死伤百十人。张善料守不住，便趁夜幕降临开了东门，带兵悄悄往上京撤退。谁知走有三里路，忽听一通鼓响，贼兵从四面八方杀来，张善走投无路，只好下马投降。

萧百轮进了咸宁城，又征集游民入伍，加上投降的辽兵，很快发展到二千多人。

再说武石碾率军来到怀州，怀州守将耶律达手下有一千人马。他以为武石碾领的匪军不过是乌合之众，不堪一击，于是率军出城迎敌。两军在城西摆开阵势，耶律达手执钢枪，腰悬宝雕弓、羽翎箭，身披铁盔铁甲，遥望贼阵中武石碾头大如斗、腰粗似熊，手使两柄黑鼓铜锤，骑一匹豹花马，十分雄壮。

耶律达心中暗想，怎么绿林中出此壮士？待我会他一会，看看本事如何。

耶律达高声叫道："我乃怀州守备耶律达是也。尔等蠢贼，不思安分养家，却到处烧杀抢掠，无恶不作。今日遇到天兵，若下马投降，可免一死。如果执迷不悟，要与天兵对抗，只有死路一条！何去何从，任你选择！"

不料那武石碾把手中大锤一摆，哈哈笑道："你家大皇帝被我打得屁滚尿流，萧奉先差点做了我的俘虏，辽军闻我大名，无不缴械投降。你一个无名小卒，有眼不识泰山，敢在爷爷面前口出狂言，今日先叫你吃我一锤！"说完，飞马抡锤直取耶律达。

耶律达举枪相迎。二人战三十余合，耶律达渐渐力怯，他虚晃一枪，掉转马头就跑。武石碾随后掩杀。辽军大败，死伤不计其数。耶律达慌忙退入城中，扯起吊桥，紧闭城门，不敢出战。

武石碾令军士从南、北、西三个方向攻城，激战一夜，守城士兵越来越少。耶律达料守不住，只好打开东门，弃城而逃。武石碾率军随后掩杀，耶律达折兵大半，仅剩三百残兵逃往上京去了。

武石碾占据了怀州，又获得大批粮草、辎重，于是又招兵买马。一日，有鹿窝山大王靺离率五百兵丁来降。武石碾见靺离生得虎背熊腰，十分欣赏，便命他为裨将。方圆几百里的游民和散兵游勇纷纷前来投军。一个多月，武石碾就扩军八千多人，一时声威大振。于是，武石碾召集萧百轮和靺离，商议攻取上京、建立契丹国之事。

萧百轮献计道："上京有两道城墙，且城高池阔，又有五千辽兵驻守，我军恐难以攻取。现在天祚帝逃往云中，他的后妃和儿女都住在缪儿洼行宫，行宫四周只有土墙防护，墙矮易破。我军不如去打行宫，若能俘虏天祚帝的后妃及其子女，据为人质，逼天祚帝割地求和，承认我立国封土。此为上策。"

武石碾和靺离都认为此计甚妙，于是就率领大军杀奔缪儿洼来。

不知天祚帝后妃和儿女命运如何，且听下章分解。

　　且说行宫中，皇后萧夺里懒性格贤淑、沉稳，有威仪，元妃萧贵哥性宽厚，德妃性谦卑，所以平时宫中人心安定，和睦相处。可是现在听说贼兵来攻打行宫，天祚帝已远逃云中去了，一时人心惶惶，乱作一团。

　　此时文妃所生王子耶律敖卢斡已参与政事。他为人忠厚，以贤德闻于朝野，听说贼兵来攻行宫，便与宿卫军将领柴观澜指挥布防，在行宫四面围墙多置弓箭手，预备滚木炮石，以防贼兵攻城，一面又往中京送信，请求耶律大石率军前来增援。

　　耶律敖卢斡布置停当，又来后宫安慰后妃说道："母后请放心，我宫中有五千精兵，都是忠勇之士，足以抵抗贼兵。再说我已派人去中京召耶律大石来增援，耶律大石能征惯战，他率军来到，定能击溃贼兵。"后妃们听了耶律敖卢斡的话，才安下心来。

且说这贼兵包围了行宫，四面攻打，却被城上守军乱箭射死射伤无数。武石碾见硬攻不行，便把围攻东门的兵撤了，只从西、南、北三面攻城。

宿卫队长柴观澜见东门没有贼兵，便对耶律敖卢斡道："东门没有贼兵，我军可保着后妃和王子、公主从东门撤出，投奔中京。"

耶律敖卢斡道："万万不可撤退，贼兵见硬攻不克，惧伤亡过重，所以才敞开东门，故意诱我离开行宫。贼兵在东门外埋伏精兵，待我人马出城，他来截杀，将我军击溃，宫中尽被贼兵掳去，大事坏矣！"

于是宫中卫兵坚守不出，贼兵攻打十余天，死伤累累，士气低落。

却说耶律大石自从袭击了东京和沈州，往西撤至中京，他觉得自己仅有六千人马，还是无法和金军对抗，便在中京招兵买马，扩充军队。一天人报，有辽军旧将萧斡里剌带一千士卒前来投军。

原来萧斡里剌在神山县招收徒弟，教习武艺。方圆几百里的契丹青年，纷纷慕名而来。今听说耶律大石在中京招兵，他久慕耶律大石盛名，就率领神山一带青年前来投军，欲报效国家。耶律大石也知道萧斡里剌曾逆袭金国几千里，威胁金国首都会宁府，逼迫阿骨打回师自救，是辽朝不可多得的将才。因此听说萧斡里剌带兵来投，心中大喜，急忙出帐迎接，并奏明天祚帝，复其都监之职。

一天，耶律大石正和萧斡里剌议事，忽然接到耶律敖卢斡派人送来的求援信，知道贼军围攻行宫。耶律大石不敢怠慢，立即点齐本部九千人马，令萧斡里剌为先锋，浩浩荡荡杀奔缪儿洼而来。

武石碾正指挥大军攻打行宫，忽然拦子马来报："从中京来了一队骑兵，增援辽宫。"

武石碾急令靺离率五千喽兵前去迎敌。靺离率喽兵往中京路上行有二十余里，见东南方向尘土飞扬，知是辽军杀来，便令五千喽兵摆开阵势，准备厮杀。

辽军先锋萧斡里剌见贼兵已摆开阵势，便把辽军分成三队，每队由一千人长率领，萧斡里剌居中。一声令下，三路骑兵如风驰电掣般冲入贼阵，一时间喊杀之声震天动地。靺离截住萧斡里剌厮杀，激战一个时辰，只杀得飞沙走石、天昏地暗。

且说靺离与萧斡里剌鏖战五十余合，渐渐只有招架之功，没有还手之力。萧斡里剌越战越勇，二马相交，萧斡里剌从腰间拔出钢鞭，一鞭打在靺离背上，靺离口吐鲜血，落荒而逃。

辽军右路骑兵在千人长高宏率领下，奋勇冲杀，往来冲突，如入无人之境，贼兵右翼抵敌不住，纷纷后撤。高宏杀散了贼兵右翼人马，又率军冲入贼中军。这时靺离已战败，贼中军大乱，贼兵四散逃命去了。

萧斡里剌和高宏又合兵一处，向贼左翼杀来。贼兵见大势已去，纷纷缴枪投降。剩余残兵拼命往缪儿洼逃窜。辽军随后掩杀，一直追到缪儿洼贼兵大营。见贼兵连营十余里，阵容强大，也不敢贸然发动攻击，于是鸣金收军，在距贼营十余里的地方下寨。

再说靺离被萧斡里剌砸了一钢鞭，口吐鲜血，带着残兵逃回贼军大营。

武石碾见他折兵过半，丢盔弃甲，狼狈逃回，勃然大怒，喝令刀斧手，推出斩了！萧百轮急止之道："当前决战在即，正当用人之际，不可妄杀大将，可令其戴罪立功。"

武石碾听从了萧百轮的劝告，把靺离训斥一顿，令其退下。靺离满面羞惭，心中恼怒，可又不敢流露，只唯唯诺诺，退了下去。

这时天色已晚，耶律大石率领大队辽军赶到缪儿洼，便于铁蹄山下驻扎。

萧百轮又向武石碾献计道："辽军千里迢迢赶来，十分疲劳，我军乘夜偷袭其大营，可一举把辽军击溃。"

武石碾采纳他的建议，令军士半夜皆饱餐一顿，悄悄离开大营，奔铁蹄山而来。来到辽军寨前，武石碾一马当先，率军杀入辽军营中。谁知寨内空无一人。武石碾情知中计，急令退军。这时忽听四面炮声大作，辽军从四面八方杀来。贼兵大乱，自相践踏，死者不计其数。

萧百轮随着武石碾一路冲杀，正遇辽将萧斡里剌挺戟刺来，萧百轮挥刀来迎。二人战有十余合，黑暗之中，难分彼此，萧百轮躲闪不及，被萧斡里剌一戟刺死于马下。

武石碾趁着萧百轮和萧斡里剌交战，冲出包围圈，领着残兵往大营撤退。到了营前，见辽军紧追不舍，便绕过大营往咸宁撤退。武石碾到了咸宁，检点人马，只剩三千残兵。鞑离劝武石碾道："咸宁城小人稀，难以久住，不如撤往怀州。"于是武石碾纵兵把咸宁抢劫一空，把抢来的钱粮装三十余车，又带兵撤往怀州。

谁知到了怀州，远远望见城头旗帜飘扬，刀枪林立。来到近前一看，原来已被辽军占领。城头上一员大将头戴羽翎盔，身披锁子甲，高声喝道："我乃上京节度使达不野，尔等反贼，还不快快下马投降，免得一死！"

武石碾大惊，急令军队绕城而走，撤往饶州。达不野见贼兵撤走，开城追杀。贼兵大败，丢失了大批粮草、辎重，达不野追杀三十余里才收兵。

却说耶律大石战败贼兵，便进入行宫向皇后请安。皇后萧夺里懒大喜过望，对耶律大石嘉奖一番，又出宫中财物犒赏三军。

耶律大石又禀道："贼军虽败，但若不及时剪灭，还会死灰复燃。臣领兵前去追剿，务必斩草除根，然后迎皇上和皇后还京。"

皇后萧夺里懒道："爱卿忠勇双全，我大辽复兴全赖爱卿之力。待贼兵消灭，哀家再启奏皇上，为爱卿晋官加爵。"耶律大石顿首道："剿灭贼党，全赖主上洪福、三军用命。臣受皇上隆恩，当效犬马之劳，虽肝脑涂地，不能报皇上大恩于万一。臣此去必剿灭乱匪，平息狼烟，还我大辽升平之世也！"

耶律大石辞别皇后，便率领大军上路追杀贼兵去了。他一路跟踪追击，一直追到饶州，见贼兵紧闭城门，不敢出战。耶律大石就令四面围定，然后准备云梯攻城。

这时城内仅一千贼兵，武石碾见城外辽兵遍地而来，如波翻浪涌，心生畏惧，便与鞑离计议，不如趁着夜色弃城而走，逃往松山去，苟延残喘，以待天时。鞑离也觉得饶州城守不住，城破必亡。于是当天夜里，鞑离为先锋，当先开道，武石碾率队跟在后面，杀出城来。

耶律大石见贼兵突围而逃，就令萧斡里刺率领三千骑兵随后掩杀。武石碾手下只有三百骑兵，其余都是步兵，这些步兵怎么也没马跑得快，被萧斡里刺的骑兵追上，刀剁斧砍，如同砍瓜切菜一般，只杀得尸横遍野、血流成河。活下来的都纷纷跪于地上，缴械投降。

武石碾和鞑离只剩三百骑兵逃到了松山。这松山地形险要，山路陡峭，上山的路只能容一人行走。武石碾一帮人来到山下，下了马，用绳索拽马而行。到了山顶寨中，武石碾令喽兵把守住山口。他走进昔日的聚义大厅，见大厅已倒塌一角，厅内桌椅狼藉，草屑遍地，心情好不悲凉！他想起昔日在此大碗饮酒大块吃肉、兄弟们吆五喝六时的快乐景象，不由潸然泪下！

这时，又有守山门的喽兵来报："有几个小卒偷偷溜下山去，当了逃兵。"

武石碾急忙去营帐察看，见有不少士兵三个一伙、五个一群地凑在一起，低声议论如何逃出山寨。武石碾大怒，下令把商议逃跑的士兵砍头示众！吓得那些喽啰都不敢再凑到一起说话了。武石碾回到自己大帐，疲劳已极，不由昏昏睡去。

鞑离带着几个士兵巡逻，见山下人喊马嘶、灯火通明，知道辽军又追到山前了。鞑离心想，山寨兵一败涂地，现在只剩三百残兵，人心涣散，士气低落。若挨到天明，辽军攻上山来，自己只有死路一条。他又想到前几天自己战败，武石碾非斩自己不可，虽经萧百轮讲情饶了性命，可是又被他羞辱一顿。今日武石碾已山穷水尽，自己何必跟他一起殉葬呢？倒不如杀了武石碾，提了他的人头去辽营投降，还能保住自己一条性命。但他想到山寨上的喽兵有不少是武石碾的亲信，自己一人孤掌难鸣，弄不好反被其害。

正踌躇间，律也洒走了过来，见了鞑离，低声说道："如今官军大队人马把山寨围得水泄不通，山上士兵又都想逃命，无心死战，如果明天官军攻上山来，我等性命休矣！"

鞑离听他话里有话，便趁机道："你我兄弟家都有父母，明日死在山寨，谁为父母养老送终？兄长见多识广，想个办法保全性命，才是明智之举呀！"

律也洒道："前几天兄弟与官军作战不力，武石碾欲杀兄弟，多亏萧百轮讲情才保全了性命。可见武石碾性格阴狠，他今日想负隅顽抗，让我们为他殉葬，兄弟甘心吗？"

鞑离怒道："武石碾不仁不义，性贪好杀，我们不如砍了他的狗头，去辽营投降，也算将功折罪，可免一死。"律也洒道："兄长所言正合吾意。"

二人召集自己的亲信三十余人，来到鞑离的帐中。律也洒先说道："今天我们都到了生死存亡的关头，鞑离大哥欲救大家不死，有啥好办法，就请鞑离大哥说吧！"

鞑离用威严的眼光先扫视大家一遍，见这帮人都屏住呼吸，紧张地等着他说话，才压低声音说道："弟兄们，武石碾已经一败涂地，到了山穷水尽的地步，明天官军攻上山来，我们都是死路一条。你们家中谁无父母兄妹，总不能这样年纪轻轻就为武石碾殉葬吧？今天大家要想活命，只有一条路，就是杀了武石碾投降官军，你们同意吗？"

那三十名小喽兵，哪个不想活命？于是齐声说道："愿意杀掉武石碾，投降官兵！"

鞑离和律也洒带领这三十名喽兵，各执刀枪，悄悄摸到武石碾帐中，先把武石碾的卫士杀了。武石碾惊醒，猛的跳了起来，刚要拔刀，早被鞑离照胸口一戟，戳翻在地，复一戟结果了性命，然后用刀割下人头。

这时律也洒又把武石碾手下的几个小头目召集过来，鞑离手里提着武石碾血淋淋的人头说道："各位弟兄，现在官兵已把山寨围困得水泄不通。明日攻上山来，我等都要被杀。我为了保护山寨三百兄弟的性命，已把武石碾杀死，准备带着他的人头向官兵投降。你们谁想活命，就跟我一起下山，投降官军；谁想寻死，就留在山上等官军上来宰杀！"

那些小头目，哪个不想活命？又见鞑离已将武石碾杀死，个个胆寒，于是一齐跪下道："小的愿随大王一起投降官兵。"

鞑离和律也洒就率领着这三百喽兵，提着武石碾的人头，来到山下向耶律大石投降。耶律大石见鞑离已将武石碾杀死，心中大喜，便令鞑离和律也洒为百人长，其余小头目皆免其罪，编入官兵队伍。山寨喽啰和大小头目皆大欢喜，都安心效命官军。耶律大石第二天便率大军返回东京去了。

且说天祚帝在西京听说耶律大石平定了武石碾叛乱，心中大喜，便又携大臣迁回上京，但心中还时刻害怕金军来犯。萧奉先献计道："女直兵势锋锐，难以抵挡，不如封其国君，以大国之礼相待，同结友好，互不侵犯，以求边境安宁。"

天祚帝早就被金兵吓破了胆，也想苟且偷安，因而便依其计，派大臣习敌烈持金册玉玺，出使金国，封阿骨打为大金国皇帝。

习敌烈来到金国京都，拜见了阿骨打，呈上金册玉玺，并转告天祚帝册封之意。

阿骨打见天祚帝虽然承认了大金国和自己的皇帝名号，可是国书里仍以宗主国自居，把金国看成自己的藩属，心中不悦，便责问习敌烈道："孤家自起兵以来，攻无不克，战无不胜，辽军闻风丧胆，不日我军就要扫平暴辽，一统天下，还用得一个将亡之人册封？你辽主若要识时务，早该偃旗息鼓，率领群僚前来投降，我可以封他为王。"

习敌烈见阿骨打极其蛮横，本想据理力争，又怕惹怒了阿骨打，立即率军前去攻打辽邦，反而把事情办糟，便道："臣闻自古圣主以德治天下，不战而屈人之兵，乃上上之策。金主乃当今圣明之主，若能待辽以礼，何愁天下人不归心？"

阿骨打道："好吧，金册玉玺我都留下。但你辽主要想和平共处，就速把金国逃犯阿疏遣返回我金国，以表示你辽国的诚意。"

习敌烈道："臣定将金主之意转告天祚帝，按照您的要求办理。"

阿骨打就命撤改，款待习敌烈。

恰在这时，宋国使臣赵良嗣也来到会宁，阿骨打又接见了赵良嗣。赵良嗣道："我大宋已平定江南之乱，现在国家稳定，军势强盛，宋国愿与金国共同起兵，讨伐残辽。灭辽之后，燕云十六州归宋国，长城以北归金国。两国友好相处，永为兄弟之邦。"

阿骨打听说宋军已平定方腊之乱，可以出兵伐辽，非常高兴，一面款待赵良嗣，一面与众勃极烈商议出兵伐辽。吴乞买奏道："我与宋国有约，若灭了辽国，燕云十六州归宋，长城以北归金。我军往南进攻，实是为他人做嫁衣裳，倒不如出兵直捣东京和上京，南京让宋军自己去取。"

众勃极烈都赞成吴乞买的建议。阿骨打于是调集大军，让吴乞买率领两万金兵去攻打东京；自己亲率四万金兵直捣辽国都城上京。阿骨打又令辽使习敌烈和宋使赵良嗣随军观战。

阿骨打大军所到之处，辽军官吏望风而逃，不出一月，临磺县、长泰县、定霸县、保和县部族首领纷纷率众投降，乌州刺史、义坤州节度使也献城投降。

消息传到上京，天祚帝惊慌失措。他预感到已经到了亡国灭种的地步，便对大臣道："西夏国与我有亲戚关系，宋国是辽朝的世代友好之邦，辽亡了我可以到西夏或者去大宋国，也不失一富翁。"

群臣听了他的话，都感到辽朝亡国已是不可避免，连皇帝都打算逃亡国外去了，这大辽还有什么指望？于是纷纷考虑逃亡，有的甚至做投降金军的打算。辽朝上下，一派风雨飘摇，人心惶惶，到了树倒猢狲散的地步了！

天祚帝令上京节度使达不野守城，自己把宫中财宝装了二十大车，带着五千卫宿军，保护着后妃逃往西京去。

大臣耶律兀直奏道："天下之城，莫过于上京坚固。主上若离开上京，金兵追来，则无处安身，形同流寇，大辽就离亡国不远了！西夏小邦，宋国软弱，因惧辽强大，所以结好大辽，今见大辽危亡，必然转而结好金国。谁敢冒犯金军而收留主公？望皇上坚守上京，与金人决一死战，若能击退金兵，我大辽还有复国的希望。"

萧奉先叱道："大辽皇室尽在上京，万一城破，后宫尽落入金人之手，岂不一战亡国？今皇上先撤，留达不野守城，皇上可以召集各路人马，前来增援，内外夹攻，可以大破金军。你等愿随皇上撤离，就马上启程，不愿撤离就留下守城好了！"

大臣都不敢再劝谏。天祚帝就带领辽五千宿卫军，保着后宫，大臣撤往西京去了。

再说金军四万铁骑杀到了上京，阿骨打指挥大军，把上京四面包围起来。

第四章

天祚帝逃亡西京 萧奉先谋害晋王

这上京又名临潢府，神册三年建成，初名皇都，天显十三年更名上京，已历二百余年，城高二丈，幅员二十七里。东门名曰迎春门，南门名曰顺阳门，西门名曰金凤门，北门名曰拱辰门。

完颜阿骨打命完颜昱率一万人攻东门，令完颜宗望率一万人攻南门，令阇母率一万人攻西门，阿骨打亲率一万人攻北门。

阿骨打对习敌烈和赵良嗣道："二位看这上京城雄伟否？"

二人俱道："城高如山，壕阔似湖，门楼雄峙，真易守难攻之堡也！"

阿骨打笑道："城虽坚固，奈无强兵把守，吾金军取之易如反掌尔。"

遂下令攻城。只见金兵架起云梯，踊跃攀城。城上滚木炮石打将下来，金军死伤累累，可是仍前赴后继，一拨儿又一拨儿地向城上发起冲锋。战至中午，阇母见军兵尸横城下，还有中枪着箭、骨折腰折的伤员哀号不止。这阇母乃是个凶猛好斗之人，越是战斗激烈，他越是兴奋。特别是看到遍地死尸，又听到伤员的哀号声，他愤怒得像头凶猛的东北虎，不由得浑身血脉贲张，豪情万丈！他按捺不住性情，飞身下马，头顶铁盔，身披兽甲，手执两把钢斧，飞身蹿上云梯，那动作比猿猴还敏捷，比猎豹还迅猛，眨眼间已登上女墙。

一辽将急忙挺枪刺来，被阉母一斧把枪杆砍断。那辽将一惊，阉母早已手起斧落，把辽将劈作两半！

几个辽兵也挥刀来斗，却被阉母两把大斧上三下四、左五右六，抢得如同风车般，霎时砍倒了三四个辽兵。其余的辽兵见阉母凶猛异常，吓得纷纷后撤。阉母手下将士见主将身先士卒，杀上城头，哪个还敢落后？于是人人奋勇，个个争先，紧随阉母杀上城来。阉母杀到西门城楼，又纵身跳下城墙，杀散把守城门的辽兵，打开城门，又一斧砍断吊桥绳索。金军大队人马涌进上京。

达不野见金军杀入城中，急忙引军退入皇城。原来这上京有两道城墙，第一道是外城，第二道是皇城。皇城里面就是皇宫驻地，也是皇家最后一道屏障。达不野还有两千残兵，凭借着皇城负隅顽抗。他想坚持到各地援兵来到，再来个里应外合，击败金兵。

金军破了外城，又把皇城围得水泄不通。

阿骨打就令杨槐写十几封信，捆在箭上，射入城中，奉劝达不野和他的部下投降。守城士兵拾了书信，交给达不野，达不野拆开一看，只见上面写道：

大金国皇帝诏谕达不野将军及其部下：

我大金国今治貔貅十万，兴师扫除残辽，一路势如破竹，所过州县，无不献城纳降。所以天祚弃京而逃，已成流寇。尔等残匪，若再负隅顽抗，城破之日玉石皆粉。孤怜悯城内生灵，愿网开一面，给尔等留条生路，莫失良机，快快开城投降。官员皆留原职，免得生灵涂炭，妄做断头之鬼！

达不野看了书信，愣了半天，心想自己这两千残兵，怎能敌十万金兵？盼望来援兵，那只是不切实际的幻想。辽朝各州如今都自身难保，哪里也抽不出机动兵力来援助上京。现在唯一的生路就是投降金国。可是他毕竟是契丹人，而且世代承受皇恩。他想到大辽自太祖创业，已历二百余载，昔日拓疆万里、四海咸服，何等辉煌！他素来瞧不起女直，觉得女直乃偏远野蛮之人，与昌盛的契丹文明无法相比。今天让他向女直人缴械投降，俯首称臣，心实不甘！可是要不投降，眼见手下这两千残兵，抵挡不住金兵攻势，一旦城破，自己死不足惜，还有一家老少，以及本族三百余口尽在城中，都会被杀戮……

正当达不野犹豫不决的时候，卫兵报族中酋长求见。达不野急忙出来迎接，只见一位年约七旬的老者进来。来者论辈分，达不野该叫他"爷爷"。老人坐下，达不野令献茶。老人把手一摆，道："不用了，现在我们全族面临灭族绝后的危险，俗话说，'国可灭，族不可亡'。国灭尚有重建的机会，族亡则永无再兴的希望。我今日来见节度使，就是为保咱族中三百口性命而来。请节度使念全族老少，三百口人能存活下来，率守城辽军归顺大金，既可保住你的官职，又可保全城中百姓免遭屠戮。望节度使当机立断，且莫犹豫！"

达不野道："酋长所言极是，我马上召集部下，商议归顺大金之事。"老者见达不野愿意纳城投降，面露喜色，遂告辞而去。

送走了酋长，达不野就召集众将校，商议归顺金朝的事情。那些将校都知道皇城是守不住的，如果顽抗到底，城被攻破，全城百姓必被杀戮，因而都愿意开城投降金军。当天达不野就派一员小将，出城和金军交涉，要求金军进城只要不杀人、不抢掠，守城辽军愿意投降。

阿骨打亲自接见达不野派来的小将军，并答复军队入城后，不杀俘虏，不扰大臣住宅，不抢掠民间财物，辽军降将一律维持原职不变。

于是达不野就令士兵打开皇城大门，让辽军放下武器，全部开到城外，向金军投降。

阿骨打把辽兵尽数编入金军，达不野仍任节度使之职。又出榜安民，严格约束军队。那些辽朝高官家眷皆安然无恙。只是把后宫与府库中的财物全部装车，押送回会宁府去了。

阿骨打又犒赏三军将士，阖母首先登城，官封万户侯，领临潢府招讨司使。从此金人废除上京名称，改称临潢府。

一日忽然接到吴乞买告急文书，原来吴乞买率金军攻打东京受挫，请求阿骨打派兵增援。阿骨打闻报吃了一惊，就令阉母领一万金军守临潢府，自己亲率三万金兵来增援吴乞买。

原来吴乞买率领一万金兵去攻打东京，路过土河，吴乞买见河水平缓，就令士兵涉水过河。当金兵渡过河三千多人时，突然山洪暴发，急流如从天降，浊浪滔天，一下子卷走了正在渡河的一百多骑金兵。吴乞买急令停止渡河。

这时就听对岸一声炮响，埋伏在对岸的辽兵从三面向渡过河的金兵杀来。辽军发起的第一冲击波是三千骑兵，这三千骑军如猛虎下山，冲进金兵队里，疯狂地砍杀。因为金军刚刚过河，还没有列成阵势，忽然遇到辽军冲击，顿时就被打得七零八落，四散奔逃。谁知辽军骑兵后面，紧跟着又冲上来七千步兵，人人手使钩镰枪，专钩金军马腿。逃跑的金兵纷纷被钩镰枪掀翻在地，又被复一枪结果了性命。有的金兵无路可逃，去马跳进河里，瞬间就被汹涌的河浪卷走，淹死者不计其数。

吴乞买眼睁睁地看着河对岸的三千金兵被消灭，急得团团转，但也没有办法。原来耶律大石听说金兵来犯，知其必从铁山前渡过土河，土河是从铁山上流下来的水汇聚而成。耶律大石便令军士在山上用土袋把河流截住，等到金军来到山下开始渡河时，再令军士扒开堤堰，积蓄的河水一下子从山上倒灌下来，如同山洪暴发，淹死了金军几百人。又把已过河的金军和未过河的金军分隔开来，然后辽伏兵齐出，把已经过河的金兵尽行消灭。

吴乞买只气得咬碎钢牙，发誓要踏平东京，活捉耶律大石，以解心头之恨。等到山上积蓄的水放完，土河水流又恢复平缓。吴乞买复指挥金军，渡过土河，向中京杀来。

耶律大石早把军队撤到城中，并在四面城墙上布置弓箭手，预备滚木炮石，防备金军攻城。吴乞买指挥金军，包围了东京，四面攻打。耶律大石在城上观察，见吴乞买在东门外指挥攻城。金兵架起云梯，冒着箭雨和滚木奋勇攀爬。不少金兵在云梯上中箭，栽下云梯，摔死在城墙脚下。

耶律大石点了三千骑兵，突然打开东门，杀向正在攻城的金兵。这时金军分散到四门，东门只有三千金兵，又都没骑马。有的在爬城，有的在往城上放箭，企图压制城上的辽兵，掩护金兵攻城。冷不防，辽军骑兵已冲到面前，许多金兵措手不及，就做了刀下之鬼！活着的个个抱头鼠窜。吴乞买正指挥金兵爬城，忽见耶律大石飞马挥刀向他冲来，急忙挺戟相迎。二人大战十余合，吴乞买见身边的金兵都被杀死，心中胆寒，虚晃一戟，拨马逃跑。耶律大石挥师追杀三十余里，方鸣金收兵。

吴乞买收拾残兵，只剩四千余人，又多带伤，战马损失三千多匹，辎重尽被辽军掠去。吴乞买不敢再战，引军退入高州，等待阿骨打大军来援。

阿骨打领着大军来到高州，与吴乞买会面，询问了交战情况，十分诧异道："辽军每战必败，大多是一触即溃，想不到还有如此能打的军队！"当下就与吴乞买合兵一处，共同来攻中京。

金军五万兵力围了中京，阿骨打下令强攻。激战了十余天，金军死伤惨重，仍未攻下城池。阿骨打聚众商议，何论古奏道："耶律大石深得军心，中京城高池深，易守难攻。但是周围千里以内的州县都已投降金国，我军可以就地取粮，长期围困。我料不出三月，城内粮尽，辽军不战自乱，我军可兵不血刃，夺取中京。"

阿骨打依其计，在中京城外挖壕打寨，做长期围城的准备。

耶律大石苦苦守城，坚持了两个月，城内粮食渐渐用完。耶律大石心想，这中京道和上京道尽被金军占领，中京一座孤城，内无粮草，外无援兵。一旦粮草断绝，军心思乱，很可能就会有守兵投敌叛变，那时外敌与内奸里应外合，自己必亡无疑！

于是，耶律大石于一个风雨交加的夜晚，令军士饱餐一顿，悄悄打开南门，率领辽军杀出城来。

且说金军虽然夜间大部队休息，但仍有拦子马巡逻放哨。所以辽军一出城，金军哨兵就向阿骨打报告。阿骨打急令擂鼓，各营金兵急忙出来拦截，可是耶律大石已率五千骑兵冲出包围圈，往南京逃去。金军把辽军后面的五千步兵团团围住，一场激战，把这五千辽兵尽行杀死，又占领了中京。

阿骨打一面出榜安民，一面犒赏三军，正议再取西京之地，忽然撒改丞相派快马来报："开州和宣义州投降的辽将又反叛大金，两处叛兵联合攻打黄龙府！"

阿骨打又聚众商议，欲移兵黄龙府，平定叛乱。

余睹奏道："皇上万不可撤兵，上京与中京刚刚攻取，附近各州县虽然已经臣服大金，但时日尚短，人心不稳。金国大军若撤离，天祚帝乘虚逆袭过来，上京、中京旧官会再投靠天祚，这样皇上岂不前功尽弃？现在开州和宣义州叛变，皇上只需派一万人马前去征讨，不出一月就可平定，因此不足为虑。皇上还应率领金军主力，乘得胜之余威，直取西京，活捉天祚帝，则大功告成，永无忧患。希望皇上不要错过此良机！"

粘罕也道："现在天祚帝逃亡西京，身边最多有一万辽兵，我军应当乘胜追击，一举推翻辽朝。今日若撤兵回辽西，很可能天祚帝会死灰复燃，正所谓一日纵敌，万世之患也！主公还是一鼓作气，灭了辽朝才好。"

阿骨打听从二人的建议，派娄室率五千兵去黄龙府镇压反叛，又令斜也率领两万人马去攻打西京，又令余睹为都监，率领一万人马去攻打白水泺行宫。

且说天祚帝逃到西京后，因他爱好狩猎，喜欢在帐篷里野居，不愿意待在城市里，便又带着他的后妃和子女住到了离西京几百里的白水泺。

一日拦子马来报，余睹率领一万金军杀奔白水泺而来！吓得天祚帝急忙令萧奉先打点行装，准备逃跑。

萧奉先奏道："余睹乃是大辽皇族，岂有灭辽之心？他今番来攻打行宫，无非是想立晋王耶律敖卢斡为帝，皇上若把耶律敖卢斡杀了，他自然退兵！"

天祚帝信以为真，便赐死晋王耶律敖卢斡。

萧遏买奏道："余睹现为金将，他的行动是受金主节制，来攻打白水泺是受金主之命，圣上杀了晋王，没有金主之命，他也必不敢退兵，请皇上三思。"

天祚帝怒道："你欲与余睹里应外合，谋立晋王为帝乎？"

萧遏买见天祚帝发怒，匍匐在地顿首道："臣对皇上忠心耿耿，绝无他意，求圣上明察。"

天祚帝遂下诏，令晋王自尽！

晋王耶律敖卢斡在朝廷威望很高，同情他的人很多。早有人悄悄去告诉他，让他快点逃跑。

晋王耶律敖卢斡听到父皇要赐死他的消息，却道："吾闻百善孝当先，吾岂能惜微躯而违背皇命？我愿受死而遵命，不愿求生而违圣谕！"

晋王耶律敖卢斡用一丈黄绫，悬梁自尽。

天祚帝为了阻止余睹进兵，故意派使臣去见余睹，并把晋王已经自尽的消息告诉余睹。满以为余睹听说晋王已死，无法再立他为帝，会自动退兵，谁知余睹听了拍案大骂："天祚帝枉披一张人皮，灭绝人性，杀了文妃，又杀死亲生儿子。如此禽兽不如的贼子不杀，天地不容！"

余睹立即传令："大军星夜兼程，杀奔白水泺！"

天祚帝听快马来报，说余睹听说天祚帝杀了晋王耶律敖卢斡，非但没有撤军，反而倍道而行，径直朝白水泺扑来！

天祚帝急忙领卫宿兵保着家眷朝西京方向逃跑。皇后萧夺里懒偶感风寒，连惊带吓，又发起高烧来，正骑在马上奔跑，忽然眼前一黑，从马上一头栽了下来，摔得当场昏迷过去。元妃和众宫人下马，呼唤了好一会儿，皇后才慢慢苏醒。众人找了一张网，把皇后抬上网兜，将网兜前边绑在一匹马鞍上，后边也绑在一匹马鞍上，两匹马驮着皇后，慢慢前行。

行到傍晚，元妃用手一摸皇后的鼻孔，早已没了气息，又一摸皇后的手，已经冻僵，元妃放声大哭。天祚帝令人于路旁挖了个坑，把皇后草草埋葬，然后又催动人马，继续逃跑。

皇后萧夺里懒本是元妃的姐姐，生得端庄秀丽，性情贤淑，待人和气，因而宫中人都敬爱她。萧夺里懒平时最疼爱元妃，姐妹俩在宫中天天聚在一起，无话不谈，非常亲密。两人的父母都已去世，所以元妃觉得姐姐如同自己的母亲，凡事都和姐姐商量。姐妹两个性格都宽容而娴静，不过问朝中政事，安分守己地在宫中生活，因而其兄萧奉先虽是奸臣，但朝中大臣对皇后和元妃还是都很拥戴的。

现在皇后因颠沛流离，感染了风寒，加上一路惊吓，未能及时治疗，竟然撒手人寰！元妃怎能不悲痛万分？可是又不敢耽误行程，因而在马上一路哭泣不止。大队人马来到西京，入住宫院，元妃也支持不住了，当晚头痛发烧，病倒在床。

西京留守萧德恭把天祚帝迎进城中。天祚帝喘息未定，便急切地问道：

"现在城中有多少人马?"萧德恭道:"马步兵共有五千人。"

天祚帝道:"我带来宿卫军,还剩三千人马,两军合在一处也就八千余人,怎能抵挡数万金兵来袭?"萧德恭道:"辽军虽少,可是凭借西京城墙坚固、居高临下,多备弓箭、炮石、滚木,可以大量杀伤金兵。再说金兵远来疲惫,粮草不继,我可使云内州和丰州辽军袭其粮道,骚扰其后路,日久金军必退。"

天祚帝听了他的话,心里稍安,便令萧德恭布置城防,自己回宫去了。

天祚帝来到元妃住处,见宫女个个泪眼模糊,又见元妃躺在床上,面腮潮红,闭着双眼。天祚帝用手一摸她的额头,竟烧得跟火炭一般!天祚帝心里不由涌起一阵悲凉。

他往昔虽见国事日非、江河日下,心情常常处于恐怖之中,但一回到后宫,享受皇后的关怀和元妃的体贴,总能使心灵得到短暂的安慰,乐而忘忧。现在皇后忽然舍他而去,元妃又病入膏肓;多才多艺的文妃和他的亲生儿子晋王已被他自己赐死。原来充满温馨的后宫如今充斥着衰败的末日气氛。尽管天祚帝性情十分冷酷,但是到了这步田地,也不由得潸然泪下。

须臾,宫人请来了太医,给元妃号了脉。说道:"皇妃娘娘是路上感了风寒,由寒作热,发起烧来,料无大碍,且服一剂发汗药,待她退了烧,再调一下药方,除去风寒,自然就好了。"

宫人去跟太医抓来了药,天祚帝亲自指导着宫女煎熬,待熬好了药又亲自端汤,用汤勺给元妃喂药。元妃服了药,发出一身汗来,那烧就渐渐地退了,她的神志清醒过来。

元妃虽然经历了风雨飘摇和姐姐离世的痛苦,可是此刻见天祚帝温情脉脉,亲自端汤送水,也倍感温馨。她无限深情地看着天祚帝,见天祚帝已瘦了一圈,眼袋发黑,人苍老了许多,心里更觉得天祚帝有些可怜。天祚帝往日那种天子的骄狂和霸气已不复存在,坐在自己炕边的是一个知疼知热、意气消沉,被敌人逼得走投无路的可怜兮兮的老头。

元妃喝了几口奶,已到掌灯时分。天祚帝令宫女退下,他为元妃宽衣解带,扶持元妃睡下。元妃默默享受着天祚帝的温存。头虽然还晕乎乎的,心里却感到了异乎寻常的甜蜜。

天祚帝也脱了衣服，陪元妃躺下。元妃注视着天祚帝，觉得他从来没有这样温柔体贴过。她用手轻轻爱抚着天祚帝那有些憔悴的面颊，心疼地说："皇上这几天太累了，今晚好好休息吧，保重龙体。他日定有复兴的希望！"

天祚帝哪里睡得着。近年来，金军一次又一次地进逼，不断攻城略地，他的江山日渐萎缩，现在只剩下不到三分之一的领土，加上内部贵族官僚的争斗和底层民众的反叛，真是一浪又一浪地冲击着他行将崩溃的灵魂！他已预感到末日的到来，心里总想逃避这残酷的现实，想躲进元妃的怀抱，享受片刻的温馨与宁静。可是元妃一提"复兴"二字，又撩起了他的懊恼。他心里又是一阵紧缩，精神陷入无边的恐惧之中。亡国的阴云塞满了他的心胸，他又理不清思路，只有一个念头，逃跑，逃跑，逃跑！逃到天涯海角，逃到人迹罕至的荒凉之地！元妃看到他满目凄凉的神色，她理解他，又心疼他，于是紧紧抱住天祚帝，用自己细腻温柔的肌肤温暖着他，像一个慈爱的妈妈在爱抚自己的孩子。

天祚帝在元妃温情脉脉的呵护下，心灵得到了片刻的安宁。他慢慢进入了梦乡，恍惚间看到文妃和晋王耶律敖卢斡走了进来。他忽然想到，文妃和晋王不是都被自己赐死了吗，怎么娘儿俩还活着呢？却见文妃悲悲切切地哭道："大辽气数已尽，当初太祖开国之时，杀戮甚众，冤魂凝聚二百余年，今天都要在吾皇身上清算。故而让皇族自相残杀，现在这场大劫已经到了尾声。我和儿子都在阴间等你，咱们聚首的日子已经不远了！"说完又是啼泣。

天祚帝觉得阴风飕飕，寒气透骨，自己也禁不住痛哭流涕。忽见文妃和晋王都变成了面目狰狞的金兵，各执利斧，一把抓住天祚帝大喝道："暴君哪里逃，快快吃我一斧！"只吓得天祚帝大喊："救命呀！救命呀！"一边喊，一边想跑，可是又迈不动步。

他拼命用力一蹬，却把元妃蹬醒。元妃听他口里还喊着"救命呀"，知道他是在做噩梦，急忙爬起身来，一边用手摇晃着他的肩膀，一边说道："皇上醒来，皇上醒来！"

天祚帝猛地醒来，尤觉心脏咚咚跳个不停，一睁眼，看到的是元妃那芙蓉般娇艳的面容和那美丽又略带忧伤的眼神，方知是做了一场噩梦！但他还是惊魂未定，就紧紧抱住元妃，元妃也紧紧贴在他的怀里，忽觉脸上一凉，一滴清泪落在元妃的脸上，顺着元妃粉嫩的脸颊，又滚到她的耳旁。

二人缱绻了一夜，到了临明，天祚帝才又呼呼睡去。元妃看到窗外透亮，便侧起身子，把压在天祚帝脖颈下边的雪臂轻轻地抽了出来。她把身子轻轻移出被窝，然后给天祚帝把掀开的被窝披好，见天祚帝还在打呼噜，自己便穿好衣服，去洗漱间梳洗一番。见当值的宫女进来，又让宫女从背后把金玉首饰戴好，才又回到卧室。

却见天祚帝也睁开了眼，元妃关切地说道："皇上一夜没有睡好，再睡一会儿吧。"

天祚帝坐起身来，一脸愁容地说道："现在大厦将倾，我寝食难安呀！"

元妃恐他忧虑成病，便劝道："国家有难，更需皇上保重龙体。只要皇上健康，天下都来响应，复兴还是有希望的！"

元妃一边说着，一边帮天祚帝穿上衣裳，然后又搀着天祚帝去洗漱间洗漱。这时宫女已端进来早膳，元妃和天祚帝洗漱已毕，用过了早膳。天祚帝就告辞元妃，上朝去了。

天祚帝到了便殿，这时奚王萧遏买、上将军耶律谛里姑、金吾上将军萧和尚奴、西京留守萧德恭及萧奉先等一班大臣都已到齐。

天祚帝道："当前金军猖獗，大辽五京已被金兵吞并三京。若西京再沦陷敌手，则南京亦不保。国家已到了生死存亡的关头。我只有誓死守卫西京，击退金贼，大辽才有复兴的希望。诸位爱卿要殚精竭虑，尽忠大辽，切莫懈怠。"

众大臣齐声道："愿誓死坚守西京，与西京共存亡，绝不退缩！"

天祚帝又道："不日金军即到，哪位爱卿有退敌之策？"

金吾上将军萧和尚奴道："金军数万人马远离本土，粮草接济不上，必然取食于附近各州，我可令附近州县坚壁清野，令百姓都带着粮食入住城里，让金军得不到一粒粮食，其支撑不了两个月，必然撤退。然后我军乘机追杀，可以大获全胜。"

天祚帝闻言大喜，便派人到东京路各州县传谕，令其速把民众转移到州城。乡间不得留下一粒粮食，把水井一律填平，让金军来找不到一粒粮，喝不上一滴水。天祚帝布置完毕，又领大臣登城巡视。守城辽兵见天祚帝亲来视察，欢声雷动，士气高昂。天祚帝见民夫正忙碌着往城上运送滚木、炮石，弓箭手也已部署到位，心中稍安。

再说斜也和宗翰两路金兵杀奔到了西京。宗翰见西京城墙高大、城楼雄伟，城上辽兵密布，刀枪剑戟寒光森森，知道难以攻克，便对斜也道："西京乃辽朝陪都，修建甚牢，一时难以攻下。不如围城三面，留下一门，逼其出逃。待辽军出了城，我在路上伏击，天祚帝可一鼓而擒也！"

第五章

天祚帝逃亡夹山
萧奉先失宠被逐

斜也听宗翰计，就令金军把西门、北门、东门围了，架起云梯，开始攻城。金军虽然骁勇善战，善于攀岩登高，可是这西京城上守兵甚多，真是枪林刀海，且一个个拼死抵抗，一天下来，金军和辽军均有伤亡。至晚，双方都筋疲力尽，斜也下令，鸣金收军。

斜也刚回到大帐，拦子马来报："金军押送粮草的车队路过丰州，遭到辽军袭击，车队拉的粮草尽被辽军夺走。"

斜也大惊，对诸将道："我数万大军，一日断粮，则军心乱也！如之奈何？"

余睹献计道："我大军包围西京，但是西京周边还有丰州、云州、宁边州、奉圣州等的辽兵未降。不如先派两支人马，去把周边的州县攻取，使西京变成一座孤城，辽帝害怕，必然弃城而逃，我可乘机追杀。"

斜也就令余睹领兵五千，去取丰州和云州；令宗翰领五千军，去攻取奉圣州和蔚州。

余睹领五千金兵先到丰州，见丰州城墙不高，城上只有少量辽兵把守，便下令攻城。正攻打间，忽然拦子马来报："有云州一千辽军前来，增援丰州之敌。"

余睹急令鸣金收军，退后二十里安营下寨。就见云州辽兵风烟滚滚杀奔过来，余睹令金军摆开阵势，迎战辽兵。云州刺史钓泰见金军挡道，便也令辽军摆开阵势。

钓泰手执长矛，立马于阵前。余睹也横刀勒马，向阵前说道："我乃大金国都监余睹，因天祚帝昏聩无能，萧奉先陷害忠良，杀了文妃，又杀了驸马萧昱，还要加害于我。我观天祚帝现在已穷途末路，死到临头，你何不审时度势，弃暗投明，归顺大金，既可保一州百姓平安，也可保你官守原职。"

钓泰道："叛国背主之贼，不知廉耻，竟然还大言不惭。我乃大辽刺史，世受皇恩，岂能临危投敌？今日我与你大战三百合，分个输赢胜败！"说完便跃马挺矛，直取余睹。

只见余睹不慌不忙把手中大刀一挥，咯嚓一下，就把钓泰手中长矛拨开。二人在阵前大战二十余合，余睹越战越勇，钓泰渐渐招架不住，虚晃一矛，掉转马头就跑。余睹把刀尖一挑，五千金兵冲杀过来，辽军大乱。金军人人奋勇，个个争先，只杀得辽兵四散奔逃，跑得慢的只好跪地投降。

余睹紧紧追赶钓泰，钓泰见余睹追得近了，暗暗从腰间拔出飞刀，猛回身把飞刀掷了过来。谁知余睹眼捷手快，一闪身躲过飞刀，伸手接住了刀把，然后用力把刀向钓泰投去，那飞刀嗖的一声就扎进了钓泰后背。钓泰疼得"哎呀"一声惨叫，一头栽下马来，被余睹一刀劈死在地！其余辽兵，尽数投降。

余睹消灭了云州的辽军，复领人马来攻丰州。余睹写了一封书信，绑在箭上，射入城中。士兵捡到书信，交给刺史宇琳肃，宇琳肃拆开信一看，上面写道："今天祚帝残暴无道，任用奸小，迫害忠良，自取灭亡。而金国皇帝英明睿智，雄才大略，待人宽厚。金军攻无不克，战无不胜，灭辽如风卷残云，已势不可挡。君若弃暗投明，归顺大金，可保官职及全城生灵。若顽抗到底，则死路一条，家族尽行屠戮，请君三思！"

宇琳肃本来熟悉余睹，知其为人忠厚，能攻善战，自料城池难保，便率众出城投降。

余睹接收了丰州，又派一千士兵去占据了云州，见城中粮草堆积如山。原来辽军实行坚壁清野，把民间粮草都收集起来，囤于城中。还有前几天辽军袭击金军运粮车队，缴获的粮草也尽储于此。

余睹押着粮草，运到西京城外的金军大营，斜也大喜。

再说宗翰领五千金军向蔚州进发，这天傍晚来到蔚州东十余里，见地势平缓，又临河道，取水方便，便在河旁安营下寨。

到了三更时分，巡逻士兵押进一个奸细来，宗翰正欲审问，那人却说道："我乃大金国军师何论古派来蔚州的卧底。因听说辽军把这河上游堵住，蓄了好多水在附近山上。又在下游筑了堤坝，等到后半夜，辽军扒开上游拦水坝，大水倾泻而下，下游又有拦水坝挡着，水汇聚在这里，流不出去，金军大寨会淹没在水中。三军尽成鱼鳖之食也！"

宗翰听了大惊，一面重赏来人，一面传令大军拔营，转移到五里外的高阜上扎营。

金军刚刚离开营地，就听见上游山洪暴发般的声响，不一会儿，汹涌大水直泻下来，把金军原来的营地漫成了一片汪洋！宗翰估计辽兵还会趁水打劫，便把军队埋伏在水旁。过了一会儿，果然见一队辽兵向水边飞驰过来。到了水边却不见一个金兵，那些辽兵纳起闷来，心想，莫非金兵尽被淹死在水中吗？

辽兵正诧异间，忽听一声炮响，金兵从左右两面杀来。辽军顿时大乱，被金军杀得四处逃窜。辽将耶律滚正遇见宗翰，交马只一合，即被宗翰一斧劈成两半。其余辽兵死的死，降的降。

宗翰当晚就让投降的辽兵带路，来到蔚州，让辽军叫开了城门。金军顺利地占据了蔚州。

宗翰把蔚州掠夺一空，派一千士兵把抢掠来的粮草财物押送到西京外大营，又率领四千人马去攻奉圣州。

奉圣州只有八百士卒守城。守将见金军势大，料守不住城池，便开城投降。

宗翰懒得进城，只向守将索要了大批财物，便转回西京附近的金军大营去了。

天祚帝被困在西京，天天盼着金军粮尽退兵，没想到拦子马接二连三地来报，西京周边的州县一个个都被金军攻取，辽军坚壁清野储存的粮草，全部落到金兵手里，现在只剩上京一座孤城。

萧奉先急奏道："如今西京道各州县都被金军占领，只剩上京一座孤城。若不快点转移，恐怕西京难保，皇上就危险了！"

天祚帝就命萧和尚奴为先锋，领三千军头前开路；令特母哥领三千军居中，保护皇室及文臣家眷；又令西京留守萧德恭领两千军断后，于当天半夜偷偷打开西门，弃城而逃。

萧和尚奴领着三千辽兵出了西门，行有五六里路，忽听一声炮响，迎面余睹领五千金军杀来，左面宗翰领一万金军杀来，右面斜也领一万金军杀来！一时四下里，喊杀之声震天动地。

且说这萧和尚奴有万夫莫当之勇，他使一杆镔铁枪，如游龙出海，连挑几员金将，直杀得血染征袍。

战至丑时，正遇余睹挥刀挡住出路。余睹高声喝道："耶律延禧何在？"萧和尚奴也不搭话，挺枪便刺，余睹大刀一挥，只听哐当一声响，钢刀与镔铁相击，迸出万朵金星！两员将就刀来枪往，厮杀起来。

原来天祚帝就在萧和尚奴身后，那天祚帝虽然治国乏术，可是狩猎一生，马上功夫娴熟，平时爱使铁叉，趁着余睹和萧和尚奴杀得难解难分，就从余睹身旁闯了过去。

萧和尚奴与余睹战三十余合，见天祚帝已去远，便虚晃一枪，夺路而逃。

再说太保特母哥率领三千卫宿兵列成方阵，把后宫嫔妃和文官家眷裹在核心，往外冲杀。宗翰见特母哥领的卫队顽强抵抗，料其中必有天祚帝在内，便率领一支精锐骑兵，从侧面穿插入辽阵。

宗翰抡起大斧直捣阵中，把辽军拦腰切断。特母哥见阵势已乱，只好奋力向前冲杀。他身后是几位王子，也各执兵器，拼命厮杀，终于杀开一条血路，往西北逃去。

宗翰率领金兵杀得辽军七零八落，各自逃命。剩下的这些宫中嫔妃和文臣家眷都被金军生擒活捉。

担任后卫的萧德恭，正在尾随特母哥的中军往前冲杀，忽遇宗翰率军截住了去路。萧德恭率后卫军拼杀多时，左冲右突，杀不出重围。金军越战越猛，辽军一批又一批地倒在血泊中。萧德恭吓得又退回西京城内，谁知他的辽军还没全部退入瓮城，金军却已杀进城来。萧德恭率领五百余人，退入皇宫。到了天亮，金兵把皇宫围得水泄不通。萧德恭见已插翅难逃，只好缴械投降。

斜也占据了西京，废了西京的名号，改西京为大同府，仍令萧德恭任大同府节度使。出榜安民已毕，又令把元妃和天祚帝的几个女儿押上来。金兵推推搡搡，押着元妃和几位皇女进了大厅。斜也一看，只见元妃虽已过而立之年，依然胸丰臀翘，楚腰一把，身姿娉娉婷婷，如杨柳拂风。尽管披散秀发，低垂粉项，可是就凭那身姿，就显得鹤立鸡群，一枝独秀！

斜也又令其理顺秀发，抬起面来。元妃伸出玉手，轻轻理顺秀发，羞怯地抬眼一看，便又低下头来。就在元妃惊鸿一瞥之际，斜也顿觉眼前一亮，元妃那一双明眸如两潭秋水，含着羞，含着怯，含着无限哀怨，瞬间令斜也浑身骨头都酥软了，他的三魂六魄都被元妃的眼神勾了去！

斜也虽已年届三旬，家有两房妻子，但都是女真族女子，能骑善射，说话粗喉咙大嗓门，哪里见过如此美若天仙的尤物！当下斜也就令几个宫女，陪着元妃仍回宫中居住。然后又将天祚帝的几个女儿分别赏给立了功的将士。

元妃回到宫中，心想，今日斜也不杀，必想霸占己身。她意欲自尽保身，但又惦记着她的女儿，不知分配给了哪个金将。如果自己死了，又恐女儿痛不欲生，也自杀身亡。这女人最放心不下的是孩子，为了女儿，她宁可忍辱偷生。再说她还有个儿子，也不知是死是活。她经过反复思量，感觉不能轻生，为了女儿和儿子，也要活下去。哪怕受人凌辱，她也要忍受。

到了傍晚，斜也处理完军政事务，来到宫里，见元妃还在悲悲凄凄，俊俏的面容上挂着泪痕，宛如梨花带雨，更加令人怜爱。斜也上前劝道："皇妃娘娘受惊了，我乃大金国元帅斜也，愿意保护好你和你的女儿安全，让你继续享受荣华富贵。"

元妃忍住悲泣，抬起玉颜，一双明眸胆怯地望着斜也，柔声说道："多谢元帅不杀之恩，罪妾已徐娘半老，深蒙元帅厚爱。奴家愿意奉巾执帚，伺候元帅于塌前。"

斜也见元妃说话柔顺，且风情万种，不觉心醉神迷，走向前轻轻把元妃揽入怀中。元妃自十四岁入宫，只和天祚帝一个男人接触过，今天虽自知沦为战俘，忍辱偷生，但毕竟一个生疏的大汉，用强有力的铁臂把自己柔软的娇躯抱住，一时羞得无地自容，只得怯怯地说道："贱躯不堪奉承元帅，但求元帅爱怜。"

斜也像一头饥饿的东北虎，此刻已是激动得血脉贲张，他粗暴地把个小巧玲珑的元妃按在卧榻之上……元妃本来性格柔和，此刻又是俘虏身份，已是身不由己，只好逆来顺受，默默承受这野兽般的莽撞。

一夜间元妃百依百顺，使得斜也享受了柔情，也第一次体验到了契丹淑女的美妙。

第二天斜也就依元妃的请求，把天祚帝的几个女儿和占有她们的金军将领都召来。斜也要求几个将领，以岳母礼拜见元妃。

元妃手拉着自己的女儿，又不敢问女儿受了多大的委屈，只是嘱咐道："要好生伺候夫婿，克尽妇人之道。"

女儿恐母亲担心，也强作笑颜，安慰元妃。

过了十多天，忽然接到阿骨打的命令，让斜也率军向西北搜索天祚帝及其残兵，务必活捉天祚帝，消灭辽朝余势力。

斜也不敢怠慢，便点齐人马准备出发，临行他令奴竺银为大同府兵马都监，率一千金军留守大同府，并嘱咐他好生看护萧贵哥。

奴竺银满口应承，道："萧贵哥虽是俘虏，但已属于元帅。末将自然要以礼相待，不会使她受委屈。"

斜也于是率军离开大同府，往西北进发。一日拦子马来报："天祚帝带着残兵，驻扎在青冢寨。"斜也立即令宗翰率五千轻骑，奔袭青冢寨。

再说天祚帝自从西京突围出来，一路狂奔，驰了几天几夜，来到青冢寨。这儿离西京已远，又有几十帐契丹人供应食品，天祚帝才在这里驻扎下来。他检点一下人马，只剩三千余人。元妃和他的四个女儿都沦为金军俘虏，好在几个儿子都冲出来了。

这天夜里，天祚帝正在帐中睡觉，忽然拦子马来报："金军又杀过来了！"

天祚帝吓得慌忙跳上一匹战马，跟随卫兵向营外逃窜，就听四面喊杀声不绝于耳。天祚帝人不及甲、马不及鞍，手里提一杆钢叉，在几十个骁勇善战的卫士保护下，冲出了金军包围圈，没命地向西北奔逃。这次他不敢大意，奔过了几百里地的沙漠，来到了人迹罕至、与世隔绝的夹山，才停息下来。可是跟随他的人，仅剩二百多宿卫将士。

再说天祚帝的儿子那晚俱被金军包围。特母哥手执钢鞭，在金军阵中杀来杀去，寻找几位王子，最后遇上燕王耶律达鲁。原来燕王耶律达鲁平时练得弓马娴熟，善使一杆方天画戟，三五个人近不得他身，因而在金军阵中左冲右突，金军奈何他不得。耶律达鲁看见特母哥杀来，便与特母哥合兵一处，特母哥头前开路，耶律达鲁紧随其后，终于杀出重围，逃出了包围圈，也往西北大漠深处逃窜。

宗翰活捉了天祚帝的四位王子，又跟踪追击几天，见这沙漠里寸草不生，鸟兽绝迹，大军连水也喝不上一口，有不少战马和士兵渴死在沙漠中。他想，天祚帝身边已经没有几个随从，成了亡命之徒，逃进沙漠深处，不是渴死，也得饿死。于是传令收兵，押着天祚帝的几个儿子来帅帐交令。

斜也见宗翰活捉了天祚帝的几个儿子，知道天祚帝身边的卫士也所剩无几，天祚帝已到了山穷水尽的地步了，就下令班师，返回临潢府去缴令。

阿骨打见金军大获全胜，天祚帝残余势力已剿灭，十分高兴，犒赏三军，便下令大军撤回关东，稳定关东局势。斜也要随军回关东，急忙派人去大同府，告知奴竺银，让他火速派人护送萧贵哥到临潢府来。他要带萧贵哥回关东。

且说自从斜也离开大同府，把萧贵哥安排给奴竺银看护，不料奴竺银早就对萧贵哥垂涎三尺。他心想，如此天姿国色就在身旁，如果不能"品尝"一次，岂不枉活一世？

在斜也带兵离开大同府的当晚，他就以关心为名，来到萧贵哥的住宅，并带了一些山珍海味，来向萧贵哥讨好。萧贵哥一看这奴竺银，生得面如锅铁，两把扫帚眉，一双竖矛眼，鼻孔朝天，满嘴獠牙，身材有横无竖，活像一头大黑熊，心中十分厌恶。可是自己是一个战俘，生命皆在他手中掌握，因而不敢得罪他，只好强作笑颜，虚意逢迎。

那奴竺银生性粗鲁，又不懂怜香惜玉，更缺乏那调情的风流手段，进了屋说没三句话，就把萧贵哥抱入怀中，强暴求欢。

萧贵哥又羞又怒，便说道："奴家已身许斜也大元帅，你今日无礼，不怕大元帅回来怪罪吗？"奴竺银哈哈大笑道："你不过是一贱俘，我大金将领谁让你伺候，你都得伺候，还敢耍强？"

萧贵哥心中害怕，只得任其蹂躏。奴竺银一旦尝到甜头，哪里还肯罢休？于是天天来泡萧贵哥，形同夫妻。军中无人不知，无人不晓，但大伙都觉得萧贵哥不过是一战俘，金将谁都有资格占有，因而也没人觉得不妥。

这一天，奴竺银忽然接到斜也的命令，让他立即把萧贵哥护送到临潢府。信中还一再强调，要派老实可靠的军兵在路上保护好萧贵哥。

奴竺银心想，若把萧贵哥送到斜也帐中，萧贵哥必然把自己霸占她的事情告诉斜也。斜也已把她当成了自己的妻室，岂能容别人玷污？他要一翻脸，找自己个风流罪过，把自己杀了，岂不窝囊？

奴竺银思来想去，没有好的办法，最后心想，我一员金军虎将，总不能栽倒在这一个女人手里，干脆一不做二不休，把萧贵哥杀了，就说萧贵哥身为贵妃，不堪忍受斜也凌辱，悬梁自尽，让她死无对证。斜也就是怀疑，但也没有什么凭证，也只能作罢。

奴竺银拿定主意，当晚就来萧贵哥的住处。萧贵哥还不知情，先被他强暴一通，正要睡去，奴竺银却忽然张开双手，卡住萧贵哥的脖子。这奴竺银力大如牛，萧贵哥的脖颈怎经得起他这一掐，顿时一缕芳魂烟消云散，可怜一世绝色佳人，香消玉殒。

奴竺银掐死了萧贵哥，又用一丈绫罗系住萧贵哥的脖子，吊于梁上，伪造了她悬梁自尽的现场，然后偷偷离去。

第二天，宫女和守卫萧贵哥住处的士兵发现萧贵哥悬梁自尽，急忙报于奴竺银。奴竺银听了报告，先是故作惊讶，接着大发雷霆，下令把看护她的宫女和士兵一律处死——此举实则杀人灭口。

奴竺银处理完毕，便策马往临潢府来，见了斜也，把萧贵哥悬梁自尽的事陈述一遍。斜也闻听萧贵哥已自尽，不觉潸然泪下，转念又一想，自己和萧贵哥相处月余，萧贵哥百依百顺，并没有悲愤自杀的迹象。其忽然自杀，是否会有其他冤情？斜也虽心生狐疑，但皇帝已传令大军撤往关东，他也没有时间细细调查，只好率军往关东去了。

此时天祚帝领着二百多残兵，来到了与世隔绝的夹山，正好遇上了一群契丹人。他们游牧来到这里，见到了天祚帝，都献上奶酪、牛羊肉等食品，留天祚帝驻扎下来。天祚帝夜宿在这荒凉的草原上，想到近几年，他由堂堂大辽国君一步步走到今天，到了山穷水尽的地步，自己的国土沦丧殆尽，百万大军化为硝烟，连后宫嫔妃和自己的儿女都沦为金国俘虏。他又联想到当初在头鱼宴上，自己已觉察到阿骨打有不臣之心，当时自己想要杀掉阿骨打，以绝后患，可是萧奉先劝自己不要伤了女直的向化之心，自己一时糊涂，听从了萧奉先的误导，留下了这个心腹大患，把自己逼上了绝路。

他越想越后悔。他又想到后来余睹在中京抵抗金兵并打死了阿骨打的女婿，阻击金兵，使其寸步难行，可是正在这节骨眼上，萧奉先却诬陷文妃、萧昱还有余睹欲联合起来发动兵变，要废了自己，立儿子耶律敖卢斡为帝。自己轻信了萧奉先的谗言，没有调查、没有审问就杀了萧昱和耶律挞葛里，赐死了文妃，把正在前线与金军殊死搏斗的大将余睹逼得投降了金军，使得自己毁掉了大辽的长城。余睹熟悉辽国虚实，引导金军长驱直入，以摧枯拉朽之势，席卷了大辽江山！

可是到了国难当头的地步，萧奉先仍不为国家着想，心怀奸诈，又进谗言让自己杀害了儿子耶律敖卢斡。可恨自己又听信萧奉先的谗言，误杀了自己的亲生儿子，使得大臣离心，终于导致众叛亲离，各处州县纷纷投降金军。

他思来想去，大辽的江山、自己的命运，都是葬送在萧奉先之手。天祚帝越想越气，第二天，他把萧奉先叫到面前，从头至尾，历数萧奉先谗言误国的事例，说得萧奉先跪在地上，满头大汗，无言以对。

最后天祚帝道："现在军士都认为你是唐朝的杨国忠，人人都想杀你。你赶快走吧，不要待在这里连累了我!"

萧奉先自知罪大恶极，无法辩解，痛哭一场，便带着他的儿子和二十来个家兵，离开了夹山，往东行来。

这时，萧奉先心里也没有目标，不知往哪里是好，只是漫无目的地行走。走了几天，穿越了沙漠，来到广义县地界。这时广义县已被金军占领。当天晚上，萧奉先一行人住在一座山洞里，手下那些亲兵平时恨他苛刻，今见他穷途末路，对下属仍然颐指气使，态度蛮横，便悄悄计议道："我们跟着萧奉先担惊受怕，遇到金兵还有被杀的危险。咱何不把他爷仨抓起来，送到金营请赏?"

这些士兵一拍即合，于是趁深夜萧奉先和他两个儿子睡着，来到其卧处，一哄而上，把他爷儿仨按住。萧奉先的大儿身材高大，有些勇力，几个士兵按不住他。一个士兵见状，就从他身后一刀劈下来，当场把萧奉先大儿子劈死，吓得萧奉先和他小儿子连连哀求饶命!

众兵丁把他爷儿两个捆了起来，待到天明，押送到广义县金兵营中，向金军投降。这广义县驻有五百金兵，有一千人长做统领。他见众人押来了萧奉先父子，心中大喜。因这萧奉先是辽朝重臣，大金国悬赏千金，购其人头。真是踏破铁鞋无觅处，得来毫不费工夫! 当下他赏了几个辽兵，又派一位百人长，带三十个金兵押着萧奉先父子送往金国京师。

押送萧奉先父子的金兵正行走间，遥遥望见一大队人马过来，一开始还以为是金兵，待到走近了，才发现都是辽军。

为守一员大将手使钢刀，座下乌骓马，更奇的是，和他并驾齐驱的是一个女郎，手里也拿着双刀，十分英俊。那员将发现对面来了一小队金兵，也不搭话，只将钢刀一挥，带着辽军便冲杀过来。为首的金军百人长挺枪相迎，被那辽将一刀劈死。其余的金兵则被辽军包围起来，一阵刀剁斧砍，便死的死伤的伤，余下的见势头不妙，纷纷缴械投降。

这时萧奉先父子俱被绑在马鞍上，动弹不得，被辽军解开绳索，放了下来。那员使大刀的辽将走到近前，认得是萧奉先，便道："枢密使大人怎么被辽军捉住了呢? 现在天祚帝在哪里?"

萧奉先蓬头垢面，披散着头发，十分狼狈。他抬眼一看，面前站着的是辽将萧斡里剌，以前在自己眼里不过是一个低级军官，自己则是八面威风、独揽朝纲的重臣，没想到这小将军今日成了自己的救命恩人。

萧奉先此刻威风尽失，浑身被绳索捆绑得酸疼，他站立不住，一屁股坐在地上，完全是一副落汤鸡的形象。他又恐怕萧斡里剌瞧不起自己，便扯谎道："我陪天祚帝在青冢寨驻扎，遭遇金军偷袭。我为了掩护天祚帝逃跑，与金人相抗，战马被乱箭射死，我不幸被金军俘获。我本欲一死殉国，想不到天不灭我，在这里遇到了将军，多谢将军相救，日后奏明圣上，定当提拔重用！"

萧斡里剌对萧奉先的谎话深信不疑，便道："只要天祚帝还健在，我大辽国就有主公，能会聚契丹人心，复兴就有希望！"

萧奉先又问道："听说将军率兵逆袭金国，调动了大批金军回师自救。后来听说将军的队伍被金军歼灭，就再也不知将军的去向了。这一年来将军流落到哪里，怎么还保留这么多的人马？"

萧斡里剌道："我自从在鲜卑山和金兵交战、全军覆没后，就与妻子逃入深山。翻过鲜卑山来到中京道北部草原上，受到契丹部族的盛情款待，就在草原上住了下来，招收一群徒弟练武。后来又收集了一些散兵游勇，发展起一支队伍。前些时候听说耶律大石在东京抗金，我就带着队伍投奔耶律大石部下。不久金军数万人攻打东京，为了保存实力，耶律大石率部转移到南京去了，留下我领着这一千辽兵，在东京周边与金兵周旋。现在金军主力都从西京返回东京，这一带难以坚持，我便带着队伍向西转移。正巧在这里遇上了枢密使大人。"

萧奉先又问道："将军今后打算往哪里去？"

萧斡里剌道："我们是契丹人，只要打听到天祚帝的下落，我就率众投奔天祚帝！养成气力，再图恢复！"

萧奉先道："天祚帝是死是活还不一定呢，你向哪里去打听他的下落？咱不如就在这处荒僻的地方，占山为王，倒落得快活！"

萧斡里剌道："此地不断有金兵扫荡，一旦发现我军驻扎在此，必然调大军前来剿灭，因而此地不可久留。咱还得向西方荒漠地带暂避金兵，等到养成气力、有了机会再杀回来与金人争夺天下。"

第六章

雅里称帝忽天亡 耶律术烈又僭号

萧奉先也没有更好的办法，只得跟着萧斡里剌的队伍往西进发。

再说天祚帝在青冢寨被金军包围，他在萧和尚奴的掩护下，逃出了重围。特母哥和耶律敌烈率领的卫宿军被金军拦腰截断，特母哥和耶律敌烈身后只剩下一千多士卒，在金军阵中杀了几个来回，才遇上梁王雅里。他二人保着雅里拼命冲杀，终于冲出重围，一路辗转来到夹山。

特母哥领着雅里拜见天祚帝。天祚帝见特母哥、雅里，还有耶律敌烈领着上千士兵过来，可是自己只有三百伤兵，害怕特母哥把自己废了，另立雅里为帝，就起了杀掉特母哥之心。他把特母哥招来责问道："让你保护着王子，你怎么只救出梁王雅里一人？你身为太保，没有尽到自己的责任呀！"

特母哥脱了上衣，露出几处刀伤，泣道："臣在乱军中往来冲杀，身中八处刀伤，在生死之际，只找到了梁王雅里，舍死拼命才将梁王救出。臣已竭尽全力也!"

天祚帝也找不到处罪他的理由,于是又问雅里:"特母哥在路上教你什么话了?"

雅里道:"他没有教儿臣什么话,只是说要找到父王。"

天祚帝无话可说了,才放了特母哥。这时队帅耶律敌烈对特母哥道:"天祚帝疑神疑鬼,总怕大臣废了他。我们跟着这样的昏君,说不定哪一天被他杀了!我看梁王性格宽厚,对下属仁爱,咱还不如保着雅里去漠北另建辽国,免得跟着天祚帝受气!"

特母哥说道:"将军说得正是,天祚帝已对我们起了疑心,君疑臣,则臣死。咱们待在这里没有好下场,只有快点离开此地,远走他乡才安全!"

于是,二人带了几十个士兵去找雅里,特母哥对雅里说道:"梁王还记得皇上赐死晋王的事件吗?"梁王道:"当然记得。"

特母哥道:"现在皇上就怕大臣拥立你即帝位,想杀死你。如果你被害,则大辽皇室断子绝孙,无人继承祖业。大辽列祖列宗将痛哭于九泉之下。我和耶律敌烈不忍见大辽断了香火,已决定立你为帝。咱先离开这里,前往漠北,那儿还有契丹族人,你可以重整旗鼓,复兴大辽,也对得起祖宗!"

梁王还在犹豫,特母哥与耶律敌烈令军士扶他上马,带着本部一千余人离开夹山,往漠北去了。天祚帝见特母哥和耶律敌烈挟持梁王离去,考虑到自己兵少,也不敢追赶,只能眼看着他们远去。

再说萧斡里剌带着萧奉先父子辗转数千里,终于打听到天祚帝在夹山驻扎,便直奔夹山而来。到了夹山,萧斡里剌拜见了天祚帝,并将路上解救了萧奉先父子的经过说了一遍。

天祚帝道:"萧将军忠心耿耿,转战五六千里,又保存了一千多人马,实乃是国家栋梁。"当即封萧斡里剌为北院枢密使,其余随从将士皆有封赏。

天祚帝又把萧奉先谗言误国、结党营私、陷害忠良的罪状讲述一遍。萧斡里剌道:"萧奉先的罪恶,天下人人皆知,只是碍于他是皇亲国戚,无人敢揭发他的罪状。今圣上英明,觉察到他的阴谋,是主上之福也!"

天祚帝传谕,把萧奉先父子处以斩刑。可怜萧奉先聪明过人,巧言令色,哄得天祚帝痴迷半世，一步步蹈入国亡家破的陷阱，最后连累自己和两个儿子都死于非命，岂不悲哉！

再说耶律敌烈和特母哥挟持着梁王雅里，往西北进发。越过了阴山，又走几日到了沙岭。忽见前面有一条大蛇，长丈余，横于道上，拦住了去路。士兵报于特母哥，特母哥与耶律敌烈来到前面一看，果然那条大蛇仍然横卧在道上，昂头望着眼前的大队人马，岿然不动。

特母哥道："蛇乃龙的化身，有龙卧道，说明此地有天子气。我们何不在此拥立梁王即天子位，以应天命。"

耶律敌烈也觉得此乃上天授意，当于此地立新天子。天意不可违，当下二人就联合一帮人来到雅里马前，一起跪下，口称："我皇万岁，万万岁！"并把准备好的龙袍披在雅里身上。雅里到了这一步，也只好接受百官朝拜，于是改元神历，以耶律敌烈为枢密使、特母哥为枢密副使。

沙岭一带土壤贫瘠，雅里初创基业，生活条件艰苦，因而多有逃亡者。耶律敌烈奏道："我部人数不多，现在出现很多逃亡之人。如果不严厉惩处，恐怕刚建立的政权就要分崩离析了！请皇上严惩逃犯，使部属有畏惧之心，才能稳定基业。"

雅里道："人往高处走，水往洼处流，我怎能强迫部下跟我受罪？谁愿意走，就让他走吧。辽邦能否盛旺，自有天定，何必强求？"

耶律敌烈就令，把捉到的逃亡之人全部放了，任其去留。

雅里的话在军队里流传开来，将士都感激雅里待人宽厚，反而不愿意离开他了。慢慢地，军心稳定，再也没有逃亡的了。

耶律敌烈制定法律，呈给雅里批阅。雅里见法律制定得太苛刻，便一条一条地都修改了，改得很宽松，跟随他的部族都感到很自由，因而越来越拥护他。

雅里喜欢读《贞观政要》及林牙资忠所作的《治国诗》。他常用仁政教育部属，民众有生病遭灾的、穷困难以维持生计的，雅里就会令拨钱物救济。直长保得谏曰："今国库空虚，皇上经常发放救济，造成财力更加困难了！"

雅里道："国库的钱财都是老百姓贡献的，没有老百姓，我向哪里索取钱物呀?"

迭剌部统军达布术者听说雅里仁厚贤明,便率领本部族三千多帐来归。雅里仍命达布术者为迭剌部节度使,加封惕隐之职。

达布术者又献族中美女桃娘,雅里一见桃娘玉肌花貌,又能歌善舞,十分喜欢,便要册封桃娘为皇后。耶律敌烈奏道:"册封皇后要举行迎娶典礼,请皇上先把皇后送还娘家,再选择良辰吉日迎娶。"

于是,雅里先把桃娘送回了娘家,又选择一个良辰吉日,派遣媒人把牲酒礼品送到皇后娘家。由执事者先行告知皇后父母,然后请使者和媒人进入户帐拜谒,稍后再拜,两次拜过才平身侍立。过一会儿,拜皇后,并向皇后敬酒。待皇后饮过,再向其父母敬酒。然后还得向其宗亲、兄弟敬酒。然后再拜一次,才交纳彩礼。执事者致贺词,贺词毕,皇后再向父母、伯叔父母、兄各四拜。然后皇后升车,父母饮了酒致诫词,大意是告诫皇后要克尽妇人之道,忠孝贤惠。皇后听完父母的诫训,执事便令鸾车启动。鸾车来到皇帝宫帐,宰相传皇帝旨意,赐皇后酒,然后赐送亲的人各饮一杯。

接着是惕隐率人奉应鸾车至帐前。由惕隐夫人请皇后下车,脚下黄绫铺路。前面一个妇人捧镜引路,后面一妇人举着一羊裘跟从。路上放置一个马鞍,皇后必须跨过马鞍,再到神主室三拜,南北向各一拜,再手执酒杯,把酒洒于地上。最后迎亲人和送亲人都赐酒。

耶律敌烈主持婚礼,这时执事的人向后族致贺词,并引导后族之长领着皇后来到皇帝御座旁的凤椅上坐下。然后送皇后的族长致词,致词完毕,后族长跪问"圣躬万福",接着再拜,拜后大家才都落座饮酒。

第二天早晨,雅里皇帝到神帐内对着先代皇帝的牌位参拜,并奠酒,然后设御宴请后族、皇族、群臣参加宴会,并观看杂戏、马戏、摔跤等表演。因雅里不过是流落荒漠,草创朝廷班子,婚礼与当年道宗和天祚帝纳后的隆重光景没法相提并论。一切礼数从简,不过点到为止。

尽管婚礼简陋,雅里和桃娘二人却情投意合,如鱼得水,十分恩爱。

且说西北路招讨使司下辖有招州、福河城和塔赖城,共有民户九千五百帐,因地处西北荒漠,金军还没有来过,所以老百姓生活比较平静。西北路招讨使萧戟听说天祚帝在夹山，并没有退位，便和部下商议道："我部族接近沙岭，如今雅里在沙岭称帝。如果我部臣服雅里，以后天祚帝要是兴兵问罪，我等也受牵连。大家看如何是好？"

几位部属都道："我们暂不去上表庆贺，不为雅里进贡物品，先观察一段时间再说。若以后天祚帝退位了，我们再去朝拜雅里。"

萧戟的儿子麻捏道："父亲手里的兵力比雅里的兵还多，为什么要去臣服于他？现在辽室已经衰败，不久将亡，我部何不趁机独立，自成一国！"

几位裨将也都道："公子说得有理。大帅干脆一不做二不休，也面南称尊，做皇帝好了！"

萧戟道："我们先不要声张，暗地里准备兵器、操练人马，等待时机成熟了，咱就独自建国。"

萧戟有三房妻妾，大房妻子名叫梨刺，育有一子，就是麻捏。由于梨刺年老色衰，萧戟很少到她帐里歇宿。侧室名叫多里窝，育有一女。小妾名叫梦菲，年方十六岁，生得花容月貌，又能歌善舞，深得萧戟宠爱。萧戟每晚都泡在梦菲的帐里。大房梨刺和侧室多里窝每晚都能听到梦菲的歌声和萧戟的笑声，心里十分妒忌。

梨刺就和多里窝聚在一起，你一言我一语地发泄对梦菲的不满。梨刺一次对多里窝道："我已经老了，也不想着伺候老爷了。你还这么年轻，又长得白白嫩嫩，哪一点不比梦菲那狐狸精强？可是老爷就被她迷住了，连你的帐屋也不踏，也有点太偏心眼了呀！"

多里窝才二十出头，正是情欲旺盛的年龄，整天独守空帐，更是满腹怨气，便说道："姐姐不知道，梦菲那小狐媚子每晚又唱又跳，还叫了个弹琵琶的小白脸张千给她伴奏。听说他俩常常背着老爷搞些暧昧的动作，做出些见不得人的勾当来！"

梨刺道："小狐狸精要真和那小伙相好，辱没了老爷的门庭，咱可要好好盯着她。如果抓住了她的狐狸尾巴，告诉老爷，老爷一怒看不打死她个浪骚货！"

梨刺就买通梦菲身边的丫头，让那丫头监视梦菲和张千的行踪，如果发现他俩有不轨行为，马上向梨剌和多里窝报告。

有一天，萧戟应活络部族酋长邀请，参加赛马大会。赛马大会结束后，活络部酋长又设宴招待萧戟，饮至半夜，萧戟喝得酩酊大醉，当晚就在活络部帐里留宿。

可巧，这天梦菲学了一首新歌，但唱得还不熟练。她想着给萧戟个惊喜，把这首歌练熟，等萧戟回来唱给他听。于是她让丫鬟请来张千，让张千弹琵琶、伴奏，二人进行演练。

梦菲的宿帐离大房梨剌和侧室多里窝的宿帐都很近，梨剌和多里窝知道萧戟不在家，听到梦菲帐里又弹又唱。二人窝了一肚子火，就派人向梦菲传话："大房娘娘说老爷又不在家，你一个小媳妇招惹男人边弹边唱，太不像话。快快憋住，不许再闹腾了！"

梦菲听了很不高兴，但也不敢再唱了。张千道："大娘子是嫌咱太热闹，影响她休息，咱要不到清水河边去演练吧？"

梦菲听了觉得是个好办法，就带着两个丫鬟还有两个男仆，连同张千骑马来到清水河边继续演练。此刻清水河映着月色，清风扑面，地上浅草茸茸，梦菲和张千演唱得如痴如醉。忽然大房梨剌和侧室多里窝带着十多个兵丁赶到。梨剌大骂道："好两个不要脸的婊子，偷偷跑这里约会，干出这伤风败俗的勾当来！还不给我拿下！"

她话一落，十来个兵丁一拥而上，就把张千和梦菲按倒在地，捆绑起来。

梨剌令带到自己帐外，让士兵对张千严刑拷打，逼他招供与梦菲通奸之情。张千本没有和梦菲通奸，哪里肯招？任凭怎样拷打，咬紧牙关，死不承认有通奸之事。

梨剌和多里窝又指着梦菲辱骂一顿，还不解恨，又令士兵拷打梦菲。那些士兵因知道梦菲冤枉，又知道萧戟宠爱梦菲，都恐怕萧戟回来怪罪，因而不敢动手。

梨剌和多里窝折腾到半夜，都筋疲力尽，便回帐篷睡觉去了。

第二天萧戟回来，梨剌和多里窝抢先告状，把梦菲勾结张千到清水河边幽会的事情，添油加醋地诉说一遍。萧戟半信半疑，他来到梦菲帐里，见梦菲被捆绑着，衣襟凌乱，哭得死去活来。萧戡心里有几分心疼，便给梦菲松了绑，然后问她："为什么趁我不在家，和张千约会？"

梦菲把在帐里演练、被梨刺和多里窝骂了一顿，无奈之下带着张千和两个男仆还有两个丫鬟，挪到小清河边练习的经过细细陈述一遍。萧戡当即传来那两个男仆和两个丫鬟——对证，方知梦菲和张千并无出轨的行为。

萧戡训斥梦菲道："我不在家你要外出练唱，必须禀告梨刺，为什么不告诉她私自外出？这是你的错！"梦菲只好认了错，并保证再不私自外出演练。

萧戡因见张千生得白白净净，风流倜傥，心想二人虽说还没有奸情，但一个郎才一个女貌，长期在一起，必生邪念，不如借机会把张千赶出帅帐，以绝后患。于是下令，把张千逐出帅帐，永不录用。

张千被打了一顿，又被赶出帅帐，伤痛不能远行，幸有平时好友将他收留，将养了一些日子，伤痛好了，便告别好友，向沙岭走去。

张千平白无故被毒打一顿，又被踢了饭碗，心中痛恨萧戡。他平日在萧戡宫帐当乐工，见过他制造的黄罗伞盖、龙袍等天子御用之物，还经常听到萧戡手下人议论，说天祚帝还在，雅里擅自称帝是大逆不道。他想，我要到雅里那里去告发萧戡有不臣之心，他正在积极准备叛辽称帝，让雅里派兵来消灭了他，出我这口恶气！

张千走了好些日子，一路千辛万苦自不必提，一日到了沙岭地界，正遇上特母哥率辽军巡逻。哨兵把他带到军账，见一员大将威风凛凛坐于帐中，那大将问他："从何处来？欲往何处去？"

张千不认得特母哥，但看样子知道是个将军，便答道："小人是西北路招讨使司帐下乐工，因见萧戡私制黄罗伞盖和龙袍，并常诽谤皇上是僭号。他正积极训练军队，欲反叛朝廷，小人觉得事体重大，特来告密。"

特母哥听了张千的话，马上带着他去拜见雅里，并让他又给雅里陈述一遍萧戡的罪行。雅里早就听说萧戡有反叛的野心，给他派的税赋，他千方百计推诿，迟迟不肯交纳。今天听了张千的揭发，更进一步证实了萧戡有不臣之心。于是雅里赏了张千，并把张千留在皇宫乐队里当差。

雅里又召来敌烈，商议怎样惩治萧戡。敌烈道："萧戡管辖着招州、福河城和塔赖城，手下有八千人马，我朝目前总兵力才五千余人，兵力没有他强，目前不宜动武。"

特母哥献计道："萧戟辖下百姓分三个部落，第一部分是契丹人，约有三千帐；第二部分是奚族人，约有五千帐；第三部分是回纥人，只有一千帐。契丹部的酋长名叫耶律噶燕，他的弟弟耶律号当现在朝中当差。不若秘密遣耶律号当回到福河城，让他向其兄传达圣谕，加封耶律噶燕为福河城节度使之职，令其脱离西北路招讨使司，直接归朝廷管辖，则萧戟的势力就大大削弱了。另外再派一能说会道的人去往回纥部族，劝说其酋长归顺朝廷，也加封其为节度使之职。若回纥部也归顺朝廷，萧戟仅剩奚族一部，五千余兵力，就好对付了。"

雅里觉得此计甚妙，遂加封契丹部酋长耶律噶燕为福河节度使，封其弟耶律号当为福河团练使，并让其弟秘密携带圣旨、印信等物潜回福河城。又派一回纥人携带圣旨、印信等物，秘密潜回塔赖城，去劝说回纥酋长归顺朝廷。

再说契丹部酋长和回纥部酋长接到朝廷的敕封，都心中大喜，当即拜受皇帝封赏。两个酋长相约一起来到沙岭朝拜天子，以表忠心，又送上牛羊、车马等贡物。

萧戟听说两位酋长都接受了雅里的封赏，大吃一惊，急忙与其子麻捏计议。麻捏道："看来雅里已开始分化瓦解我军，下一步必对我动武。父亲不如先下手为强！"

萧戟道："契丹部人多势众，仅凭我部人马，难以取胜；回纥部人少兵寡，不如先吞并了回纥部族，然后合兵一处，再攻打契丹部。等把契丹与回纥都统一了，再推翻雅里小朝廷就不难了！"当下父子计议一定，便率本部两千人马去进攻回纥部族。

回纥部酋长松赞听说萧戟率兵来攻，便令士兵守住寨栅，不许出战。

萧戟领兵来到寨前，正欲攻打，却见寨里乱箭射来，跑在前面的几骑早已被射伤。萧戟只好把人马退后一箭之地。

麻捏献计道："可组织一百敢死队，执牛皮为盾，在前边冲锋，大军随后掩杀，冲到寨前，拔了寨栅，松赞只有投降了！"

萧戟采纳麻捏的建议，便组织了一支敢死队，每人手执一片牛皮做盾，一手提钢刀冲在前边，大队人马随后拼杀。安排已定，一声炮响，两千人马又攻了上来。寨内又一齐放箭。可是冲在前面的敢死队员手里都擎着一大片牛皮遮挡着身体，箭射在牛皮上，纷纷落地，眨眼间敢死队员冲到寨边，用刀砍开寨栅，冲进寨里。

　　寨内的士兵只好弃了弓箭，拿起刀枪拼命抵抗。两军激战多时，寨内的回纥兵节节败退，眼看回纥军阵就要崩溃，忽听后面号角齐鸣，契丹部酋长耶律噶燕率领三千人马从萧戟背后杀来。萧戟的军队猝不及防，顿时大乱。寨内回纥兵见援军杀来，士气大振，一个个奋勇当先，拼命厮杀，两下里夹攻，萧戟的军队被打得落花流水，四散奔逃。

　　萧戟见势不妙，跃马舞枪，想杀出重围逃跑，正遇上耶律噶燕。二人交马十余合，萧戟被耶律噶燕一刀斩于马下。麻捏见其父被耶律噶燕砍死，大喊一声，挥棒来战耶律噶燕，谁知身后耶律号当赶来，照马屁股上就是一枪，战马负痛，忽然倒立起来，把麻捏掀翻在地，被耶律号当复一枪，刺死在地。奚族士兵见萧戟父子俱死，于是纷纷跪地投降。

　　耶律噶燕和松赞合兵一处，来到奚族部落，召集族长开会，宣布萧戟的罪行，并安抚各族长，让他们官任原职，共尊雅里皇帝。耶律噶燕和松赞部族安抚一番，见百姓稳定，便携带着萧戟和麻捏的人头来向雅里皇帝告捷。雅里见萧戟已除，心中大喜，当即封耶律噶燕为西北路招讨司使，封松赞为招讨副使。又赏了二人大批财物，二人谢过龙恩，回封地去了。

　　雅里这时威名大震，各处游牧部落纷纷前来归顺。特母哥和耶律敌烈整天训练军队，准备东征，收复被金军占领的州县。

　　一日，特母哥听说都城内有一老者善于算卦，能预卜吉凶。他换上便服，来到那老者的帐中，果见一位老者鹤发童颜、相貌清奇，正在为别人算命。那些算过卦的人，无不啧啧称赞老者算得准确！

　　特母哥坐在地毯上等着，慢慢挨到他算卦了，算卦的老头举目一看便道："我观先生鼻准高隆，双腮饱满，目若朗星，当位居庙堂之上，只是生不逢时，难以伸张大志！"

特母哥道："我乃一介草民，只是来问个吉凶。"

那老者就令特母哥抽签。原来这老者桌子上放着一个竹筒，竹筒里插着好多竹签，签上写着号码。特母哥就随手抽取一个签来，一看上面写着第七号。他把签交给老者。老者随手从桌上拿出一张七号帖来，交给特母哥。特母哥一看上面写着："乐极生悲，寄人篱下。"

特母哥心中"咯噔"一下。他本想算算何时能复兴大辽、重返上京，没想到抽出这么个霉气签来！心中好生恼怒，又不便发作。便把帖子交还老者，请他给自己解释。老者接过帖来看了，便说道："做事在人，成事在天，先生应当急流勇退，莫要不识时务。"

特母哥心想，人人都说这老儿卦算得准。我看他不过在此忽悠愚民混口饭吃罢了！心中不信，便从腰间掏出一两银子放于桌上，告辞回去了。

忽一日，雅里带着卫队去查剌山狩猎。一日射死黄羊四十只、狼二十只，雅里十分高兴，满载而归。他骑在马上，正和随从人等有说有笑，忽然感到胸闷，眼前一黑，倒下马来。众人救起，他已牙关紧闭，没了气息。随行太医过来，给他把一回脉，说道："皇上已没有脉象了，快回去安排后事吧！"

随从人员大恸，护送雅里遗体回到宫帐。

特母哥和耶律敌烈见皇上忽然驾崩，也十分震惊。二人计议，天下不可一日无主，现有兴宗之孙耶律术烈才德兼备，可继大统。

于是耶律敌烈和特母哥召集群臣，僭立耶律术烈为帝。

耶律术烈不是天祚帝的儿子，何况天祚帝还在夹山，并未退位。众人都觉得立耶律术烈为帝，名不正，言不顺，又听说天祚帝在夹山又陆续收拢几万契丹民众，军力复振，就纷纷脱离耶律术烈，投奔天祚帝去了。

耶律术烈恐怕部族分崩离析，就实行严刑峻法，凡逃亡的人抓住，立即处死。这更激起了各部酋长的反对，内部矛盾日趋激化。

耶律噶燕和松赞见雅里已死，又见耶律术烈与部族离心，知道耶律术烈的统治不久内部必乱，于是就派人去夹山和天祚帝联系，表示愿意拥戴天祚帝，不与耶律术烈同流合污。天祚帝大喜，就封耶律噶燕为西北路招讨使，并加大惕隐，松赞为西北路招讨副使，赐予二人印信和锦旗。

萧斡里剌向天祚帝奏道："方今术烈窃权日浅，民众不服，西北路招讨使又来归顺。术烈已经非常孤立，皇上可趁机发兵征讨。再派人和西北路招讨使耶律噶燕和松赞联系，让他们也出兵助攻，术烈可以很快被剿灭。"

天祚帝当即命萧和尚奴为都统，萧斡里剌为都监，率领六千辽兵前去征讨。又派萧胡前去联系西北路招讨使，令其出兵夹击耶律术烈。

再说耶律术烈与特母哥、耶律敌烈正在商议怎样稳定人心，防止叛逃事件发生。忽然拦子马来报："天祚帝派萧和尚奴、萧斡里剌领兵六千，前来征讨！"

耶律术烈大惊失色，耶律敌烈道："水来土掩，兵来将挡。何必畏惧？"

耶律术烈传谕，调动沙岭全部军兵，共约五千人马，令耶律敌烈为都统、特母哥为副都统、耶律兀直为监军，前去迎敌。

耶律敌烈又奏道："夹山之卒，倾巢而来，我军亦全军出动。生死存亡，在此一役。请主公御驾亲征，以鼓舞士气！"

耶律术烈只好随军亲征。沙岭大军行有六十余里，果见东南方尘土飞扬，大队辽兵杀奔过来。

不知谁胜谁负，且听下章分解。

第七章

耶律术烈丧沙场
耶律淳南京称帝

　　且说耶律术烈亲自率领着沙岭军队前去迎敌。沙岭大军行有六十余里，只见东南方尘土飞扬，大队夹山辽兵杀奔过来。耶律敌烈指挥沙岭军队摆开了阵势，准备厮杀。

　　萧和尚奴率军来到近前，看到沙岭军已严阵以待，便令稳住阵脚，把队伍列成方阵。这时就见沙岭军阵中，一张黄罗伞盖下，耶律术烈头顶羽翎冠，身披黄金锁子甲，左有特母哥，右有耶律敌烈，各执兵器，威风凛凛，杀气腾腾，立马阵前。

　　耶律敌烈见萧和尚奴摆开了军阵，横刀立马于门旗之下，便高声喝道："反贼见了当朝天子威仪，还不下马投降，可免一死！"

　　萧和尚奴听了哈哈大笑道："我奉大辽天祚帝诏令，前来讨伐耶律术烈逆贼。天祚帝是大辽第十世正统皇帝，天下人人尽知。术烈虽为皇族，但是旁系支脉，竟敢在天祚帝在位期间，于光天化日之下僭号伪立，实是大逆不道，罪该万死！尔等助纣为虐，反叛朝廷，犯下灭门之罪。若能悬崖勒马，归顺朝廷，可以既往不咎；若执迷不悟，顽抗天军，必然死无葬身之地！"

术烈手下将士一听，心里明白术烈这皇帝名不正、言不顺，跟着他战败了，身败名裂，遗臭万年。又见天祚帝派来的队伍阵容强大，料沙岭兵难以取胜，因而你看看我、我看看你，心里面都在打退堂鼓。

耶律术烈听萧和尚奴一席话，把自己这假皇帝揭露得无地自容，恐怕乱了军心，急传令，擂鼓进军。耶律敌烈阵营的中军有一千多人，这些人都是当初跟着耶律敌烈和特母哥背叛了天祚帝，一起跑出来的。他们知道天祚帝虽是正统皇帝，但昏聩无能，荼毒寡恩，今天要被他捉去，定斩不饶，因此一听到战鼓响，都奋勇冲了上去。

左右两翼的沙岭兵，都是后来归顺雅里的，都想着投降天祚帝军队，因而听到鼓声，推推搡搡，不敢往前猛冲。

萧和尚奴已把大刀一挥，六千夹山辽军呐喊着冲杀上来！

耶律敌烈和特母哥率领中军正与萧和尚奴、萧斡里剌混战。可是两翼沙岭兵和夹山的辽兵一接触，就败下阵来。耶律亮率领夹山辽兵又从两侧杀进沙岭中军，望见沙岭军中有黄罗伞盖，知道耶律术烈在彼，便领一队精兵朝黄罗伞盖杀去。耶律术烈见耶律亮飞马撞来，急令放倒黄罗伞盖，企图混入乱军逃跑，可是为时已晚，耶律亮见他穿黄金锁子甲，知道他就是耶律术烈，飞马撞到面前，手起一斧，把耶律术烈劈死于马下。这时术烈的中军已被杀得溃不成军，各自逃命。

耶律敌烈和兀直领几百亲兵被围在核心，左冲右突，刚刚冲出重围，却迎面遇上西北路招讨使耶律噶燕和松赞带兵杀来。兀直还以为耶律噶燕和松赞领兵来救驾，谁知耶律噶燕冲到面前，手起一枪，把兀直刺死。耶律敌烈见不是道，慌忙拨马逃窜，又被松赞截住，战十余合。耶律敌烈厮杀半日，已经筋疲力尽。这时四面尽是敌兵，他心慌意乱，措手不及，被松赞一刀削去了天灵盖，倒撞下马来，一命呜呼！

独有特母哥手使黑鼓铜锤，奋勇冲杀，无人可挡，终于杀出了重围，回顾身后，仅剩百余骑。他顾不得许多，便往东逃窜。萧斡里剌领兵追赶三百多里，见特母哥已去远，才收兵回夹山去了。

特母哥急急如丧家之犬，狼狈逃奔了四五天，已到了遂州地界。一日见前方有几帐牧民，他和部下又饥又累，人困马乏，便下了马，去向牧民讨要饭吃。牧民也是契丹人，见来者是辽兵，便拿出牛肉、奶酪招待他们。特母哥等正要进食，忽听人喊马嘶，特母哥大惊，抬眼一看，一大队金兵转眼间已驰到面前。特母哥知道自己已插翅难逃，身边这些残兵又多带伤，已经丧失了战斗力，根本无法抵抗，就放下武器，领着残兵跪于路旁，向金军投降。

金军把特母哥押到上京，余睹知其武艺高强，任命特母哥为千人长之职。特母哥人虽在金军，却不愿与辽军作战，临战表现怯懦，后又降为百人长。特母哥郁郁寡欢，方信沙岭那算卦老者所言不虚，不久病死于上京。

萧和尚奴收服了耶律术烈残部，出榜安民已毕，便带着得胜之兵，还有西北路招讨使耶律噶燕和松赞一同回夹山缴令。

天祚帝闻萧和尚奴率得胜之师凯旋，便率百官迎于郊外，又加封萧和尚奴为殿前都点检、萧斡里剌为都统，其余将士皆有封赏，仍任命耶律噶燕为西北路招讨使，加大惕隐，任命松赞为西北路招讨副使，并厚赏许多锦缎。

至此，天祚帝兵力又发展到一万多人，文武僚佐齐备，又有了复兴的希望。

再说秦晋国王耶律淳在南京北面暂时抗住了金兵南下。南面宋朝是世代友邦，因而成了辽朝唯一一块安全地带。耶律淳性格宽厚、仁和，在南京路僚属中威信极高，民心咸服。

可是耶律淳自从杀了妻弟萧敌里和外甥萧延留，心中愧疚，忧思成疾，加上北伐挫败，回到南京常常腹中隐隐作痛。请来南京有名的郎中诊视，那郎中号了脉，又观察耶律淳的气色，再问耶律淳身体哪里不舒服。耶律淳道："右侧腹部常常隐隐作痛，肚内发胀，不思饮食。"

那名医道："观您面色发暗，又食欲不振，腹部发胀，脉象呈弦状，又肝区疼痛，可见大人是气郁结肝，日久没有调理，染上水鼓之症。此症非一日所得，须要慢慢调理肝气，可以缓解症状。"于是开了几剂药，临走又嘱咐要静心养病，切忌怒气。

耶律淳服了几剂药，病情略有好转。一日夕阳西下，红霞满天，萧普贤女挽扶着耶律淳坐于院内赏菊。萧普贤女见他愁眉紧锁，便劝道："老爷只顾养好自己的身体，国家大事让李处温、萧干处理，你就别操心了。"

耶律淳道："当今大辽五京已失去四京。天祚帝不知是死是活，查无音讯。估计金军下一步就要向南京大举进攻了。现在我手下兵微将寡，怎能抵挡得住金军主力来攻？再说大宋名为友邦，实是宿敌。宋人时刻想收复燕云十六州之地，只不过畏我兵威，不敢轻举妄动。今见辽朝势危，其必乘机发兵来攻，若金、宋联手，南北夹击，那么南京就守不住了。现在面临覆巢之灾，我怎不寝食难安呀？"

萧普贤女道："老爷手下文有李处温、张琳、左企弓，武有萧干、耶律大石。这些人只要齐心合力，共同御敌，还是能保住南京的。"

耶律淳叹了一口气道："自古多变是人心，若在大辽强盛的时候，这些人都是股肱之臣，可以尽忠效力；可是现在大辽已到了山穷水尽的地步，哪个人不考虑自己的退路呀？李处温机敏善变，又是汉人，以前我契丹族强大，他服服帖帖效劳。今日眼见辽已日落西山，他很有可能暗中勾结大宋，待辽亡后投奔大宋以保富贵；萧干是奚人，性格彪悍，难以驾驭，到了危急关头，他也靠不住；张琳虽然忠厚，但已病入膏肓，恐怕不久于人世了；左企弓是投机取巧之人，到了危急时刻，很有可能投敌变节；唯有耶律大石是契丹人，其人文武全才、忠义无双，可以依靠。"

萧普贤女道："老爷可以提拔耶律大石为都统，把南京路的兵权交付于他。"

耶律淳道："现在萧干掌握着怨军，耶律大石掌握着契丹和汉军，若提拔耶律大石为都统，又恐萧干心生忌妒。若怨军和契丹军闹起矛盾，那就乱了套！只有待耶律大石立了大功后，才能提拔他当都统之职。"

萧普贤女听了耶律淳的一席话，心里也涌上来一团愁云，真的感到天快塌了、地快陷了！一种生存的危机感袭遍了她的全身。

正值八月十三日，晚霞未灭，皓月当头，月下菊花又是一番景色。萧普贤女再也无心赏菊，又恐丈夫着凉，便劝道："老爷不必忧虑，天无绝人之路。

或许天祚帝失踪，正是老爷力挽狂澜、匡扶辽室的好机会呢！"

说到这里，萧普贤女站起身，扶着耶律淳道："夜气凉了，老爷不要着了凉，咱回屋里歇息吧。"

这时一阵凉风吹来，耶律淳忽觉胸口闷塞，喉咙发涩，接连咳嗽几声，吐了一口痰在地上。萧普贤女仔细一看，哪里是痰，分明是鲜血！萧普贤女的心里一下子紧缩起来，她一面让丫鬟取来水，让老爷漱口，一面安慰耶律淳道："老爷是着了凉，快回屋休息吧。"

回到卧室，萧普贤女又让人唤来郎中诊视。郎中看看耶律淳的舌苔，又号了脉，说道："老爷长期消化不良，脾胃有热，故而吐血，吃点药就能减轻。"于是郎中嘱咐，先把原先喝的药停了，再开两剂药清一清上交毒热。然后开了药方，又派人去药房抓了药。萧普贤女亲自煎药，又服侍着耶律淳吃了，见耶律淳平静地睡着，她才躺在耶律淳身边休息。

第二天，用过早膳。耶律淳又打起精神来，到议事厅与群僚商议国事。他来到议事厅，见李处温、左企弓、张琳、萧干、耶律大石等一班文武大臣都已到齐。大家见耶律淳面色蜡黄，形容枯槁，加上当前国势危急，人人忧心忡忡，一脸的严肃。以往那谈笑风生、欢乐轻松的气氛，荡然无存。从前耶律淳总是先说几句笑话，拉一段家常，逗得大家都喜笑颜开，然后才讨论政事。

可是今天耶律淳也打不起精神来，他用眼扫视大家一遍，见大家都不轻松，便强作笑颜说道："大家都一早来到府中，勤于政事，有这样的敬业精神，天下就没有难得住我们的事情！"众人听了他这句赞扬的话，心情都轻松了许多，纷纷问他，今天身体觉得怎么样？吃了多少膳食？

耶律淳扯谎道："我感觉身体一天天见轻。今天吃了一个馒头，喝了一碗米饭，又喝了一杯奶酪，感觉身体挺舒服呢！"

其实他只喝了一小碗米饭，根本就没有吃馍，也没喝奶酪。他是害怕大臣担忧他的身体支撑不起这个乱局，故意骗大家。

为了稳定人心，他又给大家打气道："当前虽然金军猖狂，大辽失去了四京，天祚帝暂时联系不上，可这正是我们南京路英雄豪杰的用武之时呀！昔日王莽篡汉，才成就了光武复兴的大业；汉末大乱，才有曹孟德的大治！你等文有子房、萧何之才，武有卫青、窦宪之勇，所谓沧海横流，方显英雄本色！当下时局危艰，正是你们大显身手、复兴辽室的大好机会。希望各位抖擞精神，施展吕望之大才，凭借燕山长城之险，幽并之富，南和大宋，北拒女直，成就一番事业，将来名垂青史，也不枉为人一世！"

耶律淳这几句话意在鼓舞人心、激励士气。他手下这些官员听了，也确实像临阵喝了二两热酒，情绪也振作起来。

这时，就见李处温道："当今天祚帝已失踪数月，天下无主，民心思乱，有些州县官民没有依靠，纷纷降金。我们南京路现在面临分崩离析的危险。如果主公能在这危急关头，挺身而出，登基称帝，则天下辽民都来归附。将士归心，凝聚士气，可保国安民，对抗女直。所以臣以为，主公应当立即称帝，以拯救国家。"

耶律淳闻言变色道："天祚帝虽然暂时失去联系，但皇上肯定还在人世。大辽除南京路外，还有西北广阔的领土，都在契丹人手中。我如果称帝，势必造成国家分裂。请不要再议此事。"

不料耶律淳话刚落音，萧干又站起来道："自古非常时期，必须出非常之人行非常之事，才能挽回败局，成就非常事业。昔日主公杀敌里，诛延留，反对废天祚，在那个时候无疑是正确的。因当时天祚帝还在，手里握有重兵。耶律章奴如果废除天祚，必然造成天下大乱、内战不已，给金兵可乘之机。可是今天天祚帝已把四京都丢失，他又抛下臣民，逃得不知去向，以致造成万民无主，纷纷降金。这时国家需要一个有威望的皇族中人，登皇帝位以号令天下，统率三军，与金兵对抗。如果主公还是墨守成规，不思进取，必将误国误民，请国王三思。"

耶律淳知道萧干性格凶猛，胆大妄为，自己虽为秦晋国王，但平时凡事也要对他迁就几分。今天见他和李处温都力举让自己称帝，其实心里乐滋滋的。耶律淳也认识到当前称帝是绝佳机会，但是又顾虑天祚帝还活着。金军虽然攻下了上京、东京和中京，但由于兵力少，无力据守，都是打下后交给辽朝官员管理，便又撤回本土去了。如果天祚帝复出，一声号召，这些辽朝官员十之八九又会背叛金军，投靠天祚帝。到时候出现两个皇帝，天祚帝要兴兵问罪，自己很可能弄个身败名裂，步耶律章奴的后尘。想到这里，耶律淳道："诸位不要陷我于不忠不义之地，我耶律淳绝不做这僭位之事！"

太师张琳道："秦晋国王可以仿效周公，暂时掌权执政，而不称帝。待日后天祚帝回归，再还政于他。这样既可稳定人心，又不至于搞得国家分裂。"

耶律淳听了，非常赞赏张琳的主张，便道："还是张太师说得对，我可以执掌朝政，但还用天祚帝的年号，这是最妥善的办法。"

耶律淳恐大臣再生异议，于是推托身体不适，起身先回寝宫去了。

李处温回到家里，他的弟弟李处能道："哥哥首倡秦晋国王称帝，倘若天祚帝复出，可就惹了大祸！"李处温道："天祚帝已成流寇，他不复出还能多活几天，如果复出，必被金军杀死。"

李处能道："哥哥难道忘了秦晋国王杀死萧敌里和萧延留拒绝称帝的事情了？他如果一翻脸，把废立之罪加到哥哥身上，那可是灭门之罪呀！"

李处温道："此一时彼一时也，当初耶律章奴和萧敌里欲行废立之事，天祚帝手中还有几十万大军可供调遣，掌管着几十个州的部众。耶律淳凭一州之地，哪里敢和天祚帝抗衡？今日天祚帝已老本输光，没有了军队，也没有了文武百官，已没有复兴的希望。耶律淳心里已不惧怕他，所以我捧他称帝，他表面上推辞，心里还是很高兴呢！"

这时李处温的儿子也来了，他听了父亲和叔父的讨论后插言道："父亲拥秦晋国王称帝的事既已公开，就必须办成。父亲将有定策之功，可永葆富贵。若此事不成，将来留下祸根，一旦有人以此事发难，我们家族就会沦落到耶律章奴的下场！"

正议论间，人报左企弓来访。左企弓字君材，蓟州人，进士出身，时任南京副留守，知三司使事。当下李处温把左企弓迎进客厅，令丫鬟献上茶。左企弓开门见山说道："今日丞相建议秦晋国王称帝，实则是救亡图存的良策。"

李处温道："可惜张太师从中阻扰，以致秦晋国王也不好意思接受我的建议了。"

左企弓道："张琳是一介腐儒，做事死搬硬套，不知变通。朝政太平时可以听他的，现在到了大厦将倾的地步，他还墨守成规、刻舟求剑，怎能救世？

丞相不要理他。你只要能争取萧干和耶律大石的支持，大事就可以办成。"

李处温心想，萧干是奚王，掌握着怨军兵权；耶律大石是契丹族，手握契丹兵权。如果有此二人相助，张琳也不敢反对。于是他就派人去请萧干和耶律大石来家中议事。

萧干也在想着立耶律淳为帝，好稳定军心。正想找李处温商议此事，见他派人来请，急忙乘马来到相府。见李处温兄弟李处能和南京留守左企弓都在这里，心中明白，必是商议立耶律淳为帝之事。萧干性格豪爽，说话不拐弯抹角，便开门见山道："现在形势危急，我们必须扶秦晋国王称帝，才能凝聚人心，此事还须大家齐心协力，共同尊奉秦晋国王为帝，不能犹豫！"

李处温道："我们正商议此事，觉得奚王掌握兵权，有你的支持，就不怕有糊涂人作梗。"萧干道："丞相放心，怨军将士都希望主公早日登基，国家有了主人，才能安定人心呀！"

正议论间，耶律大石又来到。李处温对耶律大石道："现在大家都赞成拥立秦晋国王为帝，林牙大人意下如何？"

耶律大石道："此乃救国安民之举，又是众望所归，我当然全力支持！"

李处温大喜道："有二位将军支持，我们就制个劝进表，明天递给主公，请他登基！"

耶律大石道："现在主公不敢称帝，有两个顾虑：一是担心天祚帝东山再起，二是担心民心不服，暗地里讽刺他是僭号。我觉得天祚帝即使东山再起，躲在地广人稀的大漠以北，怎么也没有南京的人马多；他的第二个担心是民心不服，我们如能调动京城各界百姓去秦晋王府请愿，要求他称帝，就可以消除他心中的顾虑。我们众大臣再趁机仿效陈桥兵变，把黄袍披在他身上，到那时他自然会顺水推舟，面南称尊。"

李处温、萧干、左企弓听了都拍手道："果然好计，我们就依计而行！"

李处温又看着左企弓道："要调动南京城内百姓，只有留守大人能办得到！"

左企弓道："此事不难。我今天回去召集部下僚属，令他们分头去游说民众，催促老百姓去秦晋王府门前请愿。"

当下几人商议已定，各自散去。李处温就令儿子找来裁缝，连夜赶制龙袍。左企弓回到留守衙门，立即召集下属官僚，布置发动城内番汉各族百姓、士子、僧侣、道人明天都到秦晋王府前集会，并令新科进士写了一张劝进表，准备第二天呈给秦晋国王。

萧干和耶律大石各自回到军帐传令，明天到秦晋王府前大街听候命令。

李处温又怕张琳阻扰，连夜造访太师府。张琳见丞相来访，心想必是劝我扶秦晋国王称帝之事，于是把李处温请入客厅，献上茶，问道："丞相深夜来访，有何要事？"

李处温道："现在国家处在生死存亡的关头，立秦晋国王为帝，或能挽大厦于既倒；若不立秦晋国王为帝，人心思散，军心动摇，金军一来，大辽马上就要灭亡。太师怎么能眼看国难当头而不救？如今满朝文武已议定，明日要拥立秦晋国王为帝。希望太师能顾大局，识大体，莫要再出面阻扰。"

张琳见大家都赞成秦晋国王称帝，也不敢再坚持自己的意见，便道："我也和大家一起拥立秦晋国王为帝，不再持异议，好吗？"

李处温见张琳改变了主意，大喜道："太师能顺应朝流，我大辽幸甚！黎民幸甚！秦晋国王登基之后，太师也是建策有功之臣。"

第二天，耶律淳刚用过早膳，就听到大门外人声鼎沸。正要派人出门看看发生了什么事情，就见门卫来报，门外大街上聚满了人，都高呼："请秦晋国王即皇帝位！"

萧普贤女道："老爷千万不可冒险称帝，万一天祚帝复出，那可就骑虎难下了！"

耶律淳吩咐，传留守左企弓，不一会儿果见左企弓进来。先施了礼，然后向耶律淳呈上一份万民联名劝进表。耶律淳打开一看，上面写道："当今天祚帝失踪，大辽疆土已失五分之四，只剩南京一路，天下殆哉，岌岌可危！国家无主，民心惶惶，不可经日。边远州县多有降金者。此社稷安危千钧一发之时。秦晋国王德高望重，万民景仰，能承天受命，登皇帝位以继大统。使天下归心，将士用命，内修政理，外抗金寇，复兴大辽，天下幸甚！黎民幸甚！"

耶律淳道："留守乃是国家重臣，怎么行此冒昧之事？如果天祚帝复出，让我如何处置？"左企弓道："这有何难？天无二日，国无二主。主公若即皇帝位，就贬天祚帝为王，他只能对主公俯首称臣！"

二人正在议论，又见李处温、李处能、李奭还有萧干、张琳、耶律大石等文武大臣都来到厅里，一齐跪于地上道："今日是黄道吉日，就请皇上登基，吾皇万岁，万岁，万万岁！"

就见李奭手捧赭黄袍来到耶律淳身边，给耶律淳披在身上。耶律淳见昨天张琳还反对他称帝，今天也随众大臣来拥立他称帝，知道朝里大臣、民间士子都赞成他称帝，于是也不再推辞，就借坡下驴，说道："承蒙各大臣爱戴、黎民拥护，某虽无大才大德，但形势所迫，为了大辽社稷传承、万民福祉，我不得不奉天承命，以继大统。"

众大臣又三呼九叩，行了朝拜天子大礼。

耶律淳又命左企弓去告诉请愿的百姓，说秦晋国王已继大统，从此我大辽有主，请各位父老乡亲、贤达士子都回去各务本业。老百姓听了左企弓的宣告，又欢呼一阵："吾皇万岁，万岁，万万岁！"然后慢慢散去。

众臣又共议，尊耶律淳为"天锡皇帝"，改保大二年为建福元年。耶律淳又降旨，将天祚帝降为湘阴王，以萧干知北院枢密使事；以大石为都统，左企弓为司徒，封燕国公；以处温守太尉，处能为枢密副使，李奭为少府太保。唯有张琳没有升迁，仍任太师之职。以下官员皆有升迁。

耶律大石奏道："皇上初立，当内抚黎民，外结友邦，以避免干戈。使老百姓能休养生息，国家能积蓄力量，以固社稷。"

耶律淳依其计，一面下诏，轻徭薄赋，政府赈灾救难，以结民心。又下诏，开科取士，一时各路举子都跋山涉水，千里迢迢来南京应试。当年取进士一十九名，都录用为官。于是民心大悦，士子咸服。

为了向金国和大宋示好，耶律淳又派两位使臣，一位出使金国，尊金国为宗主国，自降为藩属，以求结好金国，避免战端。另一位使臣出使大宋，许以废除岁贡，两国永结兄弟之谊、通商互惠。

耶律淳见满朝文武拥戴、黎民百姓欢居乐业，心中颇为志得意满，回到宫中面露喜色，却见萧普贤女只是强作笑颜、曲意承欢。耶律淳道："我登天子宝位，君临天下，爱妻被封为皇后，位居一国之母，还有何想不开的事呢？"

萧普贤女道:"皇上对我恩宠专注,一如当年。臣妾心中自然荣幸感激。只是我觉得丈夫未登基时,是进可攻、退可守,有回旋的余地,今天做了皇上,那天祚帝复出,他在西北,君在东南,势成水火,不能相容。大辽一分为二,所以皇上已无路可退也。"

耶律淳道:"皇后不必担心。昔日唐朝发生安史之乱,唐玄宗还在,大臣就推肃宗即位,肃宗平定了安史之乱,使得唐朝复兴,功垂青史,有什么不好呀?"

萧普贤女道:"李隆基与李亨是父子关系,而李隆基已老迈,李亨正当壮年,众大臣都知道李亨升天子位,只是早晚的事。而夫君与天祚是叔侄关系,天祚帝又有几个儿子,你即帝位,他父子岂能甘心?再说金国正想兴兵来讨,宋朝也想收复燕云十六州。夫君称帝,他们正好以讨伐篡逆为名,可找到了出兵的借口!"

耶律淳叹道:"即使我不称帝,金军也要来犯,宋军也会趁火打劫。现在我已骑虎难下,别无选择,只能拼命一搏了!"

萧普贤女怕丈夫心理压力太大,使病情加重,又安慰道:"现在举国上下一心,有忠臣良将效力,众志成城,皇上或者会像光武刘秀一样复兴辽室,将来名垂青史,这也是大辽黎民的福祉呀!"

耶律淳听了皇后的话,又唤起了雄心壮志,耶律淳对未来又充满了希望。不知耶律淳能否中兴大辽,且听下章分解。

第八章

耶律淳向金乞和 宋徽宗幽会师师

上章说道，耶律淳登了皇帝宝座，一面下诏，轻徭薄赋，赈灾救难，以结民心，又下诏开科取士，一时各路举子都跋山涉水，千里迢迢来南京应试。当年取进士一十九名，都录用为官。于是民心大悦，士子咸服。

为了向金国示好，耶律淳又派大臣韩礼出使金国，尊金国为宗主国，自降为藩属，以求结好金国，避免战端。

再说这辽使韩礼奉命出使金国。他在路上行走一个多月，越往北走越是寒冷。只见到处荒原草莽，人烟稀少，路旁时见野兽出没。来到会宁府，见城低池浅，街两旁不过是些茅屋草舍，没有往来客商，更没有酒楼茶肆。和南京的繁华相比起来，这里就像是个乡村。他想这女直族人本是野蛮尚未开化之族，愚昧无知，怎能胜过文明昌盛的大辽？因而心中未免有几分轻视大金国之意。

第二天，金主阿骨打召见了他。他见这大金朝的所谓金銮殿，也不过是木架草顶，大篷一座，心里未免好笑，心想这真是名副其实的草台班子，山野草寇一帮！韩礼昂首阔步，迈进草殿，抬头一看，只见满朝文武大臣个个气宇轩昂、威风凛凛，肃然之气让他暗暗吃惊。又见阿骨打端坐龙椅上，一双眼炯炯有神，犹如日月当空，那眼神犀利，透人肺腑！韩礼忽然产生一种畏惧感，不由自主地双膝下跪，行了朝拜天子的大礼，然后呈上国书。

阿骨打令杨槐接过国书，读了一遍。韩礼偷偷观察阿骨打的脸色，就见阿骨打听着听着，那脸色就阴沉下来，严厉地说道："你们辽国皇帝还在夹山，前几天还派人前来求和，愿意做大金国的藩属，耶律淳怎么就敢僭号称帝？"

韩礼争辩道："天祚帝荒淫无道，专事狩猎，宠信奸臣，迫害忠良，祸害国家，盗贼蜂起，民不聊生。正直之士早就欲另立明君，以安天下。天锡皇帝素有人望，文武咸服，黎民拥戴。当今天祚帝又失去联系，天下无主，所以民众共推天锡皇帝即位！而天锡皇帝尊敬大金国为宗主国，辽国做大金国的藩属，愿年年纳贡，恳请大金国皇帝册封！"

阿骨打转念又一想，辽国分裂对金国也是好事，我好乘其内乱各个击破，于是又好言说道："你一路风尘来到金国，十分辛苦，暂且回馆舍休息，待我与众臣议定后再回复你。"

韩礼再拜，谢恩后方退出大殿，随杨槐来到馆舍。却见这馆舍不过是土垛屋一间，茅沿低矮，里面昏暗寒凉，只有一座土炕。杨槐令一仆人抱些干柴，燃着火、烧起炕来。过了一会儿，屋里才暖和些，杨槐告辞而去。

韩礼躺在炕上一夜未眠，他翻来覆去思索阿骨打的话，琢磨着这次出使肯定要失败。阿骨打肯定不会承认天锡皇帝，回去怎么向天锡皇帝复命？但他转念又一想，阿骨打还要听取其他勃极烈的建议，说不定其他勃极烈会劝他，承认天锡皇帝、不承认天祚帝也是有可能的。

这样思来想去，不知不觉已听到鸡叫三遍，天又大亮。

再说阿骨打打发走韩礼，又与众勃极烈商议。撒改道："耶律淳性格宽厚，颇有谋略，他比天祚帝难对付。手下聚集一群谋臣骁将，拥立他为帝。今日来递国书，是惧怕我金军讨伐他，他想苟延残喘，秣马厉兵，待养成气力，再与金军一决雌雄。所以皇上不要承认他立国、称帝，迫其除去帝号，向我大金称臣，否则将出兵征讨，灭了耶律淳，我大金就无后顾之忧了。"

希尹奏道："天祚帝是个脓包，已不足畏，唯有耶律淳虎踞幽燕，又有燕山长城天险，是金国心腹大患。不如早除，莫使其坐大！"

阿骨打道："我与大宋有约，两国联合灭辽，宋取幽燕之地，我取燕山以北。所以我们费了兵马钱粮，打下了南京，还得交付宋国，倒不如让宋国自己去取。"

吴乞买道："既然不承认耶律淳称帝，就不要回复国书，只口头传谕，让耶律淳去掉帝号，来大金国纳贡称臣就可以了。"

再说韩礼一早起来，打开门一看，遍地寒霜，一阵冷风袭来，呛得差点背过气去！他急忙关上门，蜷缩于炕上，心里却在想，阿骨打这样的旷世奇才，怎么会出生在这荒蛮之地？南京、上京那样的繁华文明之都、山明水秀之邦，却孕育出的尽是酒囊饭袋！莫非这蛮荒之地是老天爷的杰作，那繁华文明之乡乃是人类自己创造出来的，老天也忌妒文明，所以让乱世雄豪降生到野蛮之族，让他来摧毁人类创造的文明？韩礼一时胡思乱想，再也理不出个头绪来。

忽然有人打开门道："丞相有请公使。"

韩礼便整了整衣冠，随着来者到了丞相府。却见这丞相府也是茅屋草舍，还不如南京百姓家阔气。韩礼见了撒改，施礼毕。撒改请其坐下，便开门见山道："我大金国皇上传谕，耶律淳乃一地方官员，妄自称帝，不合法度。限其即刻除去帝号，可保留秦晋国王封号，否则大金国就要兴兵问罪！"

韩礼听了，心知已不可挽回，但还是争辩道："我天锡皇帝，乃万民拥戴，顺天承命，只能发扬光大，岂可自削尊号！"

撒改道："圣意已决，你可回去复命了。"

韩礼道："我奉国书之礼来续两国友谊，贵国怎么也得回赠国书呀！没有国书，我怎么复命？"

撒改道："国书是国家对国家的书信，应交给国家使者带回。你是地方官员派来的人，不能代表辽国，所以不回复国书。"

韩礼心中好恼，心想自己身在虎穴，一言不慎，可能就会被杀。何况女直本是嗜杀成性的野蛮国家，自己切不可怒形于色，于是只好伸长脖子，咽下这口气。告辞了撒改，回到住处，带着随从骑上马，闷闷不乐地离开了会宁府。

韩礼回到了南京，向耶律淳回禀了阿骨打的口谕。耶律淳早有思想准备，便道："女直野蛮之邦，不懂礼仪，何必与他计较！只要我大辽上下一心，人民安居乐业，兵强国富，到时候他自然前来朝拜。"

李处温道："金国一处兵来，尚好对付，就怕他勾结宋朝，南北夹击，我朝就有危机了！"

左企弓道："可以再遣一使者去向宋朝，许以免除岁贡，共结兄弟之邦，互不侵犯，则南面安矣！"

耶律淳又派李群携带国书出使宋国。

再说宋朝自从童贯平定了方腊之乱，各地官员和藩属纷纷上表祝贺，称宋徽宗乃圣明皇帝，功比三皇五帝，当去泰山封禅告天。宋徽宗倒是有自知之明，拒绝了封禅之议。但他觉得，天下太平，士民乐业，江山永固，自己算得上是一位有作为的皇帝。他志得意满，常常带着王皇后和众嫔妃乘坐舆辇，去皇家园林游乐。因这家园林在汴京郊外，徽宗仪仗队出行，照例要由禁军清街，五步一岗，十步一哨，戒备森严。仪仗队前面是一对龙旌凤辇，雉羽宫扇，销金提炉，然后才是徽宗和皇后乘坐的舆辇。只见那舆辇上撑着一把曲柄九龙杏黄伞盖，后面紧跟着的是嫔妃乘坐的步辇。每辆车顶都是金色圆盘，四周是镂金垂云，幄帷用云层锦缎制成，每层有金云龙羽纹相间。车门垂珠帘，嫔妃们可透过珠帘观看路旁风景。路旁的人都只能看到珠帘，看不到辇内嫔妃的玉颜。再后面又是一对一对的执事太监，手捧着香巾、绣帕、噍盂、拂尘等物，神态肃敬，悄然随行。

来到园门前，徽宗和众人都下了辇，车马停在门外，众嫔妃簇拥着徽宗进了园门。这时园里的乐队奏起乐来，丝竹齐鸣。进园不远便是一条碧河，河上架一座汉白玉石拱桥。桥面中间是雕刻的龙腾图，龙腾图的两侧才是石阶。石阶外镶有玉栏，玉栏上刻有四时花卉的图案，十分精美。徽宗领着美姬徐步登上桥头，往桥下一看，只见河水清澈，游鱼嬉戏；往远处一望，见这河左右两端，连接着两座翠湖。湖边有画廊环抱，湖心有八角琉璃亭一座，漂于水中央；再往远处看，则是翠柳如烟，于那翡翠丛中，拔出一座奇峭的人造仙山来。紫霞缭绕，飞瀑泄玉，又有亭台楼阁，时隐时现，宛如海市蜃楼。

王皇后挽着徽宗的胳臂道："皇上到湖心亭片刻，好吗？"

徽宗道："让舞娥们在湖心亭上跳一场霓裳舞吧。"

那些彩娥和乐工听命，都来到湖心亭，待皇上和皇后落座，便奏起舞曲，彩娥翩翩起舞，王皇后看得如醉如痴。一曲终了，她一看徽宗，脸上并无喜色，眼睛呆呆地望着远方发愣。王皇后知道他是又想起李师师来了，便小声问道："圣上莫非又想起李师师姑娘了？"

徽宗微微一笑，道："不知怎的，自从我见了师师丫头，再看宫中的舞女彩娥，都觉得俗不可耐。"

王皇后道："这些宫中的彩女，个个美如天仙，歌喉婉转，舞姿妙曼，怎么皇上还嫌俗不可耐呢？"

徽宗道："李师师不涂脂抹粉，无艳妆玉饰，自有一种天然清纯、气质高雅，是这些浓妆艳抹的彩娥无法相比的！"

王皇后道："皇上就让她进宫，让我们也瞧一瞧吧？"

徽宗道："可惜她堕身青楼。如果让她进宫，恐怕传了出去，让天下人诟病，坏了我这英明天子的声誉，万万使不得。"

王皇后笑道："皇上喜欢李师师，不要说宫中人人皆知，大宋朝的百姓哪个不知，哪个不晓？就连辽朝和西夏那些番人也奉为佳话哩！只是没人敢在皇上面前提起罢了！"

徽宗笑道："天子之行如日月经天，有目共睹。偶有一块云彩过来遮了阳光，天下人议论纷纷。朕实在不如一介布衣，如柳永经年出入青楼馆舍，反倒没人议论他了！"

曲终舞散，众嫔妃又请求徽宗作画。徽宗是个风流才子，他从心里厌倦政事，就喜欢舞文弄墨，写得一手好字，又是当世丹青高手。妃子们一说请他作画，他顿时兴趣勃来，就命取来宣纸、颜料，在那水中亭上置一方桌。徽宗聚精会神，不一会儿便画出一幅鸳鸯戏水图来。嫔妃们争相称赞，有的说皇上画的鸳鸯竟是活的一般！有的说皇上画的鸳鸯有灵气，很传神！

徽宗道："你们看画，只看它的物象，这太肤浅了。高人的画都有它的意境。这幅画你们看，没有山，没有云，只有几株水草点缀一旁，留白作水，看上去清新明快。两只鸳鸯交颈而眠，看上去，天地之中，别无他物，这是表现相爱的人，心境纯洁，忘记了世界的存在，情志专注，心中只有彼此的精神境界。"众嫔妃听了，齐声叫好道："皇上圣明，创意深远，我们听了皇上的解释，如醍醐灌顶，茅塞顿开！"

徽宗心花怒放，又领着嫔妃，沿着九曲石桥来到岸边。见岸边停靠着龙凤二舟，又领大家上了游船。宫娥们说说笑笑，荡起双桨，往那碧波万顷的湖中驶去。湖面不时有游鱼跃起，似乎在欢呼皇帝的莅临。

一直玩到天色过午，徽宗才起驾回宫。这时他心里惦记着李师师。已多日不见，李师师的影子在他心里拂之不去，使他食不甘味，坐卧不安！于是他派权邦彦去给李师师院里打个招呼，就说天子今晚临幸，让她有个准备。

好不容易待到太阳落山，夜幕降临。一弯新月挂于殿角，清风吹来，还略有些凉意。徽宗换了便衣，只带四五个随从，乘马离开皇宫，悄悄来到醉香楼。

醉香楼的老鸨闻听皇上今晚要大驾光临，急令李师师梳妆打扮，又令丫鬟将醉香楼洒扫得干干净净，燃上熏香，准备好江南名茶，静等皇帝的到来。

李师师不听老鸨的吩咐，依旧素妆，像往常一样在楼上练习绘画。

徽宗进了院，丫鬟急忙上楼喊道："姑娘快快下楼，皇帝到了！"

李师师才放下手中的画笔，洗了洗手，娉娉婷婷地下得楼来。见了徽宗，笑盈盈地下拜道："奴婢见过皇上！"

徽宗见李师师身着一件紧身纱衣，身姿轻盈，含情脉脉，飘然而至，心里便滋生出十分的爱怜，急忙向前扶起李师师道："不必客气，朕这几天政务繁忙，没顾得来看你，姑娘想朕否？"

李师师道："上次皇上教奴家画芙蕖，自从皇上离开绣院，小奴天天练习，已画成几幅，天天盼着皇上来指教呢。"说完搀扶着徽宗，款款上了绣楼。

一进内室，徽宗便闻到一阵异香，透润心肺。徽宗高兴地道："姑娘真是琼瑛仙子，你的闺房都是这般天香异韵，令人神气清爽！"

师师莞尔一笑道："皇上忘记了，是您上次派人送来的天竺国进贡的幽兰味道呀!"

二人走到厅中间,见一画桌上面放着李师师画的莲花图。李师师像个虔诚的学生,望着徽宗道:"这是我临摹皇上的莲花图,请皇上指教。"

徽宗细细欣赏一番后,一手指着画中的莲花,一面看着师师那清澈如水晶的眸子,欣喜地说道:"想不到你进步这么快,乍看几乎分不出是你的作品还是我的作品了。姑娘真是心有灵犀一点通,看来你很有绘画的天赋呢!"

李师师听了皇上的称赞,脸上泛起一阵红晕,有点不好意思,便说道:"谢谢皇上鼓励,可是小奴跟皇上的画功相差十万八千里呢。怎敢跟皇上的杰作相提并论呢?还是请皇上给我指出缺点,教我如何改进才好!"

徽宗道:"你现在临摹的已非常相似,但是仔细看,你勾勒的线条粗细不匀,运笔略显滞塞,不够流畅。你今后还要在运笔上下功夫。"

师师一双水汪汪的大眼睛虔诚地看着徽宗,把徽宗教她的每句话都牢记在心。她对徽宗并不仅仅是敬畏,她是打心眼里佩服、尊重和爱戴徽宗,徽宗在师师的心里是真正的圣人。

师师见徽宗又将目光移到她的琴台上,就知道徽宗又想听她弹奏曲子,便说道:"皇上辛苦指导小奴学画,无以回报,小奴就给皇上弹奏一曲新调,请皇上欣赏吧!"

徽宗道:"朕最爱听姑娘的歌声,请姑娘唱个曲儿,我给姑娘弹琴伴奏!"

李师师喜欢地道:"皇上给奴家伴奏,真是太荣幸了!"

徽宗走到琴边,坐于几上,平心静气,轻抚琴弦,弹了个过门。李师师轻启红唇,和着琴音唱道:

章台路。还见褪粉梅梢,试花桃树。愔愔坊陌人家,定巢燕子,归来旧处。黯凝伫。因念个人痴小,乍窥门户。侵晨浅约宫黄,障风映袖,盈盈笑语。

前度刘郎重到,访邻寻里,同时歌舞。唯有旧家秋娘,声价如故。吟笺赋笔,犹记燕台句。知谁伴,名园露饮,东城闲步。事与孤鸿去。探春尽是,伤离意绪。官柳低金缕。归骑晚,纤纤池塘飞雨。断肠院落,一帘风絮。

李师师深情而柔美的歌喉、如泣如诉的旋律，把这段词唱得出神入化。琴声与歌声绵绵缠缠，令徽宗听得如痴如醉。李师师本是一个多情的女子，这歌词又使她联系到自己的身世，联想到她和徽宗的爱恋，她的心灵伴随着歌声和琴声的旋律，似乎进入了缥缈的情天恨海中翱翔。一曲终了，两个人都已泪水盈眶。

徽宗站起身，牵住李师师的手，无限深情地说道："姑娘简直就是音乐的化身，你对音乐、对歌词体会得精准到位，把我唱得都飘飘欲仙，忘记身在尘世了！"

李师师也十分动情地说道："皇上弹得太妙了，我跟着您的琴声，渐渐进入了一种梦幻般的世界，忘记了尘世的烦恼，那一刻真的好销魂呀！"

徽宗道："自从我见到了你，再看皇宫中的宫女彩娥，忽然觉得都失去了光彩，令人觉得俗不可耐。只要看到你，就会觉得眼前一亮、清心爽目，真是恋恋不舍！"

师师凝望着徽宗，眼神里流露出一丝哀伤，她说道："奴家身陷风尘，皇上不嫌奴婢污名浊身，恩爱有加，小奴感激万分，但总怕皇上因为奴家毁了一世英名，因而心中时时不安。"

徽宗把师师揽在怀中，安慰师师道："姑娘不要自责，自古珍宝出于荒岭、良玉藏于顽石，你气质容貌、才华修养都非寻常人可比，岂能让香花永受污秽侵蚀？我一定把你召进宫中，给你个正当名分，让你堂堂正正做我的嫔妃！"

听了徽宗这番掏心窝的话语，李师师感动得热泪盈眶。她无声地伏在徽宗怀里，觉得徽宗像一座大山，给她提供了安全和温馨，更像一位慈父给了她无微不至的关心和疼爱。这些都是她以前接触到的轻浮浪子所无法企及的。

徽宗轻轻抚摩着李师师的秀发，四目相对，此刻两个人虽然默默无语，但彼此都感到了对方心脏的跳动。他俩已是心相知情相通。良久，李师师道："皇上如此宠爱贱躯，奴家从此将闭门谢客，洁身自好，只等皇上临幸！"

这一晚二人如鱼得水，说不尽的海誓山盟、道不完的恩恩爱爱，真是良宵苦短。徽宗到了鸡啼三遍，才朦朦胧胧进入梦乡。忽听张恒在窗外喊道："天亮了，十一郎该回去了！"

原来徽宗逛绣院，为了掩人耳目，取了个代号"十一郎"。这也不过是自欺欺人、掩耳盗铃的伎俩罢了。徽宗被唤醒，睁开眼一看，天色已亮，看师师还枕着自己的胳臂鼻息均匀，睡得正香。他恐怕惊醒了师师，便侧起身子，轻轻地抽出自己的胳臂，小心翼翼地把身体移出锦被。不料李师师还是醒了过来。她微睁星目，见徽宗已披上衣服，知道徽宗该回去了，便坐起身，恋恋不舍地抱住徽宗的脖颈，说道："皇上这一夜辛苦，也没休息好，这么早就回去呀？"

徽宗也抱住师师亲了又亲，说道："张恒已叫朕两遍了，趁早回去，路上行人稀少，免得被人见了，嚷得满城风雨。"

师师也穿上衣裳，恋恋不舍地送徽宗下楼。眼看着徽宗上了马，又频频回身招手，慢慢地走远了。

再说徽宗这几天懒得上朝，众大臣都到议事厅商议国事，一切由宰相王黼决断。这天，辽使求见，王黼在议事厅接见了辽使。看了辽使呈上的国书，便令人把辽使安排进馆舍休息，他和群臣商议如何回应辽朝。

御史中丞何栗道："我大宋与辽友好已历百年，如今天锡皇帝又提出免除岁贡，减轻我朝负担，这表示了天锡皇帝对大宋的真诚与友谊。我朝当遣使去辽朝答谢。两国再续友谊，共襄兄弟之邦！"

参议官宇文虚中也道："当今辽朝虽然势危，但是耶律淳德高望重，是有道的明君，他审时度势，免除宋赋，实是出于至诚，我朝应当以礼相待，重续友好。"

大学士赵良嗣却道："当今辽朝五京已被金军占领四京，唯余南京一隅，已是风雨飘摇，朝不保夕。我料金兵不久必挥师南下，攻取南京。到那时燕山之险、长城之固，尽被金人占据。我京师汴梁以北，是千里平原，无险可守，金军铁骑南下，将会势如破竹，我大宋危矣！不如我军乘金人欲取未取之时，抢先占领燕云之地，以大军守居庸关、山海关、雁门关一线，阻金骑于塞外，这样才是长治久安之策。"

宰相王黼十分赞赏赵良嗣的意见。但他觉得此事关系国家大局，不敢专断，便让国子司业权邦彦领了辽使来见徽宗。

徽宗这几天玩得尽兴，倒有些厌倦了。听王黼说辽朝派使者来，重续友谊，并愿免除宋国岁贡，心中大喜。他立即传谕，在便殿接见辽使。辽使在便殿拜见了徽宗，呈上国书。徽宗打开国书一看，只见上面写道："天锡皇帝敬问大宋道君皇帝无恙，使李群遗朕书：近得群臣之奏，概陈前主之非，所谓愎谏矜能，比顽弃德，躁动靡常节，平居无话言，室家之杼轴成空，更滋淫费；陵庙之衣冠见毁，不辍常畋。汉嫡之戮，实出无名；侅妻之乱，不可托。加以权臣拥隔，政事纠纷，左右离心，遐迩解体，讫无悛改，以至播迁。伊戚自贻，大势已去，是谓绝四海之望，安得冒一人之称？今遣使来宋，愿弃兄国每年岁币，重修盟好，永接同心。

徽宗看了国书，已知辽朝皇帝改成耶律淳，便问道："如今天祚帝在哪里？"

李群道："天祚帝逃亡大漠，不知所踪，已被天锡皇帝贬为湘阴王。"

徽宗久闻天祚帝专事畋猎，疏于朝政，重用佞臣萧奉先，残害忠良，以致江河日下，被金军打得狼狈逃窜。今见耶律淳称帝，觉得耶律淳在辽国威望很高，辽国或许还有复兴的希望，又见耶律淳愿意免除岁贡、永结友好，心中倒也乐意，便对辽使好言安慰一番，令其回馆舍休息。

徽宗又召集群臣商议对辽之策。这些大臣有主张和辽友好相处的，有主张趁机伐辽的，争论不休，一时徽宗也没了主意。

宰相王黼道："童太师出巡已返回京师，他见解甚高，主公何不召童太师入朝问计？"

第九章

耶律大石败宋师
莎耶牧羊遇郎君

　　且说徽宗又召集群臣商议对辽之策。这些大臣有举张和辽友好相处的，有举张趁机伐辽的，争论不休，一时徽宗也没了主意。这时宰相王黼道："童太师出巡已返回京师，他见解甚高，圣上何不召童太师入朝问计？"

　　徽宗正拿不定主意，听王黼这样一说，便急召童贯进殿议事。

　　童贯刚从绛州巡视回来，忽然接到徽宗诏令，顾不得休息，急忙进殿，拜见徽宗。徽宗道："太师巡边十分辛苦，也没休息几天，又有了大事。朝中众卿争论不休，朕想太师有远见卓识，因而想问计于爱卿。"说完便将辽朝的国书递给童贯。

　　童贯接过国书，一目十行，略看了一遍。微微一笑道："圣上切莫为其虚词所蔽，辽朝已是日薄西山，气息奄奄。耶律淳恐宋金南北夹击，故以虚词相骗，欲行缓兵之计尔。我料不出一年，金兵必夺幽燕，消灭残辽。那时长城燕山尽为金国所有，汴京暴露于金兵铁蹄之下，我将何以拒金兵铁骑入侵？臣以为当前圣上当果断下令，出兵伐辽，抢在金兵前面，收回燕山长城。然后以强将劲旅，把守长城关隘，使金军骑兵不能越长城而南下。则我大宋能重振汉唐之威；若遇金国内乱，圣上派大军出山海关，扫平渤海，吞并女真，可收汉武帝之功。此乃千载难逢之良机，圣上万万不可错过！"

徽宗本是个艺术家性格，听了童贯一番宏论，不由得血脉贲张，进入了开疆拓土的幻想境界！他连声称赞道："爱卿廓开大计，高瞻远瞩，真当朝之窦宪也！"

这时赵良嗣在侧，他又插言道："幽燕之地，大部分居民都是汉人。他们虽陷胡虏，可是日夜盼望王师。如果听说宋军北伐的消息，他们会纷纷叛辽归宋，老百姓定箪食壶浆，以迎王师。所以伐辽必能势如破竹，风卷残云，不出一月，定能旗开得胜！"

徽宗听了赵良嗣的这番话，深信辽军已不堪一击，伐辽如探囊取物，易如反掌，心里更加高兴，便道："如爱卿所言，我今日可要严责耶律淳僭位，令其取消帝号，对我大宋俯首称臣，可否？"

童贯道："若令其取消帝号，其必不肯接受，反而以宋为敌，投降金军，往白沟一带增兵。那样反而增加了我军北伐的难度。倒不如虚辞应对，以漫其心，令其全力应付北线的金兵，不对南线我军设防。我大军可乘虚而入，攻其不备，轻松获胜。"

徽宗就依童贯的计策，假意祝贺天锡皇帝即位，许以友好相处。那辽使李群见宋朝友好相待，心里十分高兴，便返回南京回禀天锡皇帝去了。

天锡皇帝见宋朝承认他的帝位，态度十分友好，心中轻松许多。朝中大臣都觉得宋、辽友好已历百年，宋人也不会轻易翻脸，更不会兵戎相见。只要把主要兵力布防在北线，防止金军入侵即可。

这时，耶律大石奏道："昔日宋朝与辽友好，实则是惧怕辽军威力，不得不与我邦妥协。今见我朝势危，岂有不想收复燕云十六州之理？害人之心不可有，防人之心不可无。窃以为，当今女直兵力有限，但占地甚广，一时还抽不出兵力来攻打南京。我军要防宋军突然袭击，所以南线兵力暂时不要北调，先观察一段日子再说。"

萧干也认为，宋朝是大国，谋士甚多，其心不可测度。莫信其虚辞，还是要严加防范，只许敌不来，不许我不备。

李处温道："宋朝是礼仪之邦，最讲信用，既已承认我天锡皇帝，必不会背信弃义，以兵来犯。惧怕宋人来攻，实属杞人忧天，没有必要。"

耶律淳道："诸位爱卿说得都有道理，但有备无患，我军仍要厉兵秣马，积极备战不松懈。目前南北两面暂无战事，所以兵力部署可以不动，只要加紧训练，准备战具，以防局势突变。"

退了朝，耶律大石一面训练马步三军，一面派出十多个细作，潜入宋都汴梁、雄州、莫州打探消息，密切关注宋军动向。

再说宋徽宗打发走了辽使，一面派人去联络金国，商议共同出兵伐辽，一面传旨，令太师领枢密院事童贯为陕西、河东、河北路宣抚使；以观文殿学士刘伟为行军参谋，保静军节度使种师道为都统制，武泰军承宣使王禀、华州观察使杨可世为副将，统兵十五万伐辽。

童贯领兵二十余年，深知打仗兵不在多，而在于精。以前他领的是西北军，由于多年严格训练，久经战阵，西北军练成为一支战斗力极强的军队。征方腊归来后，西北军大部分又调回西北，防备西夏。现在徽宗交给自己的军队，主要是河北人马和四处临时拼凑的军队。这些军队装备是否完善，素质是否精干，他都不清楚。于是他想先把军队召到汴京进行检阅，以观军队的素质是否精良。

阅兵这天，他带着刘伟、种师道、杨可世、王禀等将领来到校场。刘伟细细统计一下军队人数，名为十五万，实际只有九万人，又见那些兵士衣着褴褛，兵器残缺不全，队伍稀拉，竟是一群乌合之众。更令人沮丧的是，那些骑兵行进如同放羊，没有队形，骑士坐在鞍上歪歪斜斜，没有一点骑士彪悍的气象。

童贯手下的几位西北军将领见了，不由得个个皱起眉头。

种师道道："想不到河北军如此涣散，怎能跟辽军作战？"

童贯也深感忧虑，但他怕泄了将领的勇气，便说道："强将手下无弱兵，只要我们严明军纪，加强训练，不出一月，这群乌合之众就能变成精锐之师。"

童贯率军来到雄州，布防已定，又派参谋刘伟去附近府库看军粮储备情况。不几日，刘伟来向童贯汇报："各府库存粮与账面严重不符。许多仓库存粮极少，又多霉烂，不能食用。末将统计，能食用的军粮不足以维持一个月！"

童贯闻报，大吃一惊，军中不可一日无粮，军粮不足怎能打仗？他急忙派刘伟回汴京向徽宗启奏，催促朝廷输送军粮。刘伟走后，童贯又写了一封奏章，派人送到汴京，呈交给徽宗。

徽宗先是接到前线军粮不足的报告，急忙召来宰相王黼令其筹备粮草，从速送到雄州。过了几天又收到童贯的奏折，他打开一看，见上面写道：

臣仰遵睿训，付以北事，寅夕竭虑，深恐不逮，上辜委寄之重。臣窃唯复燕大计，昨正月间，女真下中京，余睹往云中，契丹分力枝梧女真之际，我承机会进兵，收复殊省事力。而失此便，已为后时。臣奉诏来北，星夜倍道，于四月二十三日到高阳关，整促行军之备，即见河朔将骄兵惰，不练阵及军，负之用百无一有。如军粮虽曰见在，粗不堪食。须旋春籴，仅得其半。又多在远处，将输费里。军器甚阙，虽于太原、大名、开德支到，封桩各件不足，或不适用。至于得地版筑之具，并城戍守御之材悉无备。盖河朔二百年未尝讲兵，一旦仓促，责备颇难，臣近闻易州军民万人引兵以献城，又西兵未来未敢出应。

徽宗看了童贯的奏折方意识到，河北军民和辽国长期友好，边备早已废弃。军士不知战阵，现在突然投入战争，其后果很严重！

大学士赵良嗣又献计道："我大军驻扎边境，只需按兵不动，就可以从心理上压垮辽国军民的斗志。然后我军派人去辽境内张贴榜文，告示幽燕民众，我大军要收复燕云之地，将秋毫无犯，不杀一人，凡归顺的民众，可免二年税赋。这样幽燕民众见我主仁爱宽厚，必然叛辽归宋。我军兵不血刃，可取南京。"

徽宗深服其论，便令赵良嗣起草榜文，赵良嗣一挥而就，献给徽宗。徽宗览毕大喜，又令翰林院学士们抄写几百份，送往雄州，令童贯派人潜入辽境各州县张贴。

且说易州守备何方原是汉人，一天他手下的兵丁见城门有宋国的榜文，便揭下来交给他。他接过榜文一看，见上面写道：

幽燕一方本为吾境，一旦陷没及二百年。比者汉番离心，内外变乱，旧主未灭，新君篡攘，哀此良民，重罹涂炭。当司遵奉睿旨，统率重兵，已次近边。奉辞问罪，务在救民，不专杀戮，尔等各宜奋身早图归计。有官者复还旧次，有田者复业如初。若能身率豪杰别立功效，即当优与官职、厚赐金帛。如能以一州一县来归者，即以其州县任之；如有豪杰以燕京来献，不拘军兵百姓，虽未命官，便与节度使，给钱十万贯，大宅一区。唯在勉力，同心背虏，归汉永保安荣之乐。契丹诸蕃归顺亦与汉人一等，已戒将士不得杀戮一夫，傥或昏迷不恭，当议别有措置。应契丹自来一切横敛悉皆除去。虽大兵入界，凡所须粮草及车牛脚价并不令燕人出备，仍免二年税赋。

何方心想，辽军目前仅有二万兵力，怎能抵挡大宋十五万大军？我是汉人，何不趁此机会投降宋军，永葆富贵。想到这里，他就派手下亲信，偷偷去雄州与童贯联络，约定七月三日携易州军民归顺大宋，望至该日，宋派大军前来接应。

谁知那怀里揣着降宋书信的人行至边关，竟被巡边辽军捉住，搜出了书信，缴给了耶律大石。

原来耶律大石派往汴京的密探在童贯大军未出京师时，就把宋军要进攻辽国的消息报告了耶律大石。耶律大石立即奏闻耶律淳，请求把最精锐的二万五千辽兵调往南线，归耶律大石统一指挥。耶律大石在边关处处设卡，严防宋军奸细入境，并修筑关塞、城防，整修军械，日夜操练人马，准备与宋军决战。

耶律大石看了何方投宋的书信，就把送信的人杀了，模仿何方的笔迹又写了一封信，另派一精明校尉去宋大营送信，把何方投宋的日期改为七月十三日，望宋军前来接应。

信送到童贯手中，童贯半信半疑。他仔细打量了送信的人，的确是汉人，又问他易州守备是谁？现在有多少兵马？那人对答如流。童贯突然把案一拍喝道："好一个辽军奸细，你竟敢欺骗本帅，给我推出去斩了！"

几个刀斧手一拥而上，就把那送信人给绑了。

那送信人毫无惧色，高声叫道："我以为大宋元帅英明果断，善待归顺之人。没想到原来如此阴狠好杀，心胸狭窄。你杀了我不要紧，却冷了千万幽燕汉民归顺之心。幽燕汉民只有跟定胡虏，齐心抗拒宋军，辽地番汉一心，众志成城。宋军牺牲十万，也难攻下南京城！"

种师道见这人慷慨陈词，倒像个忠义之士，便劝童贯道："我看这人是真心归顺大宋，元帅千万不要错杀归顺义士，冷了幽燕汉民之心。"童贯见这人临危不惧，心中也有几分敬重，转怒为喜道："我不过试一试你是否真心归宋，看来你真是一片忠心，请壮士坐下讲话。"

那送信人落座后，又编了一套易州汉民如何思念故国、受契丹人欺负的话来诱骗童贯。当下童贯信以为真，就给何方写了回书，约定七月十三日出兵接应。

那人带了童贯的书信，回到辽营，把书信交给耶律大石。耶律大石带了两千辽军来到易州，假言巡视城防。何方心中狐疑，但又没有理由不接待他，只好出城迎接。谁知刚到耶律大石马前，就被几个辽兵按倒在地，捆了起来。

耶律大石进了易州城里，对何方严刑拷打。起初何方咬紧牙关，宁死不招。后来耶律大石把他写的亲笔信掷于地上，让他去看，何方才知道自己写的亲笔信被耶律大石截获，于是不得不从实招供。耶律大石令人把何方夜间活埋于城郊，并下令封锁消息。

七月十三日，童贯令骁将杨可世为先锋，领五千骑兵，直取易州，又令种师道领兵三万，随后接应，共三万五千人马，悄悄奔袭易州。

杨可世乃西北名将，他向来认为兵贵神速，行军不可怠慢。这次他又下令军队飞驰易州，来到易州城下。见易州城门紧闭，杨可世纵马来到城门下，高身喊道："守城士兵快快开门，我乃大宋将领杨可世，特来受降。我军进城，一人不杀，一物不取，献城有功的提升官职，外加重赏。"

谁知话音没落，忽然城上万箭齐发，杨可世没有提防，一箭射中门齿，顿时鲜血直流，他拔出箭镞，竟带掉两颗门牙！杨可世急忙回马，肩膀上又中了两箭，疼得他几乎坠马。这时紧随杨可世立马前列的将士纷纷中箭落马。

后边的宋军急忙掉头撤退。这时又听一声炮响，一队辽军杀出城来，宋军抵敌不住，争相逃窜。正逃跑间，忽听四面炮响，大队辽兵从四面包围上来，顿时杀得宋军人仰马翻，尸横遍野。几个将领保着杨可世，杀出重围，往南逃窜。辽军紧追不舍。正危急间，种师道率领三万宋军赶到。放过杨可世的残兵，截住辽军厮杀。

种师道这三万辽军都是身经百战的西北军，善打恶仗、苦仗，如今遇上辽军骑兵冲来，并不慌张。种师道指挥宋军列成方阵，奋勇厮杀。耶律大石见宋军顽强抵抗，便亲率一队辽兵从宋军阵中间杀入，把宋军阵分割成两块，然后集中优势兵力攻其左翼。耶律大石挥动狼牙棒，一马当先杀入宋阵，宋将无人敢挡，正遇上种师道，拍马舞枪来迎。耶律大石抡起狼牙棒如同泰山压顶般朝种师道砸将下来。种师道急忙举枪架住，只听咯嘣一声响，种师道的枪杆被砸断，虎口被震裂。种师道大惊失色，策马落荒而逃。耶律大石率辽军紧追不舍，一时间把宋军阵营搅得七零八落。

宋阵势一乱，指挥失灵，军队便失去了抵抗力，将士各自奔逃。辽军抖擞精神，如同虎入羊群，只杀得宋军尸横遍野，血流成渠。种师道领着败兵且战且退，辽军紧紧咬住不放。正在危急关头，王禀领两万宋军杀到，截住辽军厮杀。战至黄昏，耶律大石才鸣金收军。

原来童贯派杨可世和种师道出兵后，深恐辽军有诈，又派王禀领二万军队前去接应，正好救了种师道及其残兵。

童贯还担心萧干领兵切断种师道的退路，又派和洗领一万军去进攻沧州。谁知萧干早有准备，于路上设伏，一举把宋军击败，和洗领着败兵也一直退到雄州。

这一仗，宋军损失三万多兵力。童贯吓得收缩到雄州，不敢再出战。

败报传到汴京，徽宗先是大吃一惊，接着又发怒，把杨可世削职为民，种师道贬为卫将军，勒令退职，和洗贬到亳州任团练使。又派河阳三城节度使刘延庆代种师道为统制，总领三军。刘延庆到任后，即令其子刘光世同杨忠伟领中军，以贺景为先锋，赵明泽为副先锋。以同州观察使何灌为殿军，统兵二十万进驻雄州。

且按下宋军卷土重来、威逼辽境不表。但说金军自从占领上京，就把上京府库抢掠一空，阿骨打率领金兵回黄龙府去了，只留下一千金兵协助达不野镇守上京。

在上京西北约千里之遥有一条河，唤作大狐河。在河两岸住着一个拔思母部族，约有两千帐，八九千人口。他们归上京道管辖。自从上京改了金国旗号，这一部族也就归顺了金国。上京金军常来征收马匹、牛羊，有时还要强征青年人入伍。金军的横征暴敛，引起了这里的拔思母人强烈不满。老百姓都对金兵恨之入骨。于是有血性的青年人抗拒不缴捐税，有的青年偷袭金兵。金军把这一带的契丹族群视为匪窝，常常抓住敢于反抗的青年杀头示众，可是越镇压，民众的反抗情绪越大。

后来达不野把这一族群的酋长找去，授其为拔思母大王，又给其惕隐的称号。这位酋长名叫耶律哈德，有四个儿子。大儿子叫耶律都雁，二儿子叫耶律北雁，三儿子叫耶律宏雁，四儿子叫耶律棍雁，乳名四棍儿。四个儿子都身强力壮，脾气粗暴，在族中恃强凌弱，人称"狐河四蛟"。

耶律哈德当了惕隐，享受金朝俸禄，便死心塌地为金朝卖命。他从族人中挑选三百青年，组成一支护家军，表面上是保护族群，防范土匪，实际是镇压族中的不安分青年。耶律哈德恐怕有人不服，先抓了一个不服从他管制的青年人，打得遍体鳞伤，然后又游街示众，最后拉到河边砍头。族中人见耶律哈德势大，手段又极其残忍，都不敢跟他较劲，表面顺从，但心里都恨得要命。

这拔思母部族群中有一户人家，老两口只生了一个女儿，取名叫莎耶。莎耶从小生得聪明伶俐，父母视其为掌上明珠，非常娇惯。

莎耶长到一十四岁，已出落得如花似玉，人见人爱。她又喜欢唱歌跳舞，歌喉清越圆润，舞姿优雅轻盈，一时成了族中青年的梦中情人，有事没事都想和她搭讪两句话。她一唱歌，就会聚拢一群小伙子吹笙弹琴，给她伴奏。莎耶性格开朗，天真烂漫，和族中小伙子玩得十分开心。她受大家的追捧，许多小伙向她表示爱意，有的偷偷向她诉说爱恋之情，她都仿佛没有听见，置之不理，好像情窦未开，只知道欢欢乐乐地玩耍。其实她对身边的小伙子一个也没看中，谁也没能打开她的爱情之门。

这天天气晴朗，莎耶去牧羊，蔚蓝色的天空游移着几朵轻纱似的白云。和风徐徐吹来，飘来阵阵野草的芳香。莎耶跨上马背，手里挥舞着长鞭，一路吆喝着，把羊群赶到翠色欲滴的草场，羊儿都钻进草丛里，埋头吃草。莎耶来到草场附近的一个小土岗上，下了马，把鞭杆插在地上，见土坡上开满了黄色的野花，她采了几朵，插在自己的头上。又见两只蝴蝶翩翩起舞，她便追逐着蝴蝶跑下了土岗。

这时她的牧羊犬突然"汪汪"狂吠着，冲下土岗，向羊群跑去。莎耶抬头一看，有几只狼冲进羊群，其中两只大灰狼各叼起一只小羊就跑。她的牧羊犬追到那边，就见另外两只狼龇牙咧嘴地对着牧羊犬嗥叫。自己那只牧羊犬哪里是那两只狼的对手，吓得不敢向前，站在地上狂吠。可是叼着羊的两只狼却越跑越远。莎耶急忙跑上山冈，跨上马，提了鞭向那两只叼着羊的狼追去。

这时，就见前面旋风般驰来一匹白马，马上一位少年拈弓搭箭，一箭射去，跑在前面的那只狼应弦倒地，趴在地上乱蹬抓，再也站不起来了。接着，那少年又放一箭，射中第二只叼着小羊的灰狼，那箭竖直地插在狼的屁股上，疼得那只狼丢下口中的小羊，一瘸一拐地仍朝前逃跑，可是跑的速度已经慢得多了。那少年肩上的苍鹰扑棱棱地飞起来，直扑向那只瘸狼。两只利爪一下抓住了狼的脊背，三嘴两嘴就把狼的眼珠子给啄出来了！少年马后的猎犬也扑上去，狠狠地咬住狼的喉咙。

少年纵马跑到跟前，飞身下马，抽出腰刀，就把已经半死不活的狼给宰了。

第十章

郎才女貌定终身
巧嘴八哥拆鸳鸯

莎耶来到少年身边，见那少年身材高大，肩宽腰圆，一双剑眉，两只彪眼，又见他动作干净利索，很快把两只狼放了血，置于马背，把刀和箭镞上的血擦拭干净。

莎耶身边虽有许多小青年追逐她，可是有的生得丑陋，有的身材低矮，有的说话流里流气，有的拙嘴笨舌，没有一个能入她的芳心。今日见这少年如此英俊，她不由怦然心动。莎耶下了马，笑盈盈地向前说道："多亏大哥好箭法，要不然我家的两只羊就被狼叼跑了！"

那少年正忙着往马背上装载猎物，忽听一位小姑娘和他说话。他回头一看，不觉眼前一亮，只见小姑娘面如满月，笑容灿烂如花，两只黑葡萄似的大眼睛闪射着诱人的光芒。这少年一下子给惊呆了。他长这么大，从未见过如此美丽的姑娘，而且如此亲热地和自己说话。

少年便道："偶从此地经过，见到狼叼小羊，岂有不杀之理？姑娘的小羊伤得厉害吗？"

莎耶高兴地说道："两只小羊都没大碍，这不是都又跑进羊群吃草去了。"

少年又道："姑娘放牧怎不带箭？要时刻防范狼害呀。"

莎耶道："我还没有研习过箭法，即使带着箭，也不一定能射中飞跑着的狼呀！"

少年笑道："你没有兄弟吗？怎么让你一个女孩子放牧？"

"我是独生女，没有兄弟。父母又年迈多病，我不放牧让谁来放呀？"莎耶说完又补充一句道，"我要是有你这样一位英俊的哥哥该有多好呀！"

少年马上回答道："我要是有你这样一位美丽可爱的小妹妹该有多好呀！"

两个人越聊越亲热，莎耶一双大眼闪射着美丽的光辉，热辣辣地望着少年。那少年一双彪目虽然炯炯有神，但也充满着爱意。四目对视，都有恋恋不舍之意。

莎耶又道："聊了半天，还不知道哥哥的尊姓大名，家住哪里。"

那少年道："我名叫耶律浩，就在河南岸草场居住。但不知小妹芳名叫什么，家住在什么地方。"

"我名叫莎耶。"莎耶用手往右一指又道，"那远处的帐包就是俺的家。哥哥救活了俺家两只羊，俺也无法回报哥哥，就请到小妹家里坐一会儿，喝杯奶酪，好吗？"

耶律浩舍不得离开这鲜花般美丽的姑娘，正想变着法儿和姑娘多拉一会儿呱儿。现在听姑娘说邀请他去家里做客，岂有不愿之理？马上高兴道："多谢小妹盛情款待，我就去小妹家看看，拜见伯父母大人。"

莎耶道："我爸妈见到你这样英俊的小伙，一定会打心眼儿里喜欢你的！希望哥哥今后经常来往。"

二人又说又笑，一边骑上马，一边赶着羊群向莎耶家的帐包走来。二人来到帐包前，先把羊群赶进木栅栏。耶律浩心想，莎耶是个小姑娘，忽然带一个大小伙子回家，别让她父母误会了，不如先让莎耶进帐向老人禀报一下，他爸妈若请我进帐，我再进去。想到这里，他就对莎耶道："小妹妹先进去给伯父母禀报一下吧。"

莎耶笑道："哥哥倒挺心细，其实我爸妈平时热心好客，不会冷待你的。"

她嘴里这样说，还是先进了帐包，向爸妈把耶律浩射杀两只狼、救活了自家两只小羊的经过细说了一遍。

她爸妈听了非常感激，便问道："那小伙现在哪里？"

莎耶道："现就在咱家帐外站着呢。"

两位老人急忙走出帐外迎接，只见耶律浩已拴好了马，并把马背上的两只狼和一只黄羊都卸了下来，让那马自在地吃草。

耶律浩见两位老人出来迎接自己，急忙向前两步搀住老汉说道："大伯身体可好？"

老汉和老太婆细细打量着眼前这小伙，见他身材魁梧，双目炯炯有神，气质不俗，心里暗暗称奇。老汉道："公子真是好箭法，一连射死两只大狼，救活了我家两只小羊，实在是感谢你呢！"

耶律浩笑道："草原上的人岂有见狼不射之理？若是遇上别人家的羊被狼衔去，小生也会放箭射杀它的。"

两位老人一边夸奖耶律浩的箭法高超，一边把耶律浩让进帐包，在地毯上坐下来。莎耶急忙去调制了奶酪，先端了一杯过来，双手递给耶律浩，然后又端出两杯，递给父母品尝。

老汉饮了一口奶酪，问道："请问公子尊姓大名？家住什么地方？"

耶律浩报了自己的姓名，又说道："家住离此三十里，在狐河南岸。"

老汉道："咱们本是一个族群，分成了两个支脉，分住河的两岸，世代通婚。我对河南上了年纪的人都很熟悉，但不知令尊大人是谁。"

耶律浩道："家父名讳是耶律阁达。"

老汉听了十分惊喜，竖起大拇指道："你父亲可是咱族中的老酋长呀！他办事公道，心眼好使，在咱族中的威信无人可比。你一来，我观你气度大方、神明充足，就猜你是名门之后。看来我老汉的眼力还是不差的呀！"

耶律浩听了老汉的赞美，心里乐滋滋的，说道："多谢大伯夸奖，小生没什么出息，有负老父亲的重望。"

莎耶的妈妈听丈夫说他是老酋长的儿子，更是打心眼里羡慕得了不得。她心想，要是我女儿嫁给耶律浩为妻，多么幸福美满呀！左邻右舍见我家有这么个体面的女婿，也会交口称赞的，那时我和老伴脸上多有光彩啊！

想到这里，老太婆就问道："公子今年多大了？家里娶媳妇吗？"

耶律浩是极聪明的人，听她问这话像是在物色女婿，便知道老太婆的用意，于是不慌不忙地答道："小生今年十六岁，还没有定亲呢。"

老太婆听他说还没有定亲，越发高兴了。她想，事不宜迟，如果今天不把这门亲事给定了，说不定小伙回到家明天就有人给他提媒。机不可失，时不再来，可不能错过今天这个好机会！于是老太婆又道："公子，你看我家莎耶人才好不好？"

耶律浩道："小妹妹太好了，娇颜似花，又聪明伶俐，待人亲热，又懂礼貌，实在是打着灯笼也难找的好姑娘呀！"

耶律浩这番赞美辞令莎耶听了，心里乐开了花，她有些不好意思，向耶律浩送了一个媚眼，说道："看哥哥把我夸的，丑小鸭说成白天鹅了！"

老太婆看着女儿羞答答的样子，知道女儿也打心眼里喜欢耶律浩，便笑着说道："你要喜欢我家女儿，就把她娶走，给你当婆姨好了。"

耶律浩听了老太婆这句话，真是喜不自胜，他看着因害羞而低垂粉颈的莎耶道："我是十分愿意，但不知小妹妹愿意跟我一起生活吗？"

莎耶忽然仰起面来，语气坚定地说道："只要哥哥愿意娶我，父母又同意把我给您，我就心甘情愿地陪哥哥一辈子！"

这时老头也插了话："你们二人今天草场相遇，这是前世有缘，上天的安排。我看这门亲事就定了吧！但是你要回去禀明父母，择黄道吉日前来迎娶才是。"

耶律浩听老头说出这拍板定案的话来，立起身对着二位老人行了跪拜之礼，口称："小生拜谢岳父母大人！"

老头和老太婆见耶律浩如此懂得礼仪，高兴得合不拢嘴。四人又聊了一个时辰，邻居见莎耶家门口拴着一匹白马，地下卸着两三只猎物，不知道她家来了什么客人，都结伴来她家看热闹。有几个半老不少的婆娘进得帐来，看见一个英俊后生在她家做客，都猜想是不是莎耶找到了婆家，来者是她的夫婿呀？她们都围着耶律浩，听他和莎耶的父母拉呱儿。这些婆娘生性爱说话，这个夸小伙长得魁梧，那个夸小伙一表人才，还有的夸他说话有来有去。

后来莎耶的妈妈介绍道："这是俺闺女未来的女婿！"这些婆娘有的心里就七上八下的不是滋味。因为她自己的儿子也长到十七八岁了，还没找到媳妇，心里都想着让莎耶做自己的儿媳妇。可是因自己的儿子长得丑，托媒人给莎耶介绍，都被莎耶婉辞拒绝了。自己摘不下莎耶这颗鲜果，心里又老怕被别人摘跑了，今天果然有人来摘果子，心里怎么都觉得像灌了一壶陈醋，酸不溜的不是个滋味！

有的婆娘因自家的姑娘嫁了个丑八怪，平日里就常常生闷气，今天见莎耶找了这么好的一个小伙，那气也就不打一处来，又是羡慕，又是忌妒，心里头窝火！尽管如此，这些婆娘嘴里还是夸莎耶眼力头高，找了个好女婿。只是那说话的腔调，听上去很不自然了。

耶律浩见人越聚越多，他和莎耶也不能说个体己话，就不想再待下去了，于是和莎耶交换一下眼神，便对莎耶的父母拱手道："我已出来半日，恐家中老母惦记，小生要告辞了。"

莎耶的父母也见这么多外人，哄哄乱乱的，说话也不方便，便不强留，道声："公子回去，问你母亲安好。"

耶律浩道："多谢二老，我一定把您老人家的问候转告老母。"说完又对那些邻居婆娘拱了拱手，道了别，便走出了帐外。

这时就见帐包外面站立着十来个青年。大的十七八岁，小的十二三岁，有高的有矮的，有胖的有瘦的。那高个小伙活像个打枣杆子，搭拉膀子流水腔，站不稳似的。那个矮的，有的头大、身子长，两条短腿，看上去极不协调。有的面色黝黑，有的嘴歪眼斜，净是些歪瓜裂枣瘪肚梨，没有一个体面小伙子。

耶律浩心说："亏得莎耶身边没有美男，要是有帅哥在她身边，这鲜花就轮不到我采了！"他心里这样想，嘴里却又跟大伙打了个招呼，问声："哥们好！"

那些小伙见耶律浩一表人才，也都打心眼里佩服，但是佩服之后又未免心里酸溜溜的，而且有些失望。他们知道，自己的梦中情人可能就要被这个陌生小伙抱走了！这时，那心里头的滋味真好像打翻了五味瓶，酸咸苦辣、乱七八糟的滋味一齐涌上心头。

耶律浩把一只狼和黄羊装上马背，回头对送他的莎耶道："这只狼送给您吧。"莎耶道："你救活了俺家的两只羊，没送你什么礼物，怎能再要你的猎物呢？"

耶律浩道："我今日来到您家，见了岳父母大人，又没带什么礼物，这只狼就留下吧，仅仅表示我的一点心意。"那些邻居老婆也都插言道："姑娘收下吧，他是你的女婿，理应孝敬你爸妈哩。"

莎耶也不好意思再说什么了。耶律浩认镫上马，莎耶便也骑上了自家那匹枣红马，和耶律浩并马上路，往南走去。

那些婆娘议论道："看这一对多般配，莎耶这丫头有情有义，还不知送女婿走多远呢。"

那几个小伙子看到平常矜持高傲的莎耶在耶律浩面前表现得这么温柔，那么恋恋不舍，想到自己以前向她示爱，遭她奚落和冷遇，心里实在不是滋味！望着莎耶和耶律浩并肩远去的背影渐渐消失在茫茫的草原尽头，他们一个个黯然神伤，垂头丧气地回到家里，夜里辗转反侧，不能入眠！

再说莎耶和耶律浩并马而行，两个人越聊越亲密，你看看我，我看看你，谁也不舍得分手。看看来到狐河，这时太阳已经落山，暮色降临，耶律浩下了马，莎耶也下了马。

耶律浩握住莎耶那柔嫩白皙的小手，无限深情地说道："小妹妹，天已快黑了，你还是回去吧。天暗下来，你一人走在路上我也不放心！"

莎耶望着耶律浩，她那黑宝石似的眸子闪着晶莹的泪花，说道："哥哥回到家里，千万不要犹豫，要赶紧带人来娶我！"

耶律浩说道："妹妹放心，我到家第一件事就是跟母亲商量迎亲，准备彩礼，过不了一个月我就会来娶你。"

莎耶面上泛起一阵红晕，她又含羞问道："哥哥把我娶到家里，该称呼我什么呀？"

耶律浩道："那还用说，当然叫你媳妇了！"

这时莎耶含情脉脉地望着耶律浩，似乎有所期待。

耶律浩看到她动情的样子，心里也涌出一阵激情，他一把将莎耶那柔软的身体抱进怀里，双手轻轻把莎耶托起来。他低下头想亲吻莎耶，莎耶此刻已经坠入甜蜜的梦幻境界，不由自主地撮起温润的红唇，抬起头来迎接耶律浩的亲吻。当她接触到耶律浩那热辣辣的嘴唇的刹那，她的心脏也突然像小兔子一般突突地乱跳起来！

两个人无声地亲吻了几分钟。这时天已经完全黑了下来，只有天上的星星在一闪一闪地发出微弱的光芒。耶律浩放下莎耶，说道："小妹妹自己回去不害怕吗？要是遇上狼可就危险了！还是我送你回去吧。"正说话间，却见莎耶的老爸和老妈都赶来了。原来两位老人不放心女儿，又来接她回去。

于是耶律浩辞别莎耶和她的父母，骑上马，蹚过河去。莎耶陪着老爸老妈往家走，她不时回过头来，依稀可见水光映着耶律浩的背影，慢慢消失在河对岸的暮色之中。

且说莎耶家有个邻居老婆，能说会道，在族中经常为人家说媒，天天串东家走西家，混得族里人都熟识她。只因她能将黑狗说出白花来，大家送她一个绰号叫"巧嘴八哥"。

这天巧嘴八哥也来莎耶家看了耶律浩，她见耶律浩长得英俊，和莎耶是天生的一对，但是没有经过她这个媒人撮合，不是自己搞成的对象，她心里很不高兴。加上巧嘴八哥的女儿嫁了个丑八怪，现在见莎耶嫁如此英俊的小伙，又生出几分妒忌。这巧嘴八哥是个是非之人，她看不惯的事情总要捣乱一番才行。于是她睡在地毯上翻来覆去地想啊想，终于想出一条毒计来。

第二天天一亮，巧嘴八哥就来到酋长耶律哈德家中。耶律哈德老婆刚挤了牛奶，正掂着桶往帐包里走。她一扭身看见巧嘴八哥，便放下桶招手道："噫，兄弟媳妇，啥风把您刮过来了？一大早的，巧嘴八哥上门，敢情是报喜信来了！"

巧嘴八哥也笑道："我是无事不登三宝殿，来您家就是给嫂子送喜来了！"

酋长媳妇急忙向前扯住巧嘴八哥的手道："兄弟媳妇，你可把我想死了，快请帐里坐吧！"

巧嘴八哥一进包，见老酋长在里面盘腿坐着，急忙弯腰施礼道："酋长大人好！"

耶律哈德笑道："自家人，客气什么？你就管我叫大哥才好。"

耶律哈德的媳妇急忙让巧嘴八哥坐下。冲了茶水放在小儿上，然后带着几分炫耀说道："这是你大哥从上京带回来的红茶，是大宋的贡品，兄弟媳妇品尝品尝，看味道好吗？"

巧嘴八哥虽然串百家门，这大宋的茶她哪里尝过？但她善于随机应变，装作很内行的样子，慢慢咽了一口道："果然好茶，入口绵甜清香！"

耶律哈德媳妇和巧嘴八哥闲扯几句之后，便迫不及待地向巧嘴八哥道："兄弟媳妇，你看咱狐河两岸谁家有好闺女，给咱四棍儿介绍一个呗！"

巧嘴八哥见耶律哈德媳妇心急，越发卖起关子来，她说："你是酋长人家，全族的大人头，家里骡马成群，牛羊满圈，方圆百里以内，谁家的闺女不想嫁到你家？"

耶律哈德媳妇听了她的奉承话，心里乐开了花，便自夸道："兄弟媳妇，你嫂子不是自卖自夸，你大哥在族中那是人人尊敬，谁家有大事都和他商量。天大的事只要你大哥一到，就能顺利解决。再说咱这家里骡马有几百匹，牛羊上千只，你说咱族中谁家能比得上？还有你这四个侄子，个个长得方正体面，哪个不是当官的料？"

巧嘴八哥心想，要说您那三个大儿子长得还有个人模人样，可是您那四棍儿却生得猪嘴猴腮，形象龌龊，亏你厚脸皮还夸得出口！可是她嘴里却说："嫂子呀，还是您老有福气，生得孩子都方面大耳、体态端庄，真是贵人生贵子呀！"

耶律哈德媳妇听了她这话，更是喜得哈哈大笑，笑过后便用手扯住巧嘴八哥的胳臂，说道："兄弟媳妇，咱说正经事。你看谁家有好闺女，给你四侄子瞅个媳妇吧。"

巧嘴八哥道："告诉你吧，嫂子，我今天来，就是看到了一个好闺女，那是千里挑一的标致，咱族中的女孩子再也没有比得上她漂亮的了！"

耶律哈德媳妇急切地问："兄弟媳妇快讲，是谁家的闺女恁出色？"

巧嘴八哥道："我有个邻居，名叫耶律刺八，他膝下有一女，生得那是活脱脱一个天女下凡，性格又温柔，说话又口甜，天底下再难找这样的美人儿！"

耶律哈德老婆平时也听说过耶律刺八有个好闺女，是出了名的美人，就是没有见过。

耶律哈德听说是耶律刺八的闺女，便插嘴道："那女孩子我见过，一双水汪汪的大眼，瓜子面脸，白生生的，身材苗条，挺秀气的小姑娘！"

耶律哈德媳妇听自己丈夫也夸那小姑娘长得好，更是急不可待，她摇晃着巧嘴八哥的胳臂道："兄弟媳妇，我给你准备些彩礼，你就去她家，给把这门亲事定下来得了！"

耶律哈德道："先让兄弟媳妇去给人家通个信，看人家愿意不愿意；你带了彩礼去，人家要是不收，你怎么下台？那就不好看了！"

耶律哈德媳妇道："看你说的，你是族中酋长，咱家过得又富裕，谁家的姑娘不任咱挑呀？给她送去彩礼，还怕她受宠若惊呢！他闺女嫁到咱家，一步登天，还有不同意的理？"

巧嘴八哥道："嫂子还不知道哩。昨天那丫头去放牧，在草地里遇上了狼，叼了她的羊就跑。赶巧河南有一个后生路过那里，那后生连放两箭，把叼羊的狼射死，救活了她的小羊。那丫头感激不尽，把小伙带到她家，她爸妈一看那后生，都相中了，已经把女儿许给人家了！"

耶律哈德听她这一说，不由得心里凉了半截，那高兴劲一下子就烟消云散。

耶律哈德的媳妇抱怨道："怎的，兄弟媳妇说了半天，人家闺女已经名花有主了，你还绕恁大的圈子说她干啥？害得我猫衔尿泡——瞎喜欢！"

巧嘴八哥却道："嫂子亏你还是酋长夫人，怎么一点调度也没有？她只是刚认识一个男朋友，又没跟他过一天，还是一个囫囵囵囵的大闺女。咱草原上自古就兴抢婚，谁先下手媳妇就是谁的。今天嫂子就派你四个儿子再带上几个人，去到她家抢过来，不就妥了吗？"

耶律哈德媳妇道："还是兄弟媳妇脑筋活，我怎么就忘记了这一招呢？老头子，快去把你那四个儿子都叫来，让他们带上几个兵去把那闺女抢过来！"

耶律哈德道："我身为酋长，为儿子娶亲，应当明媒正娶，让大家心服口服才是。若要抢亲，可是有损名节的呀！"

巧嘴八哥道："我有一条计，叫你把媳妇儿抢来，别人也不能说咱是抢亲！"

耶律哈德道："你说用什么办法能娶来媳妇，又不落抢亲的名声呀？"

巧嘴八哥道："在那漫地里碰上个大闺女，拉着就走，那才叫抢亲呢；酋长大哥先派一媒人去她家说媒，丢下彩礼。然后让公子哥几个随后把那丫头弄到家来，拜堂成亲。这样咱走了提媒、送彩礼的程序，是明媒正娶，谁也不能说咱是抢亲！"

耶律哈德觉得，也只有这一条计可行了，便召来四个儿子商量。耶律哈德这四个儿子都曾见过莎耶，一说去抢莎耶为四棍儿成亲，心里头都十分高兴。四棍儿更是感觉喜从天降，于是他让几个兵丁和巧嘴八哥先带了彩礼，到莎耶家里。

莎耶和爸妈正在家里盼望着耶律浩前来迎亲，忽见巧嘴八哥带着几个兵丁进来，先向老爸老妈道了个喜，然后把彩礼放下掉头就走。莎耶喜出望外，还以为是耶律浩派人送彩礼来了呢！真想不到耶律浩办事如此迅速。正和老爸老妈打开彩礼盒，检验送的什么礼物。酋长的四个儿子带着十来个兵丁闯了进来。四棍儿双膝跪倒在莎耶的老爸老妈面前，口称"岳父母大人在上，受小婿一拜"，说完就磕了个头！

莎耶和她老爸老妈都大惊失色，又见这四棍儿长得面皮粗黑，极其丑陋，哪里肯接受？正要开口大骂，却见十来个兵丁一拥而上，抱住莎耶就跑出帐外。老爸老妈想上前拦阻，却被两个兵丁拽住动弹不得。

这时老四已跨上枣红大马，两个兵丁把哭喊着的莎耶用绳索捆了起来，推上马背，让坐在马鞍上的老四紧紧抱住。老四把脚上的马镫往马肚子上一磕，那马便飞也似的驰去！这边老四的兄弟和兵丁见老四已去远，才放了莎耶的父母，一齐飞身上马，扬长而去。

第十一章

四棍儿抢占莎耶
耶律浩隐忍大恨

酋长耶律哈德的四个儿子把莎耶抢去。莎耶的父母哭得呼天抢地，她妈妈捶胸顿足地哭喊道："我的天呀，我的地呀！人家耶律浩来了给我要人，可让我咋办哪？我的妈呀！"

邻居的几个老婆子都来相劝，巧嘴八哥道："嫂子你还哭啥哩？你看看人家酋长家送来的彩礼有多丰盛呀！谁家闺女出嫁，也没你闺女荣光呢。再说人家是酋长，几千户的大人头，家里牛马无数，谁也没人家过得富裕。你女儿嫁到这样的官宦大家，要享一辈子荣华富贵，可是一步登了天哪！"

还有几个老婆子你一言我一语地夸奖老四带的彩礼多，又都是珍贵物品，有的咱一辈子见都没有见过！还有的婆娘说："看人家酋长家，娶亲就是排场，一下来了二十匹高头大马，多威风呀！"

莎耶的父母听了这些邻居的话，想想也有道理。女孩子嫁汉，不就是图个穿衣吃饭吗？光看人员光鲜，既不能吃，又不能喝，挡不住女儿受罪！闺女被酋长家抢走，说不定是闺女的福分呢！想到这儿，老两口也就不再啼哭了，一边感谢邻居前来相劝，一面收拾起彩礼，抬到包里存放起来。

这时还有一群围观的小伙，见莎耶被抢走，个个气得满腔怒火。又见抱走莎耶的老四长得猪嘴猴腮，还不如自己长相体面，心里更是愤愤不平，你一言我一语地骂道："妈的，那小子长得熊样，好端端的一棵白菜，又叫猪给拱了！"有的小伙道："这世道就是不公，怎么总是有好汉没好妻，癞蛤蟆娶走娇滴滴！"

再说四棍儿把莎耶抱到家里，解开了绳索，莎耶拔腿就往外跑，被四棍儿一个箭步扑上去，抓了回来，弄到帐包里。莎耶又抓又挠，四棍儿收拾不了她，就叫来他三个嫂子，劝说莎耶。可是莎耶跟疯了似的，一个劲儿地哭闹，拼命挣扎着要往外跑。四棍儿的大嫂子说道："这小媳妇敬酒不吃吃罚酒，还把她绑上得了。"

于是几个娘们按住莎耶，用绳索捆了个结结实实。

到了夜晚，酋长又怕新媳妇跑了，便派几个兵丁在帐外站岗放哨。

洞房里亮着蜡烛，莎耶像待宰的小羊被捆绑着撂在地毯上。四棍儿看着莎耶被反绑双臂，侧身躺着，更显得胸丰臀翘，细腰一把；加上满面泪痕，似梨花带雨，烛光下更显得娇艳可怜！四棍儿上前和她商量道："你要是不跑，我就给你松绑。咱们新婚第一夜，总不能哭哭啼啼地圆房吧？"

莎耶被折腾了一天，喉咙都哭哑了，又被捆绑得浑身疼痛难忍。她便哀求道："大哥放了我吧，小女已经许配了人家，我誓死不嫁二夫。哥哥家庭富裕，天下好女人多着呢，还愁找不到个好媳妇？为何偏要霸占我这个有夫之妇呢？但求哥哥行行好，把我放回家去，我夫妻一辈子对大哥感恩戴德！"

四棍儿知道门外有几个士兵站岗，谅她也跑不出去，就给莎耶解开了绳索，又道："我听说你并没有许配人家，不过昨天在牧场碰到个小混混，跟你回家一趟。又没三媒六证，也没送彩礼，那怎么能算定亲了呢？我可是明媒正娶，又给你爹送了很多的彩礼，你爹娘都收下了。你就是我正宗的媳妇，我才是你正宗的丈夫。你怎么执迷不悟，非要跟那野混混不可？"

莎耶却道:"我和我丈夫虽然昨天才认识,但是我父母已把我许配给他,又有许多邻居做证。我身体已是非他莫属,自古烈女不嫁二夫,我宁死也不会再做他人之妻!"

四棍儿见说不服她,心中急躁,便上前动手动脚,意欲强行圆房。谁知莎耶乱抓乱挠,把四棍儿的脸都抓破了。四棍儿无奈,只好自己睡去。

莎耶想趁四棍儿睡着,偷偷逃跑,可是听见帐外不停地有说话声。原来门外有两个士兵站岗,以防莎耶逃跑。还有四棍儿的三个嫂子和邻居小媳妇们,都在帐外偷听新郎和新娘说话呢。莎耶料也跑不出去,只好在帐里蹲了一夜。

这样连续过了两夜,他的三个嫂子在外面也听了两夜,把眼都熬红了,见四棍儿还没得手,便都心急火燎起来!大嫂子性格粗鲁,便对她的两个弟媳妇道:"四棍儿是个窝囊废,白白熬了两夜,还不见他下手;干脆咱仨帮忙把新媳妇按住,让四棍儿入了港。能有一次,新媳妇尝到甜头,她以后就服服帖帖的了!"

三个媳妇商量已定,到了夜晚,一齐来到四棍儿的帐里,不由分说,三人上前按住了莎耶,把衣服扒了个精光。老大媳妇见四棍儿站在那里发呆,便骂道:"真是活老闷,还站在那里干啥?还不快上呀!"

四棍儿猛然醒过酒来,便脱光衣服,当着他嫂子们的面上前和莎耶圆了房。

这一夜莎耶哭得死去活来。她看见帐壁上挂着一把腰刀,上前摘了下来,想抽出腰刀自刎,被四棍儿看见,急忙向前抱住,夺过腰刀,又用绳索把莎耶捆了起来。

第二天,四棍儿老妈和他嫂子都过来做好做歹地劝说。大嫂子说道:"兄弟媳妇你别迷了,你已经跟老四过几夜了,你以为你还是大闺女呀?告诉你吧,你就是跑到耶律浩家送货上门,人家也不要你了!老四已经破了你的身子,你现在就是个破媳妇,人家大小伙子,谁还穿你这只破鞋呀!"

酋长媳妇也劝道:"傻孩子,别死心眼了,你别看四棍儿长得丑,其实他心眼好使,知道疼媳妇。咱家骡马成群,牛羊满坡,方圆几百里,谁不羡慕咱家过得好呀?你跟四棍儿过一辈子,有吃不完的牛羊肉,穿不尽的貂皮衣,享不尽的荣华富贵。咱这门庭,可是许多人家闺女挤破头想往里钻,还钻不进来呢!"

四棍儿的三嫂也劝道:"傻弟妹,你这不是自作自受吗?被绳子捆得浑身一道一道的血印子!你说吧,你要安心跟老四过日子,不寻死觅活的,傻折腾,俺就放了你;你要是还不老实,就把你活活捆死了,俺也不犯法,因为你是俺家娶来的媳妇。谁让你不好好过日子呢?还想勾引外边的汉子呀?"

几个女人七嘴八舌地数说莎耶。莎耶心想,我已经被四棍儿破了身,真的也没脸再去见耶律浩了。就是再见了他,他也不会再要我了。她想来想去,现在是生米煮成熟饭了。再说父母都年纪大了,就自己一个单根独苗,还指望自己给二老养老送终呢。想到这里,莎耶就说道:"嫂嫂和妈妈说得在理,您都是为我好,我现在想通了,您就放开我吧。我一不寻短见,二不逃跑,我就安分守己地跟老四过日子了。"

她的几个嫂子和婆母见说动了她的心,都高兴起来,便给她松了绑,让她洗洗脸,吃点东西。几个娘们又说了半晌话,才各自回家去了。

从此,莎耶只得耐着性子顺从四棍儿,任凭他蹂躏,也不反抗,但是一天到晚,脸上没露出过笑容。她的精神抑郁,眼神也失去了往日那亮丽的光彩。

她虽然表面上顺从四棍儿,可是每当清晨一睁眼,想到的就是耶律浩那英俊的身影,那亲切的透人肺腑的眼神。耶律浩的声音整天在她耳际回荡,挥之不去。

每当四棍儿抱住她求欢时,她就闭上眼睛,她感到四棍儿像条毒蛇钻进了她的身体,在无情地吞噬她、折磨她。

过了一个月,酋长见四棍儿两口已经平平静静地过日子,以为莎耶已经屈服,打消了逃跑的念头,于是下令,把监视莎耶的岗哨给撤了。

这天夜里,四棍儿折腾半夜,黎明才呼呼睡去。莎耶见他鼾声如雷,知道他已睡熟,便悄悄穿好了衣服,溜出了帐包,骑上四棍儿的枣红马,往南飞奔。她来到娘家,见了老爸老妈,痛哭一场。听老妈说,耶律浩一去再也没有音信。莎耶心中更惦记他,于是又骑马往南奔来。莎耶骑马蹚过河,到了河南岸,见这里几座帐包,那里几座帐包。她又不知耶律浩在哪座帐包里住,只好下马向路人打听。问了好几个人,有一个认识耶律浩的,他告诉莎耶,耶律浩已当兵走了，听说在上京呢！

莎耶这才知道为什么耶律浩一直没有音信，原来他当兵去了。莎耶徘徊一阵，没有办法，只好策马往回走。走到河边，忽见几十匹马飞驰而来。为首的正是四棍儿，莎耶害怕被他捉住要挨毒打，便下了马，跳进河里，想自尽。可是河水只有齐腰深，没有淹死，却被四棍儿带几个人从水里捞了出来，又用绳索捆了，带往家中。

莎耶知道这次免不了要挨毒打，她向四棍儿苦苦求饶，并说："保证再也不跑了！从此老老实实跟你过日子。"

可是四棍儿哪里相信她的话，把莎耶弄到帐里，往地上一扔，便取出一支钢锭来。那钢锭有一尺来长，有小拇指般粗细，两头尖细锐利。只见四棍儿面露狰狞，手握钢锭，一脚踏在莎耶的腰上，差点没把莎耶的腰肢踩折了，痛得莎耶嗷嗷直叫。四棍儿又扒开莎耶的裤子，然后用钢锭照莎耶那雪白、细腻、柔嫩的大腿刺去。莎耶突然觉得一阵钻心的疼痛，浑身一阵痉挛，惨叫一声，差点背过气去！

四棍儿拔出钢锭，就见莎耶的大腿血流如注，这时他的大嫂子跑过来，给莎耶的伤口上涂了些草药，又用布条包扎住伤口。可是鲜血又渗透了布条，在地毯上积了一摊血。

这一次莎耶躺在铺上，一个月不能走动。她的精神受到了刺激，一看到四棍儿进帐，就吓得浑身颤抖。

从此，莎耶再也不敢动逃跑的念头了，她在四棍儿面前百依百顺，只是精神变得呆痴，脸上的桃色消褪了，显得有些苍白，行动迟缓，再也不是以前那个活泼伶俐的模样了。

再说耶律浩离开莎耶的家，第二天酋长就带领着一队兵丁来到他家，要求他去当兵。他父母苦苦哀求，不要让他去当兵，可是酋长说："若不去当兵，就把家里的牛羊一律充公！"耶律浩知道，家里的牛羊是父母生存的本钱，若是全部充了公，岂不让老父老母活活饿死！再说自己是个大活人，就是今天充了军，说不定哪一天就可以开小差跑回来了。想到这里，他就安慰老母和老父，在家好好保重身体，自己先去军营里待一段时间再说。这样耶律浩就随着一队新兵被送到了上京。

这时金人已把上京改为临潢府，驻扎一千金兵。由金将速哥统领，另设团练使司，辽降将耶律忽多任团练使，统有两千契丹兵。

耶律浩等新兵被送校场登记。团练使耶律忽多见耶律浩身材魁梧、气势鹰扬，很是欣赏，便令耶律浩当百人长，率领新兵营进行训练。

耶律浩刚来到军营，就当上了军官，心里颇感春风得意，因而遵纪守法、训练严格，深受耶律忽多赏识。

一日，团练使耶律忽多下令，要在校场比武，择优选取千人长一名。凡有意参加比武者，须先到团练使司报名。耶律浩心想，这又是一次出人头地的机会，我刀法纯熟，箭法精准，岂能错过这次机会，于是也报了名。

比武定于四月初三。这一日天气晴朗，校场北端树立一面大旗，上书斗大的"金"字。金军将领速哥和契丹人节度使达不野坐于演武厅上。一千金军列于右边，队伍整齐，刀枪鲜明。两千契丹兵立于左边，里面杂有新兵，队伍稍显参差不齐。团练使耶律忽多立于旗下的点将台上，手握腰刀，威风凛凛地指挥布置现场。

会场布置停当，团练使高声宣布，比武开始。接着一千人长手捧花名册上台点将，凡点到姓名的校尉都策马来到点将台前排成一列，连同耶律浩共二十名校尉参赛。

接着，千人长宣布第一项比赛箭法。箭靶放在一百五十步开外，这二十名参赛者依次放箭。且说这些草原上长大的契丹青年，都是从小就练习射箭，能射死飞奔的小鹿，射这个不会移动的死靶子真是小菜一碟。二十个参赛者都射中了靶心，因而难以区分高下。

第二项比赛是骑射技术。在二百步远处的一棵柳树枝上绑一草人。参赛者先骑马绕场奔跑一周，待跑到划定的灰线时放箭，看谁射中草人的头部。这一轮比赛下来，就有十人没有射中草人的头部而被淘汰出局。轮到耶律浩上场，他催马飞奔，绕场一周，当他的战马跑到灰线的一刹那，他返身背射一箭，那箭不偏不倚，直直插在草人头部！校场中几千士兵齐声喝彩！金军将领速哥和节度使达不野也不由啧啧称赞："真是射箭高手！"

接着又举行刀术、枪法比赛。几轮比赛下来，获胜者就剩耶律浩和憨虎烈两个人了。那憨虎烈生得虎背熊腰，力大如牛，浑身一张黑皮，胸口长着浓密的黑毛，络腮胡须，看上去活像东北的大黑熊。

最后一项比赛，是马上徒手搏击，这是憨虎烈的长项。他自恃力量大，估计一个照面就把耶律浩拽下马来！这千人长非他莫属。耶律浩也在心里盘算，他想憨虎烈力大无穷，徒手相搏若被他抓住，必被推下马来。

两个人正各自盘算怎样取胜，就听一通鼓响，比赛开始。二人各自策马相向冲了过来。耶律浩见憨虎烈气势汹汹地直扑过来，便把马缰绳向外一抖，他的白马就和憨虎烈的黑马拉开了约四尺远的距离。二马相交，憨虎烈求胜心切，猛的探过身来，欲擒拿耶律浩。可是因距离太远，他全身的重量都压在内侧马镫的这只脚上，身体探出老远。耶律浩突然把身子一转，全身离开马鞍，单脚站立于外侧马镫上。憨虎烈一下扑了个空，身体失去平衡；耶律浩忽的一迈腿，跨上马鞍，双手抓住憨虎烈的肩膀往下用力一按，憨虎烈就一头栽下马来。只听场上又是一阵喝彩声！

憨虎烈倒撞下马来，摔了个嘴啃泥！爬了起来，羞得面红耳赤，嗷嗷叫着要再比一次！可是团练使不听他的，已高声宣布结果："耶律浩获胜！"命耶律浩登上点将台，授予铁盔铁甲一副、战袍一领，并宣布提升为千人长之职！又奖励憨虎烈铁甲一副，也提升为千人长。憨虎烈虽然心中愤愤不平，但有了奖品，又提升了官职，也只好作罢。

再说耶律哈德听说耶律浩当了千人长，恐其将来官做大了，挟仇报复夺妻之恨，因而日夜不安。他想，只有自己的官位比耶律浩高、势力比耶律浩大，耶律浩才不敢报复，思来想去，心生一计，他便带了厚重的礼品去临潢府拜访节度使达不野。达不野收了他的礼物，心中高兴，便召见了他。

他乘机说道："我部族临进西北边境，常受天祚帝残兵骚扰，我只是个酋长，没受朝廷封赏，难以调动民卒抵抗侵袭。"

达不野觉得他说得有理，就禀明金将速哥，提升耶律哈德为团练使，并令其招募军队，组建一只五百人的军队，发给金军旗号。耶律哈德心中大喜，领了印信，回到乡里，挂起了团练使的大旗，并招捐了一支五百人的队伍，从此势力更加强大。

耶律浩当了千人长，自以为得志，带了两个亲兵兴冲冲地回去探家。他在临潢府购买了好些彩礼，心里想着，莎耶看到自己当了千人长，骑着高头大马，带着护兵，又送来了好多没有见过的彩礼，那该多么高兴呀！自己马上就要和最心爱的人团聚了，心情格外舒畅。

谁知刚到家，老妈就告诉他，莎耶被酋长的四儿子抢走了！这消息如同晴天打了个霹雳，一下把耶律浩气得三尸神暴跳。他带上两个护兵，跨上马，不顾老妈的劝阻，飞奔河北岸酋长家来，要抢回莎耶！

可是离酋长家老远，就看见酋长家四面打起了很高的围墙，一座金漆大门旁站立着四个手执长矛的卫兵。门前竖着一根旗杆，上面飘着一面大旗，旗上大书"团练使"三个大字。耶律浩顿时傻眼了！他不知道耶律哈德啥时当了团练使，这团练使可是武官，手下有成千的士兵。又见一队士兵有十来个人，各执刀枪出来巡逻。

耶律浩头脑冷静下来，心想我就带两个护兵，怎么也冲不进城堡去。再说耶律哈德是团练使，和节度使都有联系，我要跟他动了手，那可是要背上反叛的罪名。弄不好这千人长当不上，说不定还要银铛入狱。

耶律浩权衡利弊，觉得还是隐忍为上。他转念又想，大丈夫报仇，十年未晚，再说英雄只怕功业不立，何愁找不到一个老婆！想到这里，他也不那么痛苦了，便带着两个护兵怏怏地往家走去。

耶律浩回到军营，晚上躺在铺上，还是时不时地思念莎耶。他心想，耶律哈德有何功劳，就轻而易举地捞了个团练使当？一定是他怕我在外面官混得大了，回来报夺妻之恨！就拿乡民们的膏脂膏血送给达不野，买通了金军都统，换了个狗官当！想到这里，耶律浩又恨起达不野来。他见达不野平时见了金将都点头哈腰，摇尾乞怜，更感到恶心。而且金人又常派他下乡抢掠，征收牛羊、粮食、马匹，弄得契丹人怨声载道。他对女真人更加痛恨，只是自己势单力薄，不敢反抗，只能隐忍下来。

耶律浩心想，临潢府只有一千金兵，可是契丹兵已发展到两千人，若契丹兵将领心齐，共同抗击金兵，必能把金人赶跑。现在两千契丹兵，耶律浩掌管着六百人，憨虎烈掌管着六百人，还有八百契丹兵归萧留智统领。若是三个千人长团结起来，共同对付金兵，事情就好办了。可是憨虎烈因那场比武，心中始终不服气，对耶律浩十分忌恨，处处与耶律浩作对，一时很难和他沟通。那萧留智却对自己异常佩服，有事爱和自己商议。二人意气相投，只是交往时间还短，掏心窝的话也不敢直说。

一次，金将速哥又派耶律浩率兵去庆州强征牛羊，以供军用。耶律浩知道萧留智是庆州人，临行前他先拜访萧留智，问他家中还有哪些亲属、朋友需要照顾。萧留智就把自己的亲属和朋友列了个花名册，让耶律浩暗中照顾。

耶律浩到了庆州之后，先带着礼品去萧留智家中拜访了他的父母，在庆州强征几天，对萧留智的亲属和朋友则秋毫无犯。后来萧留智回家探亲，父母和亲属、朋友都对他夸奖耶律浩照顾得周到，赞扬耶律浩讲义气、够朋友。萧留智心存感激，觉得耶律浩是个为朋友两肋插刀的好兄弟，于是回到军营后，就请耶律浩到酒楼共饮，以示答谢。

席间，耶律浩试探地说道："这一段时间，金将速哥经常派咱下乡强征，弄得契丹人倾家荡产，长期下去契丹人可怎么活呀？"

萧留智气愤地说道："金军横征暴敛，逼得咱辽人没有活路。若是辽人都联合起来，攻击金兵，金人岂能在临潢府立足？可恨许多辽人甘心情愿充当金人的走狗，帮着金人欺压百姓，实在可恶！"

耶律浩乘机道："老兄说得极是，若辽人心齐了，这临潢府两千辽兵一起攻击金兵，定能把金军赶跑，光复上京！"

萧留智道："待我跟憨虎烈说一说，看他是什么态度。如果他也有反金之心，我们三人齐心合力，把金兵赶跑，恢复大辽！"

那憨虎烈是室韦部人，不久室韦部族中憨虎烈的族弟反叛金朝，不缴纳税赋，又打起了辽朝的旗号，声称"驱逐女直，光复大辽"。金军都统速哥令憨虎烈率领本部人马，火速前去征讨，平定叛乱。

憨虎烈故意行军缓慢，使其族弟得知金军前来围剿的消息，已经率领全族西迁。憨虎烈扑了个空，一无所获，回来向金将速哥交令。速哥见他两手空空，怀疑他通敌，把脸一沉，喝令："推出去斩了！"

耶律浩急忙上前替憨虎烈讲情："都统息怒，憨虎烈行动迟缓，是因粮草没有备齐，又碰上阴雨天气，道路泥泞，河水暴涨，无船过河，延误了军机，并非有意纵敌，请都统明察。"

不知憨虎烈性命能否保住，请看下章分解。

第十二章

取上京天祚复兴
灭辽军余睹施威

上章说到金将速哥怀疑憨虎烈通敌，喝令把憨虎烈推出去斩了！耶律浩出面讲情道："都统息怒，憨虎烈行动迟缓是因粮草没有备齐，又碰上阴雨天气，道路泥泞，河水暴涨，无船过河，延误了军机，并非有意纵敌，请都统明察。"

速哥只是怀疑憨虎烈通敌，也没有真凭实据，又想到憨虎烈性格憨厚，不是奸猾之人，何况他武功非凡，心里也觉得杀了可惜，便改口道："死罪免了，但耽误战机必须明令军法，免去其千人长之职，改任百人长。"

憨虎烈见耶律浩不计前嫌，出言救了自己一命，心中十分感激，事后也于酒楼要了个雅座，请耶律浩共饮，又叫萧留智作陪。

三人饮至半酣，萧留智道："我等天天为金人卖命，领兵下乡搜刮民财，养肥了金兵，遭辽人唾骂。可是金人一不高兴，就要杀我们的头，视我等命如草芥，干这差事好危险呀！"

憨虎烈听他这一撩拨，想起速哥差点砍了他的脑袋，不由怒上心头，恶狠狠地道："我等身为契丹男儿，不能报效乡亲，却在这里为虎作伥，实则有辱祖宗！倒不如咱弟兄们联合起来，把金贼赶跑，迎接天祚帝还都，光复大辽，也不负为人一世！"

耶律浩鼓掌道："贤弟仍有忠心报国的志向，这是咱辽人的福气！咱弟兄三人，要歃血为盟，共扶辽室，同举大事，轰轰烈烈干一番事业才是。"

于是三个人，用刀刺破手指，把鲜血滴在酒杯里，又倒上酒，三人共同喝了，对天发誓，决心反金扶辽，共襄义举！

萧留智道："仅靠我们三人的部下，不一定能战胜金兵，不如派人去夹山约会天祚帝，让他派大队人马来攻城，我们率兵从城内起事，来个里应外合，定能打败金兵，收复上京。"

耶律浩认为这是一个好主意，便派一名心腹偷偷溜出临潢府，去夹山请天祚帝出兵。

天祚帝在夹山听说耶律浩等几位千人长想率兵起事，反叛金国，心中大喜，立即派都统萧斡里剌领兵三千，越过大沙漠，行至庆州。庆州守将本是辽人，见故国军队过来，便率军归降。

早有拦子马报给金将速哥，这速哥自从攻入辽国，还没打过败仗，十分狂傲，根本不把辽军放在眼里。于是他令达不野留守临潢府，令耶律忽多和萧留智领一千契丹兵为先锋，自己率领一千金军居中，令耶律浩领一千契丹兵为后应，共三千人马，浩浩荡荡杀奔应州而来。

出发前，耶律浩和萧留智、憨虎烈又召集百人长二十余人，共同计议，等金军与辽军交战时，率领契丹兵起义，杀向金军。

速哥率军来到庆州郊外，见辽军已摆开阵势，准备厮杀。于是他令金军居中，耶律忽多、萧留智率一千契丹兵居右，耶律浩率领一千契丹兵居左，也摆好了阵势。然后一通鼓响，速哥一马当先，率领金军向辽军杀来。这时右路军中，憨虎烈从背后一刀将耶律忽多斩于马下，大声喊道："契丹人不打契丹人，都跟我杀金贼去呀！"那些契丹兵，人人痛恨金兵，听他这一声喊，都跟着百人长掉转枪头，向金军杀来。

左路军中耶律浩也把枪尖一挑，高声喊道："我们消灭金兵、为乡亲报仇的机会到了，兄弟们杀呀！"说完跃马挥斧，杀入金军阵中。他身后的几名百人长也率领契丹兵，一齐朝金军杀来。

金军猝不及防，瞬间就被左右两支契丹军冲乱了队形，又被分割成几片。金军官找不到兵，兵找不到官，就乱了套，各自为战，惊慌失措，招架不住成群的辽兵砍杀，一会儿就被杀得尸横遍野。速哥一看，契丹兵都反水了，知道大势已去，便掉转马头，奋力冲杀，终于杀出重围，往临潢府逃窜。

耶律浩见速哥领着残兵逃出包围圈，便指挥军兵紧紧追赶。速哥逃到临潢府，叫开城门，谁知耶律浩也飞马赶到，速哥策马刚一进城，吊桥还没扯起，耶律浩一斧将吊桥绳索砍断，吊桥"扑通"一声又落了下来，辽兵随着耶律浩杀进城去。速哥见耶律浩手提大斧紧随马后追来，吓得不敢停留，进了西门，又从东门逃出城，投奔中京去了。

达不野带了几十个亲兵从东门逃跑，正遇上萧斡里剌，二人战十余合，萧斡里剌一杆刀上三下四，左五右六，似闪电般劈来，达不野招架不住。忽听萧斡里剌大喝一声，一刀把达不野连头带肩砍作两半！

萧斡里剌收复了临潢府，一面出榜安民，一面派人向天祚帝报捷，并为耶律浩和萧留智及憨虎烈表功，犒赏三军。天祚帝闻报大喜，加封耶律浩为上京节度使，萧留智为团练使，憨虎烈为团练副使。其他百人长俱有升迁。

耶律浩当了节度使，大权在握，又想起了莎耶，便带一千士兵来攻打耶律哈德的城堡。耶律哈德知道抵挡不住，只好把莎耶交了出来，乞求和谈。耶律浩对耶律哈德恨之入骨，想趁此机会斩草除根，因而不接受耶律哈德和谈的乞求，驱兵攻破了城堡，把耶律哈德一家男丁尽皆杀死，女的没入官籍为奴。又回家看望了老母，然后带着莎耶回到了上京。

耶律浩把莎耶带至府中，一见莎耶怀里抱着个小孩，神情呆滞，面色苍白，全没了往昔的风采，俨然换了一个人。但耶律浩心中毕竟有旧情在，便抚摩着莎耶的肩膀，问起别后发生的情况。

莎耶泪如雨下，痛哭了良久，才出声说道："妾已是破旧之身，被四棍儿霸占，已经给他生了个女儿，我没有资格做老爷的内人。请老爷把我放走吧，我回娘家伺候父母，照看女儿，了此一生！"

当晚耶律浩和莎耶同床共枕，耶律浩觉得莎耶已非想象中的那样美妙和痴情，不觉大煞风景。又过了几日，见她心神恍惚，更感到索然无味，便派几个兵丁把她送回了娘家。

莎耶回到娘家，后来嫁给一个老光棍，心里更加忧郁，不久得病而死。

耶律浩和莎耶的情缘已断，他一心协助天祚帝光复大辽，建立不世之功。

再说天祚帝自从萧斡里剌来归，兵力大增，又兼并了耶律雅里的人马，今又收复了上京，一时声威大震。天祚帝自思，天不灭辽，他要击败金军，重建辽国。赶巧这时又有大同节度使反叛金国，率兵归顺天祚帝，天祚帝人马猛增至五万。

他正要派人联络南京留守耶律淳共同伐金。这时从南京传来消息，说是耶律淳已自称皇帝，并废了天祚帝的年号，另立年号为"天锡"，并且把天祚帝贬为"湘阴王"。这消息一下子把天祚帝气炸了肺！他不由得大骂："耶律淳逆贼，狗胆包天，看我灭了你的巢穴，捉拿住你，碎尸万段！"

天祚帝怒气冲冲，立即召集文武大臣，商议讨伐耶律淳。

萧斡里剌奏道："耶律淳犯上作乱，罪该万死，理应擒拿归案，以正国法。可是当前女直猖獗，我军刚刚恢复元气，若自相残杀，势必两败俱伤，金军乘我疲惫来攻，则我军危矣！"

天祚帝道："攘外必先安内，不除内奸就不能激励人心，鼓舞士气。内部分裂，何谈抗金？你不必多言！"

殿前都点检萧和尚奴出班奏道："当前耶律淳远在幽燕，与朝廷相距几千里，对朝廷并无威胁，却有牵制金军之势。皇上若率大军远征，金军于路上设伏，恐怕我军要受挫。请皇上三思。"

天祚帝道："我与逆贼势不两立，再说耶律淳僭号，部下必有不服之人。闻朝廷大军来到，会和我军里应外合，定能一举平定叛乱。然后集中兵力，讨伐女直。我意已决，不必多议！"

这时又有大臣萧古路奏道："臣赞成讨伐逆贼耶律淳，先铲除内乱。但是依臣之见，耶律淳称帝，实属万不得已而为之，因皇上西迁至夹山，音讯断绝，幽燕之臣民人心惶惶，大有分崩离析之势。耶律淳为稳定人心，凝聚士气，效春秋时宋国目夷执政以抗拒楚兵，待宋襄公放归，又还政于襄公的故事。这也是权宜之计。皇上还没有辨明情况，突然加兵，则是逼其谋反也!"

天祚帝道:"若真如你所言，当如何处之?"

萧古路又道:"皇上不若下一道圣谕，就说要带大军出居庸关以击金兵，让耶律淳多备粮草、军需物品，以供大军之用，并让其在上京安排好圣上的行宫。彼若接到圣旨，取消了帝号，迎接皇帝大驾光临，皇上可以召见耶律淳，乘机拿下。如此兵不血刃，可以平定幽燕之地也!"

天祚帝闻言大喜:"此计甚妙!"于是命人写了一道圣旨，先派人送往南京。

耶律淳自从击败宋军后，声威大震。耶律淳和他的手下文武官员正踌躇满志的时候，耶律淳的病情却愈来愈重。

一天，天祚帝派的大臣范伟忽然来到南京。耶律淳正躺在病榻上，闻听此信，惊出了一身冷汗。他时刻害怕天祚帝复出，没想到天祚帝真的复出了!而且还派来了钦差大臣。耶律淳急忙拖着病躯来到议事厅，召集文武大臣商量如何应对。

李处温道:"耶律延禧已被贬为湘阴王，他派来的人应行朝拜天子的大礼，如今他仍以天子自居，是不尊重天锡皇帝，犯下僭号之罪，按律当斩!"

萧干也道:"天无二日，国无二主，湘阴王派人来不纳贡称臣，还称奉天祚帝旨意，实属大逆不道，与谋反无异。必须把来人就地正法，以树国威!"

耶律淳道:"如果杀了来使，则我与天祚帝形同水火，势不两立，内乱骤起，使金人坐收渔翁之利。大辽复兴无望矣!"

这时太师张琳出班奏道:"天祚帝是守道宗皇帝遗命所立，名正言顺;天锡皇帝是在天祚帝失去联系的情况下，为稳定人心，暂时执政。现在天祚帝复出，为天下国家计，天锡皇帝理应还政于天祚帝。"

萧干闻听大怒道:"老匹夫，欲颠覆我大辽皇朝，口出狂言，应当拉出去问斩!"

耶律淳此刻病重，说话少气无力，他摆摆手道:"张太师不畏刀斧，是忠臣也，岂可杀之?"

大臣们你一言我一语，争论不休，最后耶律淳道："愿意迎接天祚帝来南京的，就站在左边；拒绝天祚帝来南京的，请站右边。"

结果文武大臣都站在了右边，只有太师张琳站在左边。

耶律大石道："满朝文武都不赞成天祚帝复位，是因其昏聩无能，又重用奸臣，把好端端的大辽江山弄得满目疮痍，几近亡国。若还政于他，则南京不保，辽朝必亡。我们拥立天锡皇帝，并无私心，就是因天锡皇帝能凝聚人心，鼓舞士气，我大辽还有一线光复的希望。望天锡皇帝要以大局为重，不要沽名钓誉，错过了挽救天下的最后一次机会！"

天锡皇帝退了朝，回到后宫，对皇后萧普贤女道："我病情很重，将不久于人世，众人拥立我为帝，不想天祚帝又复出，我想还政于天祚，可是大臣们执意不许。看来我要落千古骂名了！"

萧普贤女道："天祚帝昏聩误国，兵败潜逃，天下岂可一日无主？皇上您也是帝室之胄，为挽救大辽，挺身而去，遏制了金军攻势，实是英雄之举。怎能落千古骂名？今日皇上业已称帝，又受众大臣拥戴，不可反悔，只有顺应人心，继续执政，才能扩开大局，复兴辽室。"

耶律淳听了萧普贤女的话，思来想去，自己已是骑虎难下，就是取消帝号，天祚帝也饶不了自己，现在只有一条道走到黑，别无选择了。于是下令，杀了天祚帝派来传旨的大臣。

消息传到上京，天祚帝大怒，立即下令发兵，征讨耶律淳。众大臣见天祚帝盛怒，谁也不敢再劝。于是天祚帝御驾亲征，令萧斡里剌为都统，率领中军，耶律亮为先锋，萧和尚奴为后合，共起马步三军四万余人，浩浩荡荡杀奔南京而来。

先锋耶律亮领一万骑兵进入中京地界，中京金军守将宗翰接到速哥败报，正欲起兵攻取上京，却又接到拦子马来报，说天祚帝亲率四万大军，欲征讨南京。前锋已进入中京路沃野县地界。宗翰急点齐两万金军，前来迎敌。

金军来到沃野以东，宗翰见这里一派草原，草深齐肩，牛羊没入草丛中皆不露头角。时值九月，蒿草枯干，极易燃烧。宗翰就令大军三面埋伏，设下口袋阵，只留北面一个口子放辽军进入，又令几百士兵携带引火之物，埋伏于道旁草丛中。

再说辽将先锋耶律亮性格暴躁，他认为兵贵神速，一心想快速通过中京路，直扑南京。耶律亮正催动大军在草原上行进，忽然见道路两旁起火。那些干枯的蒿草见火就燃，霎时就烧得烟焰漫天，一万辽军被淹没在火海之中。辽军大乱，各自在火海中奔逃，被烧死者不计其数。有的刚冲出火海，又听一通鼓响，金军从三面杀来。可怜那些辽兵被火烧得须发皆燃，浑身带着火苗，又遇上金兵如狼似虎地杀来，死的死，降的降。一顿饭工夫，一万辽军就土崩瓦解了！唯有耶律亮凶猛异常，挥舞狼牙棒连杀几员金将，冲出了重围。回首一看，身后只有二三百骑跟随。他不敢停留，直奔西北逃窜。

到了武安州，遇上天祚帝亲统大军过来。耶律亮拜伏于地，哭诉被金军放火烧了人马，他死里逃生，特来向天祚帝请罪。天祚帝闻言大怒，骂道："败军之将还有颜面来见我？"喝令刀斧手："推出去斩了！"

萧斡里剌急忙跪地讲情道："耶律亮战败，按律当斩，但三军易得，一将难求。耶律亮有万夫莫挡之勇，不如记下罪过，让其戴罪立功。"

天祚帝的队伍刚刚恢复些元气，手下横竖就这几员战将，因而他也不想杀了耶律亮，马上改口道："将不在勇，而在于谋。以后要多读兵书，防范于未然，打仗不可仅凭血气之勇。今日且饶了你的死罪，下次若再遭败绩，定斩不饶！"耶律亮诺诺而退。

天祚帝不敢再往前进军，就令大军驻扎在武安州，传令后合军就地驻扎。

余睹见辽军驻扎在武安州一带，不敢前进，便向宗翰献计道："辽军倾巢出动，现在都驻扎在武安州。上京空虚，那里又是辽军屯粮之所，我军可派一支人马，绕过武安州，偷袭上京。若能攻取上京，辽军几万人马断绝了粮草供应，又被我军切断退路，不战自乱，必然仓促溃逃，我军乘机追杀，可大获全胜。"

宗翰采纳了余睹的建议，令余睹领五千轻骑，夜里悄悄出发，去偷袭上京。余睹率军一日一夜行军四百多里，第二天半夜就到达上京。上京节度使耶律浩已随天祚帝出征，城中只有憨虎烈部下八百余人守城。余睹令辽军降卒皆穿辽军衣甲，打着辽军旗号，假言天祚帝令其回来押运粮草，叫开了城门。

余睹率军杀入城来。憨虎烈正在城头巡视，见金军杀进城来，便带领百十个兵士前来截杀。可是几千金军如潮水般涌了过来，他左冲右突，阻拦不住，反被金军围在核心，最后死于乱军之中。

余睹收复了上京，果见天祚帝集结的军需物资尽在城中，粮草堆积如山。余睹一面出榜安民，一面派人向宗翰报捷。

再说天祚帝围军武安州，忽然拦子马来报，金军攻占了上京，守将憨虎烈战死。天祚帝大惊失色，急忙召集众将计议。

萧翰里刺道："金军占据上京，夺了我军的粮草，又断了我军归路。我军久困于此，必遭大败。不如今夜悄悄撤军，绕过上京，退守夹山。"

众将也都认为，只有此计可行，于是天祚帝令虚插旌旗，大军连夜撤退。

宗翰接到临潢府（上京）收复的捷报，料定天祚帝必然撤军，于是急忙率金军追赶，来到庆州，果见城头虚插旌旗，辽军已全部撤走，便下令全速追击。行到三州山，忽见山后一队人马杀出，原来天祚帝料定金军必来追击，便让耶律浩率领五千骑兵在此伏击金兵。宗翰急令摆开阵势，两军激战一个时辰，辽军退走。宗翰令金军继续追击。

金军又追百十里，来到一片丛林前，忽然一声梆子响，丛林乱箭齐发，射伤了好些金兵，宗翰急令后撤。待了两个时辰，不见林中有辽兵杀出。宗翰又派五百步兵，一手持盾牌，一手持长矛，往林中冲锋。谁知这五百金兵杀入林中，却空无一人。原来天祚帝怕金军追上他，就派了几百弓箭手，在林中埋伏，看到金军过来就放了一阵乱箭。金军后撤，这几百弓箭手就乘机逃跑了。于是宗翰下令继续追击。

再说天祚帝正率军往西北逃窜，眼看快到皮被河畔，却听一通鼓响，前面一队金军阻住了去路。为首一将骑乌骓马，提鬼头刀，视之乃余睹也！原来余睹料定天祚帝战败不敢走上京，必奔静边而来，他便率五千骑兵，飞奔静边，把金军摆在皮被河畔，背水列阵，准备迎击辽军。

部下偏将劝道："背水列阵乃兵家之大忌，若战斗不利，我军无路可退呀！不如我军在对岸列阵，待辽军半渡而击之，可大获全胜。"

余睹道："辽军有三万多人，我部只有五千骑，若让辽军过了河，我只能将其击败，辽军大部逃跑，难以活捉天祚。我军把住河口，使辽军无法渡河，待宗帅大军赶到，一举全歼辽军，生擒天祚，毕其功于一役也！"

天祚帝见是余睹挡住去路，便令耶律浩出战。耶律浩跃马挺枪，直取余睹，余睹也挥刀相迎。二人在阵前大战二十余合，耶律浩力怯，渐渐只有招架之功，无还手之力。余睹奋起神威，一刀劈来，耶律浩举枪招架，只听"咔嚓"一声响，耶律浩的枪杆被刀劈断，吓得耶律浩慌忙逃回本阵。

天祚帝急令耶律亮出马，耶律亮挥舞狼牙棒，纵马来战余睹。二人又战二十余合，耶律亮招架不住，也败下阵来！

这时余睹把刀尖一挑，五千金军铁骑一起冲杀过来！余睹挥刀跃马，直奔天祚帝杀来，吓得天祚帝掉转马头，跑入阵中。辽军中的萧和尚奴、萧斡里剌截住余睹厮杀。双方大战两个时辰，宗翰率大队金兵赶到，从辽军背后杀来。辽军顿时乱了阵脚，纷纷缴枪投降。

萧斡里剌和萧和尚奴一看辽军溃败，便率军沿河往北，且战且退。

余睹也不追击萧斡里剌和萧和尚奴，单单率领一千余骑在乱军中寻找天祚帝。因余睹非常熟悉天祚帝，老远就看到天祚帝杂于乱军中往北溃逃。余睹飞马赶来，从背后一箭射去，正中天祚帝左臂，疼得天祚帝几乎坠马。

余睹提刀眼看就要追上，斜刺里萧斡里剌纵马杀出，大喝一声："休伤吾主！"挥刀截住余睹厮杀。战有二十余合，萧斡里剌料天祚帝已逃远，才舍了余睹，往北逃跑。

金军紧追不舍，一直追杀三百多里，方才收兵。

天祚帝带着箭伤，率领残兵败将走了半月，才回到夹山，检点人马，只剩二千余人，将领大都带伤。天祚帝大哭一场，四万大军征伐，没想到全军覆没！他深悔不听大臣劝告，执意要去讨伐耶律淳，结果连幽燕之地都没踏上，就被金军打得落花流水，从此再也没有力量东征了。

天祚帝率领四万辽军东征耶律淳，没想到被金兵截击，几乎全军覆没，又退回夹山，苟延残喘去了！

再说宋徽宗当初听赵良嗣的鼓动，认为辽朝已是风雨飘摇、人心涣散，大宋军队一出，辽兵将望风而逃，耶律淳小朝廷必然分崩离析，幽燕百姓则会夹道欢迎宋军进入南京，兵不血刃就可取幽燕之地。谁知道耶律大石和萧干仅以两万之兵，就击败了宋军十万之师。杨可世、种师道这些名将皆大败而归。童贯这位老谋深算、满腹韬略的股肱大臣也无计可施。

这使宋徽宗一下子改变了对赵良嗣的看法，他原来认为赵良嗣是洞察世纪风云、料敌如神的天下奇士，现在才知道赵良嗣对辽军实力的估计严重失实。他不过是一个夸夸其谈、华而不实的说客而已，对天下事并无真知灼见，不是可依赖的大臣，因而就对他慢慢冷落了。

赵良嗣在朝堂也常常遭到主和派的冷嘲热讽，甚至有人说他是金国奸细，故意来挑拨宋、辽关系的，诬蔑他打着恢复燕云的旗号，实则是祸害国家。赵良嗣听了这些话，整天如芒刺背，心里惶惶不安。他想，明明辽朝百万大军和金兵交锋一触即溃，接连丢城失地，短短几年间丢失了大部分国土，为什么南京路这个弹丸之地，以区区两万人马，就能击败宋国十万之师。

他思来想去，终于悟透了其中的道理。当初辽朝与金军作战，是天祚帝掌权，他重用奸臣萧奉先，罢黜贤能，滥杀无辜，以致闹得军心涣散、武备不整，所以辽军丧失了战斗力。加上外患内乱一起爆发，使天祚帝顾此失彼，接连败北。而今南京路是耶律淳掌权，耶律淳德高望重，又有耶律大石和萧干善于用兵、上下一心，殊死搏斗，所以辽军又展现出极强的战斗力。加上宋军表面上有十万之师，其实武备松弛，缺乏训练，战斗力极差，所以辽军能以少胜多。

且说天锡皇帝听说金兵迎头痛击天祚帝的东征大军，天祚帝全军覆没，又狼狈逃回夹山去了，心里又喜又忧。喜的是，天祚帝这个威胁彻底解除了；忧的是，金兵击垮了天祚帝，下一步又该进攻南京了！

天锡皇帝本来已极其虚弱，这天又患了风寒，夜里竟发起烧来。萧普贤女急忙令人唤来太医，太医开了一剂退烧药，萧普贤女亲自煎好药液，用汤勺给他喂药。可是天锡皇帝已不能下咽，渐渐昏迷不醒。第二天那脸也肿了起来，太医又号了脉道："皇上脉象已散，快快料理后事吧。"

萧普贤女强忍悲泣，令人传来萧干和李处温，商量后事。萧干和李处温来到天锡皇帝卧榻，正好天锡皇帝清醒过来。萧干问道："圣上之后，谁来执掌朝政？"

天锡嘴唇动了动，用微弱的声音道："尊秦王耶律定为帝。"

萧干离开后宫，天锡皇帝又恐萧干飞扬跋扈、朝廷大臣分裂，见独有李处温在，心想让李处温总揽全局，控制萧干，还能笼络汉人，便密授李处温番汉马步军都元帅，令人取出印信，交付李处温。

李处温得了天锡皇帝的密授，十分高兴，心想天锡皇帝驾崩，我拿出天锡皇帝赐予的印信，就能总揽全军，萧干和耶律大石也得听我的。到时候宋军攻来，我就可以率军投降，徽宗怎么也得给我个南京节度使，可以永葆富贵。

第二天天锡皇帝驾崩，萧普贤女哭得死去活来，后宫仆人婢女皆号啕大恸，文武大臣无不垂泪。萧干劝萧普贤女道："请皇后节哀，还要考虑如何为皇帝办理丧事。"

萧普贤女止住悲泣，便令萧干和李处温主持治丧。且说这辽国虽属北方游牧民族政权，但是由于其贵族阶层都崇拜汉族文化，也演习周礼，因而丧葬礼仪和宋朝大同小异。当下萧干和李处温商议，令有司奉丧服，又令皇族外戚、使相、矮墩官及郎君皆服丧，余官及丞应人皆白枲巾以入，哭临。惕隐三房父，南府宰相，遥辇常衮，九奚首郎君，夷离毕，国舅详稳，十闸撒郎君，南院大王郎君，各依次荐奠。进鞍马，衣袭犀玉带等物，表列其数。司仪读讫，焚表。

翌日，遣北院枢密副使、林牙，以所赠器服置之幽宫。灵柩升车，亲王推之，至食殽之次。因为辽国旧俗，于此宰杀公羊来祭奠亡灵。于是皇族、外戚及诸大臣以次致祭。至葬所，灵柩降车，就舆。

是夕，皇后率皇族、外戚、使相、节度使夫人以上命妇皆拜祭，循陵三匝而降。再祭，如初，然后辞陵而还。

因这南京小朝廷耶律淳一死，又后继无人，时下又面临金、宋南北夹击，处于风雨飘摇之中，因而丧事也是草草收场。办完丧事，萧普贤女就和萧干商量，尊秦王耶律定为帝。可是秦王耶律定是天祚帝第五个儿子，其时已在青冢泺被金兵捕获，所以只是虚设其位，南京小辽朝事实上还是没有皇帝。

萧普贤女告诉萧干："天锡皇帝临终授予李处温兵马大元帅之职，恐怕李处温掌握了兵权，要是挟制朝臣投降北宋，可怎么办？"

萧干道："此事好办，因皇上是密授其军权，满朝文武并不知道。皇后可以再起草一份皇帝遗诏，就说天锡皇帝临终让我任兵马大元帅，总领番汉全国人马。"

于是萧普贤女矫诏，封萧干为兵马大元帅，知北院枢密使事，兼诸军都统，时称四军（契丹、奚、汉、渤海）大王。这样一来，南京小辽朝的军政大权都掌握在了萧干手中。

李处温心知萧普贤女和萧干是造假圣旨，把自己到手的大权给抢去了！但他害怕萧干，只好佯作不知，隐忍不发。

李处温又奏道："当前我朝总兵力不过两万多人，南方边境宋军陈兵二十万，虎视眈眈，随时都可能大举入侵；北方大金国已拥兵数十万众，如果从北面再杀过来，我朝难于抵挡，不如派一使臣出使金国，向其纳贡称臣，以免兵祸。"

萧普贤女又派李奭出使金国，请求金国允许耶律定称帝。李奭受命回到家里辞行，李处温道："我觉得金皇必不准耶律定称帝，南京朝廷必亡无疑了。你此去可结交金国权贵，为我李家留一条后路。"

李奭道："如今萧普贤女已不相信汉人，文武大权都交给萧干。我今日出使金国，还跟着几个契丹人为副使，他们事实上是起监视我的作用。我一着不慎，被他们察觉我有二心，那可有灭门的危险！"

李奭带着几个随从，择一黄道吉日，就往金国会宁府而来。一路晓行夜宿自不必说，这天来到会宁，拜见金主阿骨打，呈上萧普贤女的书信。

阿骨打令杨槐读了一遍，便道："辽主天祚帝还在位，你们怎么又推耶律定为帝？何况耶律定是我大金的在押俘虏，岂能放他回南京称帝？朕还是上次的意思，你们要想存活，就以南京留守的名誉向大金国俯首称臣！"

李奭见阿骨打措辞严厉，心里又记着父亲的嘱咐，因而一点也不敢讨价还价，而是唯唯诺诺，口称："臣一定将圣主诏示传达给萧后。"

李奭回到馆舍，把阿骨打的话对随从讲述一遍，随从劝他明天再去拜会丞相撒改，请求撒改在金主面前为辽国讲几句好话。这下正中李奭下怀，因他正想私下和撒改交谈，告诉撒改，李处温愿意投降金国，做金军的内应，但求金军占领南京后，能给李处温父子保留官职。

第二天李奭就去拜会撒改。撒改重申道："萧普贤女必须放弃立耶律定为帝的图谋，天祚帝还活着，你们就立耶律定为帝，是不合法度的，也是金国不能容忍的！"

李奭道："下官和家兄久仰大金国主圣明、丞相睿智贤德，早有归顺大金的决心，愿意做金军内应，盼金军早日出兵平定南京。"

撒改道："难得你兄弟忠心事金，我当密奏金主，将来金军征讨南京时保护你全家利益，让你父子仍做幽燕地方高官。"李奭听了大喜。

谁知这撒改收留了一个小妾，这小妾是在青冢寨俘获的天祚帝的女儿耶律次奥野。耶律次奥野生得娇艳如花，聪明伶俐，年方一十四岁，又能诗文，懂音律。阿骨打就把她赏给撒改为奴婢，耶律次奥野聪明过人，曲意逢迎，把个撒改缠绵得骨肉酸麻。他爱耶律次奥野如掌上明珠，就把她收为小妾。于是这耶律次奥野常常陪伴在撒改身边，如影随形。

这天她见辽使来访，就立于屏风后面偷听。听见李奭说他父子二人要做金军内应，耶律次奥野大吃一惊。她想，李处温和李奭都是南京辽朝廷的重要官员，如今都私通女真，辽朝危矣！耶律次奥野一时急得似热锅上的蚂蚁，可是又无计可施。

再说李奭回到南京，向萧普贤女回禀道："金主不许辽邦立耶律定为帝，严令取消帝号，必须以南京留守的身份向金称臣。"

萧普贤女召集大臣商议对策。李处温道："若不取消帝号，金军必来讨伐，我大辽政权面临灭顶之灾，倒不如行缓兵之计，暂停帝号，使金军出兵找不到借口。"左企弓道："我们虽已奉秦王为帝，但他仍在金人关押中，事实上皇帝根本无法即位，倒不如暂缓称帝，先求南京安稳。"

萧普贤女又问萧干有何看法。萧干道："若取消帝号，以南京留守事金与投降何异？而金主以皇帝下圣旨来，我等都得臣服。生杀予夺尽在金人手中，是我大辽已经亡国也！臣以为其他条件都可答复，唯有取消帝号一节断不可接受！"

萧普贤女又连夜从白沟召回耶律大石，在宫中向耶律大石问计。耶律大石道："取消帝号是金贼亡我第一步，第二步他就可以用朝廷对地方的名义来征兵征粮，第三步就可以找借口派驻军队。等一步步把我等捆绑结实了，他才动刀斩割，那时后悔晚矣，皇后千万不可就范！"

萧普贤女道："若不取消帝号，金国发兵来讨怎么应对？"

耶律大石道："我军尚有番汉近三万兵力，大石愿领兵与金贼决一死战！"

萧普贤女道："万一战事不利怎么办？"

耶律大石道："我们宁为玉碎，不为瓦全！战至一兵一卒，决不投降！"

萧普贤女又道："现在李处温和左企弓都主张行缓兵之计，暂不称帝。"

耶律大石道："皇帝是大辽的象征，取消帝号，就是放弃了辽朝。军心动摇，民众离心，我大辽必亡无疑！现在汉官见大辽势危，多考虑维护自身富贵，因此动摇徘徊，甚至有暗地勾结宋、金的可能，皇后要提高警惕，防止他们里应外合，祸害辽朝。"

萧普贤女还想向金国示好，又派契丹人耶律纫带了大量珠宝、锦缎、瓷器等礼品，去向金帝请和。耶律纫来到会宁，先给撒改送了礼品，撒改在家里接见了他。

耶律次奥野又在屏风后偷听。她听到辽使自报姓名是耶律纫，知道来者是个契丹族人，又听到耶律纫重申："愿尊金国为宗主国，辽为金国藩属。请求金国放回耶律定，辽国尊耶律定为帝，并答应年年给金国纳贡。"

耶律次奥野就偷偷写了个纸条握在手中，等待机会递给辽使。又听到撒改道："其他条件好说，唯有让辽保存帝号，金主断不会答应。"

二人谈了一会儿，撒改起身更衣。耶律次奥野趁机来到辽使面前，悄悄把纸条递给耶律纫，也没说一句话，就转身回屏风后面去了。耶律纫并不认识耶律次奥野，但他意识到纸条必有重大机密，便把纸条装进衣袋中。

耶律纫告别了撒改，回到馆舍中，取去纸条一看，上面写道："李奭已勾结金军进攻南京，李处温父子将为内应。"耶律纫看了大惊，他拜会金主之后，便星夜赶回南京，向萧普贤女汇报。

萧普贤女看了纸条，半信半疑，还恐怕是金人使的反间计，意欲离间辽朝廷和汉官的关系，便召来萧干商量。萧干道："无风不起浪，这纸条虽来自金人之手，但很可能属实情。皇后可宣李处温进宫讯问，趁机夺其官职，收回先皇赐给他的印授。"

当下萧普贤女就派人去丞相府，传李处温进宫议事。李处温心内有鬼，不敢进宫，便以身体染病、卧床不起为由，拒绝入宫。

萧干对萧普贤女道："李处温装病不来宫中，是其做贼心虚，反心已露，可发兵去抓捕归案。"

萧普贤女道："金军并没来攻，李处温手里又没有兵权，不必害怕。若把他父子抓起来，恐怕汉官人人自危，那可能把大批汉官逼得造反，出现内乱。

不如派人暗中监视他父子的行踪。"

再说李奭回到家里，向李处温汇报了出使金国的经过。

李处温道："金兵现在攻克了中京、上京和西京，占地数千里，金族人数太少，他们现在看守这些地盘都看不过来，阿骨打嘴上说对南京用兵，我看他一年半载，不会派金兵南下。"

李奭道："如果金兵迟迟不来，我联手金国的秘密万一暴露，那可就坏了大事了！"

李处温道："我看宋军二十万就在南部边境，还是投靠宋国可靠。"

时李处温的弟弟李处能在侧，李处能心想，若送信人被巡边辽兵捉住，搜出书信，这可是灭门之祸！他回到家里，吓得坐卧不安，心想，我要快快逃出这个是非之地，走得慢了，可能自己这颗人头难保！于是李处能也不管哥哥李处温了，就独自一人离开南京，跑到燕山崇宁市，出家当和尚去了。

当时李处温亲笔给童贯写了一封信，约宋军进攻南京，李处温父子愿做内应，然后派了一名心腹家丁，怀里揣着李处温的亲笔信偷偷去宋国。

那名家丁一路小心谨慎，绕过辽军哨所，终于来到边境。他伏于草丛中，细细观察前边的情形，抬眼一望，就可看到边境的土墙，那土墙是最近几个月辽军打的，为的就是阻止宋军奸细过境。他看边境并无辽军巡逻，边墙这边只有五六个农夫在耕田，于是放心大胆地朝边墙走来。眼看快来到墙根，他猫下腰，准备一个猛跳，双手扒住墙头，然后翻越过去，这时，那几个农夫忽然放下手中的活计，一起向他扑来，把他按倒在地，掏出绳索把他五花大绑给捆起来！

李家家丁急忙道："我身上的银子都给你们，求求哥们放了我吧！"

那几个农夫不听他的，在他身上一搜，不光把他带的银两都搜出，连李处温写给童贯的书信也给搜了出来！于是这几个农夫把他押到了辽军的哨所。原来这几个农夫是辽军化装的暗哨，在这里守株待兔，把送信人逮了个正着。

哨所军官一看，是当朝宰相私通宋朝的书信，知道事关重大，立即把送信人押到耶律大石的大营。耶律大石又带了书信押着送信人，连夜赶回南京，报告萧普贤女。萧普贤女又召来萧干，问萧干如何处置李处温。萧干道："事不宜迟，稍一犹豫，李处温都可能先发制人！我现在就发兵，去抓捕李处温全家。"

萧干回到军营，点起两千辽兵，来到相府，四面围定，然后撞开大门，冲进院内，把李处温父子捆绑起来，押到朝堂，来见萧普贤女。

萧普贤女问道："你知罪否？"

李处温情知是里通外国被察觉，但他还心存侥幸，故作委屈状泣道："臣父子食大辽国禄，一心报国，不知犯了何罪，突遭羁押？"

萧普贤女把他写给童贯的亲笔信扔到他的面前，吓得李处温磕头如捣蒜，痛哭流涕说道："臣一时糊涂，做此对不起太后之事，还望太后念我父子有建策之功，给臣留一条性命吧！"

萧普贤女道："你身为大辽重臣，在天祚帝失联之时，若劝先王效法周公执政而不称帝，待天下大定再还政于天祚，如此先王名垂千古。可是你父子怀有私心，挟先王称帝，使先王骑虎难下、大辽一分为二，助长了金军气焰。这是你的罪过，应当二罪并罚！"

李处温无话可说，浑身汗如雨下！萧普贤女喝令，把李处温父子押赴市曹，开刀问斩。于是李处温和李奭皆伏法。萧普贤女又令，把李处温家产尽没入官，官兵竟在李处温家中搜出大量金银财宝，皆李处温当丞相贪污所得。

萧干派一将领去捉拿李处能，那将领回来报告说："李处能已经潜逃，不知去向了。"

萧干又把汉军中李处温安插的心腹将领都撤了职，并抓起来讯问，看其是否曾与李处温合谋叛辽。却说这些将领虽然都是李处温的心腹，但李处温沟通金、宋的计划，并没告诉他们，因而审来审去，缺乏真凭实据。最后虽然没有治罪，但都削职为民，不再录用。

辽朝廷处死李处温父子，又撤销了一批汉人军官。这消息传到涿州，涿州留守郭药师十分害怕。他想，在京的汉将都无缘无故地被撤销了职务，下一步就轮到我郭药师头上了。

于是，他把手下汉将张令徽、刘舜仁、甄五臣、赵鹤寿等秘密召集过来，说道："现在辽朝廷已对汉人极不信任，萧普贤女已经杀了李处温父子，又把在京的汉人将领全部撤职。我料过不了几天就要来迫害咱们了，现在情况紧急，弟兄们是等着被抓进牢房，还是投降大宋？"

郭药师手下这些将领都是打打杀杀闯出来的人，办事不像那文人学士要等等看看，思前想后还拿不定主意。一听说辽朝廷在清洗汉将，一个个拍案而起，怒道："我们不能坐以待毙，立即跟着留守投降大宋！"于是郭药师要求将领各回本部，召开基层军官会议，宣讲契丹人要杀尽汉人的消息，鼓动那些下级军官跟着叛辽。

经过这些军官的动员，那些下级军官和士兵都对契丹人恨得咬牙切齿，纷纷表态，坚决跟着郭药师投降大宋！

郭药师手下有八千步兵、五百骑兵，都是原来在辽东招来的怨军，耶律淳登基后，因嫌"怨"字不吉利，改为"常胜军"，现在都驻扎涿州，由郭药师率领。因这部分人都是汉人，辽朝廷恐其降宋，又派萧余庆等人为监军。

萧余庆在军中耳目众多，有人向他回报："常胜军将士都在准备投降宋国。"

萧余庆急来郭药师大帐了解情况，他一进郭药师的帅帐，几个彪形大汉上前把他按倒捆绑起来。萧余庆一抬头，看见郭药师就坐在虎皮椅上，高声喊道："郭将军，这是干什么？"

郭药师冷冷地说道："萧监军，对不起了，我郭药师准备回归大宋，要把你押到汴京，当作进见之礼！"

萧余庆道："你家世代为辽人，你又食辽俸禄，官居涿州留守，你不思报答皇恩，背主投敌，将落万世骂名！"

郭药师道："本帅很忙，没有时间和你理论。"说完一摆手，示意把他押下去。几个士兵不由分说，就把萧余庆推了出来，关押到监狱内去了。郭药师又派张令徽带一百士兵去把萧余庆的部下都抓了起来。

郭药师粗通文墨，他先给宋徽宗写了个投诚表，那表上写道："臣郭药师本是汉人，虽祖上沦为虏民，但世代怀念故国。本人自幼崇尚汉家礼仪，立志回宋土。今辽邦无主，萧干飞扬跋扈，屠杀汉相李处温父子，又抓捕驻京军中汉将，臣乘机叫本部将士回归大宋。今遣部将赵鹤寿奉表呈上。臣率一州三县、马步三军九千人，归顺故国。诚惶诚恐！"

且说赵鹤寿来到宋营，先拜见了刘延庆，刘延庆看了降表大喜，立即带着赵鹤寿来到汴京。徽宗听说郭药师派赵鹤寿来请降，真是大喜过望，就在便殿接见了赵鹤寿。徽宗对赵鹤寿嘉奖一番，又传旨封郭药师为恩州观察使并依旧知涿州诸军事。同降的常胜军首领张令徽、刘舜仁、甄五臣、赵鹤寿等也各升迁以抚之，隶属于刘延庆部。

第十四章

郭药师奇袭南京
刘延庆贻误战机

刘延庆兵不血刃，就收复了一州三县，还平添了九千人马，顿时雄心万丈，意欲一举消灭南京辽朝。于是他亲率十万宋军，加上郭药师部九千常胜军，风烟滚滚杀奔南京而来。

郭药师跟随刘延庆出征，见宋军行军如放羊一般，乱哄哄地往前涌，没个队形。郭药师急忙策马来到刘延庆身边，一伸手拽住了他的马缰绳，说道："我军行进混乱不堪，乱了队形，倘若路上与敌遭遇，辽骑冲杀过来，大军必然崩溃！"

刘延庆道："我领军战西夏、征方腊，都是这样行军，从没打过败仗，你多虑了！"

郭药师道："西夏乃小邦，方腊一介土匪，克之甚易；今辽邦将领耶律大石乃旷世奇才，都统万万不可轻敌！"

刘延庆道:"辽军七十万大军被金军两万人杀得落花流水,溃不成军;如今南京仅剩两万残兵败将,我率十万天兵,将如风卷残云,扫平燕京,活捉萧普贤女!"

刘延庆不听郭药师的劝告,照样一窝蜂似的往前赶路。郭药师心中暗暗叫苦,知其必败,但也没有办法。

且说辽将耶律大石早已侦知刘延庆率十一万大军直取南京,便于曹王山设下埋伏。刘延庆率宋军渡过白水河,往前是一带开阔地,开阔地再往前就是曹王山,两侧是树林。刘延庆满怀豪情地扬鞭指道:"昔日管仲北征山戎,曾在此驻军。彼时齐军不过几千人耳,今日我统军十万,声威远远超过了管仲呀!"

刘延庆话没落音,忽听一声炮响,萧干领一万铁骑从左边杀来,耶律大石领一万铁骑从右边杀了过来!宋军虽众,但行军中乱哄哄的,当官的找不到自己的兵,当兵的也找不到自己的官,顿时陷入混乱之中,互相拥挤,自相践踏。辽军却是五骑一组,两组为一排,三排为一队,三队为一百,百人有正副两个百人长指挥,战斗时仍有严整的编队,密切配合,协同作战,因而战斗力极强!那些辽军如虎入羊群,杀得宋兵尸横遍野,血流成河!

刘延庆也顾不得自己的部下了,掉转马头想逃跑,正遇上耶律大石,耶律大石挺枪便刺,刘延庆慌忙交架,战十余合,刘延庆力怯,虚晃一枪,落荒而逃。耶律大石知道他是宋军主将,哪里肯舍?飞马追来,刘延庆慌不择路,忽然马失前蹄,把他掀下马来。耶律大石正要来活捉刘延庆,忽听一声断喝:"休伤大帅!"一将从对面飞出,抢刀向耶律大石砍来。

耶律大石一惊,急忙举枪架住,却见是郭药师杀来。耶律大石道:"郭留守,你身为辽将,为何叛主投宋?"

郭药师道:"萧干杀了李处温父子,还要杀尽汉将,我等岂能坐等被杀?今日弃暗投明,要为汉人报仇!"

二人话不投机,又恶狠狠厮杀起来。

这时刘延庆趁机爬起身,跨上战马,仓皇逃跑。正跑间,又遇上萧干迎面杀来。二人又战二十余合,刘延庆渐渐招架不住,周围十余辽骑把他围在核心。正危急间,忽然一少年将军带了百十骑杀了过来,那少将使一杆烂银枪,如出水蛟龙，连挑几员辽将，杀退了萧干。刘延庆一看是儿子刘光世前来救驾，便抖擞精神，随着刘光世一路杀透重围，率领着残兵败将，往白沟撤退。

再说郭药师和耶律大石大战有二十余合，郭药师料刘延庆已逃远，便拨马逃跑。耶律大石知道郭药师武艺高强，也不敢穷追。郭药师率领常胜军且战且退，又撤到涿州去了。

刘延庆带领的十万之师被打得落花流水，丢盔弃甲，狼狈逃窜。幸好白水河水很浅，宋军涉水渡河，但又被辽军赶上，大杀一阵，宋军又伤亡很多。刘延庆被辽兵一直追过了白沟，耶律大石和萧干才收兵。

刘延庆退到雄州，检点军队，只剩六万多人，大部分还带伤。这一仗，把在边境存放的粮草、军需物品尽行丢弃。刘延庆令宋军多备弓箭，严守营寨，不许轻易出战。从此，宋军将士再也没谁敢言出战。

郭药师的常胜军虽然也战败而归，但由于其行军队形不乱，遇敌不慌，将士有组织地抵抗，且战且退，因而伤亡不大。刘延庆痛定思痛，才悟出郭药师行军时说的话有道理，他开始器重郭药师。

郭药师又向刘延庆献计道："辽军共三万兵力，现在驻在白沟与我军对峙的就占两万五千人；其在北线防御金兵约有三千人马，留守南京的辽军充其量不过二千人。都统若赐我六千精兵，绕过萧干和耶律大石的防线，去偷袭南京城，必能生擒萧普贤女、萧干及耶律大石的家眷，然后就可逼萧干和耶律大石投降。如此一战，可平幽燕之地也！"

刘延庆刚吃了败仗，心里畏辽如虎，他摇头道："你这计划太冒险了，若攻不下南京，兵困坚城之下，萧干再派兵回援，岂不全军覆没？"

郭药师道："只要都统给我六千精兵，攻不进南京城，愿伏军法！"

刘延庆道："若萧干派兵回援南京，怎么办？"

郭药师道："我出兵第二日，请都统再派一万兵力前去支援。"

刘延庆道："我只能给你两千人马。"

郭药师道："南京城城高池阔，易守难攻，守城辽军就有两千，攻城非五千兵力不可！"

二人讨价还价，最后刘延庆答应拨给他三千人马。

郭药师领了将令，又从涿州私自调动常胜军两千人接应。

郭药师又和部将赵世宣、甄五臣商议，先由甄五臣率领了解南京情况的常胜军五十人，杂在入城的百姓中潜入迎春门。然后由赵世宣率领三千宋军随后攻打迎春门，里应外合，夺取迎春门，杀进城去。郭药师随后率领两千军赶到，直攻辽皇宫，争取入城当天就拿下皇宫，生擒萧普贤女。

再说常胜军中有许多人家是南京城的，他们熟悉南京城内的环境。这些人都是汉族人，对契丹族人怨气很深。甄五臣就挑选了五十个南京籍的士兵，都化装成老百姓的模样，分批次地混入城中，潜伏在迎春门内。赵世宣率领的三千宋军也随后赶到，架起云梯，佯作攻城。守城辽军急忙跑到城上放箭。

这时，潜伏在迎春门内的宋军在甄五臣的率领下，一起杀到城下打开了城门，砍断了吊桥绳索，吊桥"哐当"一声落了下来，赵宣世一马当先，率军杀进城来。

且说这迎春门有四百辽军防守，守将是耶律铁完。他见宋军杀进城来，急忙率军上街道堵截。耶律铁完严令辽军拼死抵抗，有后退者斩！宋军虽然人多，但街道狭窄，大批军队拥挤在后面，派不上用场。

赵世宣亲率一千宋军，从街旁的民居内翻墙越院，绕到辽军背后发起攻击。耶律铁完正在辽军队伍后面督战，忽见大队宋兵从背后杀来，急忙回身迎战。这时街道两侧的门内都杀出了宋军，辽军四面受敌。激战一个时辰，辽军越来越少，耶律铁完左臂被砍伤，尤用右手挥刀厮杀。

再说防守其他各门的辽军听说迎春门被宋军攻破，都来迎春大街堵截宋军。这时郭药师又率两千宋军赶到，他令赵世宣率三千宋军迎击各门赶来堵截的辽军，自己率一千宋军围歼耶律铁完手下的残余辽兵。

郭药师见耶律铁完一条胳臂仍然凶猛异常，连续砍倒几个宋兵，便把大刀一挥，朝耶律铁完横砍过来，耶律铁完忽见刀光一闪，急忙俯身，可是为时已晚，只听"咔嚓"一声响，耶律铁完就被拦腰截为两断！耶律铁完一死，其余辽军就被宋军一阵砍杀，消灭净尽！

且说从其他各门赶过来的辽军也不过一千来人，而宋军有五千兵力，占绝对优势。两军不仅沿街道搏击，同时展开了逐院逐屋的争夺。战至第二天，宋军已控制南京三分之二的街区。安东门、迎春门、开阳门、丹凤门、显西门、清晋门尽被宋军攻占，仅有通天、拱辰二门尚在辽军手中。

萧普贤女一面严令辽军拼死抵抗，一面派快马出通天门，向萧干报信，令其火速率军驰援京城。郭药师也怕辽军来增援，便也接二连三派快马回雄州向刘延庆报信，告诉他宋军已攻入南京，求他派一万大军火速前来增援！

萧干接到萧普贤女的命令，立即安排耶律大石率一万兵力驻扎在白沟，以防宋军大举进攻。他自己亲率一万轻骑兵，风驰电掣般赶回南京。

刘延庆接到郭药师的求援信，心想我十万宋军被辽军两万人打得落花流水，今天要派一万宋军深入辽境，那不是"肉包子打狗，有去无回"吗？你郭药师逞能，不听本帅劝阻，冒险深入，要丢就丢你这五千人吧，我不能再往火坑里填人了！但是刘延庆也得摆个架势，牵制辽军，使其不敢回师南京。于是他把十余万大军由雄州推进到白沟南岸，安营下寨，寨栅连绵十余里，夜里灯火通明，蔚为壮观。

白沟北岸就是辽兵营寨，辽军只有两万人马，萧干又带走一万精兵。只剩下一万辽军。耶律大石为迷惑宋军，就在撤走的辽军营寨里虚插旌旗，夜间也点燃灯火。其实有一半寨栅是空的，里面并无辽兵。

郭药师心里明白，三天后辽军援兵必然赶来，那时攻城宋军就要被全部歼灭，因而时间就是生命，他必须三日内把城内辽军全部消灭。然后守住城门，居高临下，辽军就是来两万人也难以攻克。刘延庆若率十万宋军也赶到，辽军前有坚城，后有追兵，必然仓皇逃遁。辽朝可一战而灭也！

郭药师想，必须在辽援军赶来之前抢占通天门和拱辰门，然后派兵守住八个城门，让辽援军困在城外。于是他令甄五臣率兵两千，分两路沿着城墙向通天门和拱辰门进攻，并严令甄五臣天黑前必须拿下通天门和拱辰门，否则提头来见！

甄五臣马上召来张千和邹武两位提辖，让张千率一千兵攻通天门，让邹武率一千兵攻拱辰门，并给他们下达了死命令："太阳落山之前必须攻下两个城门，如有迟延，立即斩二人首级！"于是两个提辖一个率军去攻通天门，一个率军去攻拱辰门。

张千指挥一千宋军沿着城墙从东往西直扑通天门。再说那城墙之上只能容三个士兵并排前进，这一千宋军只能列成长蛇向前进攻。辽军守将见宋军从东边城上攻来，便令放箭，顿时冲在前边的宋军纷纷中箭倒地，吓得后面的宋军不敢前行。张千在后面大声喝道："后退者斩！"

这时冲在前面的一个伍长急中生智，他令手下的士兵每人抱住一个宋军尸体，冒着箭雨，往前冲去！这样辽军射来的箭支大部分射在尸体上。宋军冲到近前，把尸体一扔，挥刀向辽军砍来。辽军只好弃了弓箭，拿起刀枪与宋军搏杀。虽然辽军拼死抵抗，但毕竟人少，厮杀两个时辰，渐渐抵挡不住宋军的攻势。辽军千人长战死，其余辽军有的投降，有的跳下城逃命去了。

甄五臣见通天门已攻克，便令张千留下二百人守通天门，其余宋军立即沿城墙由东往西攻击拱辰门。这时张千手下的一千宋军已经死伤四百余人，只剩六百士兵还能作战，于是他留下二百受了轻伤的宋军守通天门，自己率领四百宋军又向拱辰门杀来。

且说守卫拱辰门的辽兵有四百人，和邹武率领的上千宋军厮杀了几个时辰，伤亡惨重。这时仅乘二百余人，渐渐招架不住宋军的进攻。忽然东边张千又令四百人杀了过来，辽军两面受敌，支持不住，死的死，降的降，一会儿就被消灭干净！

这时天色已晚，空中又阴云密布。甄五臣正要留下二百宋兵守拱辰门，他率领其余兵力去攻打城内的辽宫。忽然城下人喊马嘶，原来萧干率领一万辽军赶来。甄五臣一面派人飞报郭药师，一面布置士兵防御敌人攻城。

再说郭药师指挥宋军和城内的辽军逐屋逐院地争夺，最后已把辽军阵地压缩到皇宫一隅。这时皇宫内仅剩三百辽兵，本来可以一鼓作气把皇宫拿下。但是由于宋军在城内争夺战中见契丹人就杀，所以许多契丹老百姓也躲进皇宫内，有上千契丹老百姓都拿起刀枪参加保卫皇宫的战斗。郭药师领导的宋军经过三天三夜的拼杀，伤亡了两千多人，这时守卫城门的又占八百人，因此能参加进攻皇宫的兵力也只是一千多人，而且这些士兵又鏖战了三天三夜，已极端疲惫。

就在这时，郭药师闻听辽国援军已到，知道情况危急，他就严令赵世宣：

"一个时辰拿不下皇宫，立斩不容！"

赵世宣心里明白，若一个时辰拿下皇宫，然后全力防守城墙，宋军还有生路；若一个时辰拿不下皇宫，城外辽军攻进城来，那就要全军覆没，谁也别想活着走出南京城！因而他严令各位提辖带头攀爬宫墙，要么攻下皇宫，要么死在城头！

于是，那宋军架起云梯，前赴后继，一拨儿又一拨儿地向皇城守军发起猛烈的攻击。赵世宣手握钢刀在皇城根下督战。他见攀爬梯子的宋兵被守墙辽军枪戳刀砍，纷纷从云梯上摔下来，非死即伤。墙下宋兵尸体成堆，伤兵哀号不止，心中焦躁，于是手提钢刀，飞身上梯。

这时城头上一员辽将极其凶猛，连续从梯子上刺死三个宋兵。赵世宣攀到城头，那员辽将一枪刺来，赵世宣一闪身躲过枪头，伸手抓住了枪杆，顺势将身一跃，跳上城头，手起刀落把那员辽将砍死。几个辽兵见他登上城头，一齐举枪朝他刺来，被赵世宣把大刀一抡，早把那几支枪杆砍断，又"嗖嗖嗖"连续挥刀，瞬间砍翻三个辽兵。这时他身后已跟着爬上来三个宋兵，各舞大刀向辽兵砍去。

郭药师见状大喜，在下面亲自擂鼓助威，以为很快就会拿下宫城。

正在这时，忽见一个白色的身影在梯子上一闪，像飙疾的雪豹一般蹿上了城头。只见她一扬手，一支飞刀从背后插入赵世宣的心脏，赵世宣一头就栽下宫城。又见那白衣人连掷三把飞刀，登上城头正与辽军厮杀的三个宋军提辖纷纷栽倒在地。这时就见那白衣人反过身来，挥动手中的宝剑接连砍死几个快攀上城头的宋兵！吓得宋兵皆不敢再攀这架云梯。郭药师见状大怒，手提钢刀，要亲自登城一决雌雄。

原来这位使飞刀杀死赵世宣的白衣人乃是辽将张镇州的夫人萧塔不烟。张镇州战死后，萧塔不烟孀居南京，大门不出二门不迈，凄凄冷冷地熬日月。这天宋军攻进城来，见契丹人和奚人就杀。萧塔不烟藏身房顶，躲过一劫。

今日她见宋军已包围皇宫，大辽最后的堡垒危在旦夕，萧塔不烟再也坐不住了，她怀揣十二把飞刀，手提一柄龙泉宝剑，换上一身紧身白衣，脚蹬薄底快靴，于夜色中混入攻城宋军队伍。其时宋军已连续厮杀三天三夜，军士都疲劳得神志不清，又正在激烈地攻城战斗，因此没谁注意到她，以致在即将攻破皇城的关键时刻，冷不防被萧塔不烟打垮下来！

再说这时南京城外，萧干迅速指挥辽军向城门发起攻击。几十架云梯上，辽军像蚂蚁行雨般向城头攀爬，城上的宋军居高临下，拼命砍杀，激战一个时辰，宋军战士个个胸前溅满了鲜血，刀枪都血淋淋的，刀口都砍缺了！城墙底下横七竖八地躺着从云梯上被砍死砍伤摔倒下来的辽兵！

萧干在城下督战，他见守军都集中在云梯上方的城头，而在西北角城上的宋军很少。萧干就令一千人长率领五百敢死队员，带了五架云梯悄悄接近城的西北角。那千人长一手执盾，一手执钢刀，率先登城。

城上宋军发现黑暗中，城墙下有人影在往上攀爬，便用大石块往下猛砸。一块斗大的石块砸在辽军千人长头上，把那千人长头颅砸裂，尸身滚下云梯，又把下面往上攀爬的辽兵给撞落下去。

这时萧干手下有一骁将名叫铁鋬锤，他手持一双斗大的镔铁锤，有万夫莫挡之勇。他见辽军死伤累累，猛攻不克，不由性起，手提双锤，飞身登上云梯，眨眼间攀到女墙边。宋军士兵又搬起一块斗大的石头向他头顶砸来，铁鋬锤抢起铁锤，只听"当啷"一声响，把那大石块砸得粉碎！碎石块飞上城头，反而把宋兵砸死！

铁鋬锤乘机一跃，跳上了城头，抢起双锤，连续砸死三四个宋兵。他身后又陆续爬上来十多个辽兵，各执钢刀随着铁鋬锤冲杀。宋兵抵挡不住，纷纷逃窜。沿着云梯爬上城头的辽兵越聚越多。铁鋬锤抢起双锤，头前开道，沿着城墙一直杀到丹凤门。

守丹凤门的宋兵已死伤过半，只剩下一百余人正在与爬城的辽军厮杀，忽然铁鋬锤率军赶到，一阵大杀，就把宋军赶尽杀绝！铁鋬锤放下吊桥，打开城门。萧干率领辽军冲进城来。

再说郭药师手提钢刀，正欲亲自冲上云梯决一死战，忽然听到身后人喊马嘶，他回头一看，大队辽兵蜂拥而至。郭药师急忙指挥宋军迎战，可是那辽军不仅沿大街密密麻麻地杀过来，还有许多辽兵翻墙越院，从大街两侧的房屋上墙头上往下放箭。许多宋兵中箭倒地，被乱军践踏而死。

宋军这时只剩下八百余人，又有许多人带伤，战至临明只剩下几十人。随着郭药师退入一家大院，萧干指挥上千辽兵包围了这个院落，又从四面的房屋上朝院落内放箭，射杀不少宋兵。辽军又用抓钩把房屋墙壁刨开窟窿，辽兵从窟窿里钻进屋内，杀得宋军尸横满院。

郭药师一看大批辽军涌进院内，就一个旱地拔葱，跳到附近一家屋顶上，挥刀砍死了几个弓箭手，施展起他拔步登空、飞檐走壁的神通，"嗖嗖嗖"蹿房越脊，如同燕子点水一般飞驰而去。他来到城西北角，见城上稀稀拉拉地有几个辽兵站岗，便一纵身跳上城头，挥刀砍死了站岗的辽兵。然后纵身一跳，从那三丈高的城墙上跳了下来，又一头扎进护城河内。这护城河有十丈宽，一丈多深，但郭药师自幼在辽河边长大，练就了一身好水性，扎进水里一个猛子，就从水底下游到对岸。

天已微亮，但低空有雾，城上的辽军乱放了一阵子箭，由于雾气迷蒙，视线不清，皆未射中郭药师。郭药师上了岸，拔腿就跑。这时一员辽将率领一队骑兵从城里驰出，直扑郭药师而来。眼看就要追上郭药师，那辽将挺枪就刺。谁知郭药师一闪身，那枪就刺了个空。郭药师腾身跳上马背，一刀把辽将劈下马来。他夺了战马，挥刀杀入辽军。只见刀光电闪，接连砍死几个辽兵，吓得辽兵纷纷后退。郭药师杀退辽兵，才掉转马头，往东南飞奔而去。

再说甄五臣见辽军杀入城来，他就打开了东门，带着百十个骑兵杀出城来。谁知一出城就被辽军包围起来，一阵厮杀，甄五臣身边的战士尽死于乱军之中。只有甄五臣单枪匹马冲出重围，也往东南路上逃窜。

萧干杀尽城中的宋兵，便来皇宫拜见萧皇后。

萧皇后喜极而泣道："若非爱卿及时赶来，我已命丧黄泉耶！"

萧干道："臣救驾来迟，使皇后受惊了！"

萧皇后又封萧干为知北院枢密使事，兼大于越。其部下将校俱有封赏。萧塔不烟救驾有功，封为侍卫司空，负责皇宫保卫。萧塔不烟不仅武功非凡，而且略通文墨，见解甚高，因此很得萧后赏识。萧后遇事，常常和萧塔不烟计议。

再说刘延庆率宋军在白沟岸边与耶律大石率领的辽军对峙。宋军深畏辽军，所以只预备弓箭，防止辽军来攻，并不敢再往前推进一步。

耶律大石心想，敌兵十倍于我，若刘延庆知辽军已撤走一万兵力，必然向我发动攻击，倒不如先发制人，给宋军来个偷袭，一举把宋军击溃，彻底解除宋军的威胁。于是一个风雨交加的夜晚，耶律大石令辽军饱餐一顿，把辽军分成十队，每队一千人，由千人长率领，分头冒雨向宋军十个大营摸来。

刘延庆夜里也不敢大意，令三军将士夜不卸甲，枕戈而睡，一有风吹草动，就能一跃而起，投入战斗。可是这晚北风怒吼，大雨倾盆，把灯火都吹灭了，营盘一片漆黑，哨兵都躲在大树下，还冻得瑟瑟发抖。

辽军悄悄来到离宋军营寨约半里路的地方，停了下来，先派一小队尖兵，匍匐前进，待接近了宋军哨兵，突然扑上去，把哨兵杀死。然后传信给在远处等待的大队辽兵，一起杀入宋军营寨。

天黑风急，三步以外辨不清人影，为防止伤了自己人，辽军皆左臂缠一条白布为标志，悄悄进入宋寨，五人一组，分头钻进营帐，也不哼声、举起钢刀乱砍乱杀。宋兵被砍得从梦中醒来，有的慌忙搏击，可是黑暗之中难辨彼此，自相残杀起来。有的逃出帐外，又被杀死。

刘延庆在中军大帐，被宋军伤兵的哭喊号叫声惊醒。他率几十个卫兵，急出帐来，刚跨上战马，正逢一队辽兵杀来。刘延庆抵敌不住，拨马逃走。刘延庆逃出营寨，不敢停留，慌忙向雄州奔去。那些没有被砍死的宋兵，还有听到叫喊声逃出帐外的宋兵，纷纷抱头鼠窜，仓皇逃命。

这一夜宋军被杀死杀伤四万多人，投降一万多人。刘延庆来到雄州，收拾逃出来的残兵败将，陆续回来的有四万多人，还大多带伤，粮草辎重损失殆尽。

郭药师匹马单枪回到雄州，拜见刘延庆，刘延庆埋怨道："都是你轻敌冒进，招此大败！"

郭药师道："我率军已攻下南京八座城门，都统的援军若及时赶到，现在辽朝已灭，大业已就。但我率孤军苦战三昼夜，都统的援军一卒未发；可是辽国援军却大批赶到，造成我全军覆没，此败皆应由都统负责！"

此时监军蔡攸在座，他深知此败皆因刘延庆怯懦犹豫、贻误战机而起。但他又袒护刘延庆，便出来打圆场道："郭将军率军深入虎穴，可谓大智大勇，虽败犹荣。刘元帅也率军策应你的行动，但被耶律大石偷袭，招致败绩，也是无可奈何。事已至此，二位将军还要抓紧整军备战，严防辽军乘胜攻击。郭将军还是回涿州去吧。"

郭药师满怀愤懑地离开了雄州，回涿州去了。到了涿州，见甄五臣已逃了回来，便对甄五臣道："我们几千人在南京浴血奋战三天三夜，刘延庆背约不发援兵。十万大军反被耶律大石一万人打得落花流水，折兵大半。我看宋朝主帅昏聩、将怯兵弱，真是扶不起的阿斗呀！"

甄五臣也道："我也看透了，宋军不如辽兵，辽兵不如金兵。将来这天下真的是非金莫属了呀！"

郭药师道："我们今后要保持常胜军的称号，打常胜军的旗号，穿辽军服装，保持咱们的独立性。观察时局变化，不要被宋朝给吃掉了！"

话说郭药师满怀愤懑地回到涿州，觉得宋军元帅昏聩、将怯兵弱，将来如果跟金军交锋，必将一败涂地，自己随着宋军，前景不容乐观。因此生了二心，他不许常胜军改宋军旗号，不许军士穿宋军服装，依然保持着辽军特色。

再说蔡攸回到汴京，把郭药师长途奔袭南京、失败的经过向徽宗汇报。徽宗很赞赏郭药师的胆略，不仅没问他的败军之罪，又加封他为安远军承宣使，十二月，又拜武泰军节度使。

童贯又奏道："我军虽败，但仍有十万大军驻扎在雄州一带。辽军虽胜，但已疲惫不堪。若此时金军出兵南下，辽国必亡。我军可乘其战败，夺取幽燕之地。"

徽宗采纳了童贯的建议，便派赵良嗣出使金国，请金兵出师伐辽。赵良嗣到了会宁，拜见了金主阿骨打，呈上国书，阿骨打览毕道："听说宋军有二十万众，辽军只有两万余人，为何两次被辽人击败？"

赵良嗣见阿骨打和左右大臣皆有嘲笑大宋之意，便道："我大宋天子以仁义为本，不忍生灵涂炭，严令宋军不得滥杀一夫。宋军以安民为主旨，故而宋将领不敢大开杀戒，而辽将萧干、耶律大石顽劣不化，故而至今未能攻下南京。"

阿骨打又征求其他勃极烈的意见。吴乞买道："现在我金国西有天祚残余势力骚扰，南有萧普贤女小辽朝的威胁，是两面受敌也。不如趁机集中兵力，先把萧普贤女小辽朝剿灭了，剩下一个天祚就不难对付了。"

阿骨打觉得吴乞买说得有理，便下令出兵征小辽朝，令完颜宗翰领兵三万攻太原，完颜宗望领兵三万攻居庸关。他亲领四万大军随后接应。

赵良嗣回到汴京，回禀徽宗，说金主已经决定发兵攻辽。徽宗大喜，令童贯赶赴雄州，密切注意金、辽战事，若辽军主力战败，要抓紧时间进军，抢占南京。

再说萧普贤女接到金军出兵的报告，大惊失色，急令耶律大石领兵去居庸关拒敌。耶律大石料宋军初败，必不敢贸然出击，便留五千辽军守白沟，自领一万五千辽军奔赴居庸关，抗击金军。

耶律大石来到居庸关，见居庸关外有一条山谷，谷底是通往居庸关的大道。于是他派两千军士埋伏在进入山谷的路口，看到金军全部进入山谷便截断金军退路。他亲率一万三千将士埋伏在大路两侧，但等金军进入峡谷，先是万箭齐发，大量射杀金兵；然后乘金军慌乱，埋伏两侧的辽军乘机冲杀过来，企图一举全歼完颜宗弼率领的三万金军。

耶律大石部署停当，但等金军上钩。到了日头偏西，只见远处尘土飞扬，完颜宗望率领大队金军奔驰而来。这完颜宗望根本没把南京辽军放在眼里，因此见这峡谷幽长，乃是凶险之地，他全然不怕，只顾催动三军驰行。

眼看金军快要全部进入谷底，耶律大石正要号令放箭，忽听山崩地裂一声响，大地剧烈地颠簸起来，山谷两侧的悬崖瞬间崩塌三四里！埋伏于峡谷两侧的辽兵还没弄清怎么回事，就被崩塌的山石砸死。耶律大石忽觉眼前一黑，就被一块碎石砸在头上，倒地昏死过去。没有被砸死的辽兵，吓得鬼哭狼嚎，抱头鼠窜。

这时金军虽在谷底行军，但离悬崖较远，崩塌下来的山石滚到脚下，并没砸死士兵。金军只是受到了惊吓，骚乱了一阵。但他们发现了没砸死的辽兵乱窜，知道辽军在此埋伏，便向辽军杀了过来。大部分受伤的辽军都被金兵杀死，只有少数跑得快的辽兵攀上山崖，从倒塌的长城豁口逃之夭夭。

金军中有投降的辽将，认出了耶律大石，见他虽昏迷不醒，但胸口还有气息，便禀告完颜宗望。完颜宗望知道耶律大石是个英雄，非常敬重他，便令士兵把他抬到担架上，随金军过了居庸关。

再说从居庸关逃回的辽兵向萧干报告："居庸关山体崩塌，砸死辽军无数，耶律大石生死未知，金军已过居庸关。"

萧干闻报大惊，急忙来见萧普贤女，并奏道："金军已过居庸关，马上就到京城，请皇后快快出城，以避金兵。"

萧普贤女道："我若一出城，满城百姓震动，还有许多文官、家眷都要随行。怎能逃脱金军追击？"

萧干道："皇后传谕，就说要御驾亲征，让左企弓、康公弼等文臣守城，老百姓和文官家眷就不会骚乱了。"

萧普贤女就令左企弓和康公弼带五百士卒守城，自己带城中的五千辽兵亲征金寇。出了南京城，不向居庸关方向进发，却向西南太行山中逃去。

金军第二天就到达了南京城，左企弓征用城中男丁上城防守，谁知都监高六率部下打开迎春门，投降了金军。大批金军入城，左企弓和康公弼率军退入皇宫坚守。宗望派人劝降，并许以不杀城中一人、辽官可以各司旧职。

左企弓对康公弼道："萧皇后和萧干说是亲率辽军去抵抗金兵，实是弃城而逃。咱们手里仅剩三百老弱残兵和一些文臣，怎能对抗如狼似虎的金兵？"

康公弼道："我们已别无选择，为保百姓平安，还是投降为上策。"

左企弓和康公弼率领满朝文官，打开宫门，跪于道旁向金军投降。随后阿骨打也率军来到南京，他立即下诏，废了南京城的称号，改为析津府，命左企弓为太傅兼中书令；虞仲文为枢密使兼侍中；许勇义依旧为司空；康公弼同中书门下平章事兼枢密副使权院事。

这时耶律大石已经苏醒过来，阿骨打问他道："你在居庸关设伏，企图一举歼灭金军，其用心何其毒也！"

耶律大石道："彼时臣为辽将，只知忠于辽朝，唯恐谋划不周也。"

阿骨打道："你今为我所擒，愿意降金否？"

耶律大石道："天意灭辽兴金，大石岂敢违背天意？臣愿降金。"

阿骨打大喜道："大石归顺大金，吾又得一千里驹，金军已无敌于天下！"于是封耶律大石为析津府管押，隶属完颜宗望部下。

耶律大石的妻子听说耶律大石在居庸关兵败，以为耶律大石已死，便也悬梁自尽，家里只剩下个十岁的儿子。耶律大石找到儿子，把他带在身边。宗望见耶律大石不卑不亢、沉毅果断，心疑其非池中之物，恐其再生祸端，便把一女真女子送给耶律大石为妻，一来为结耶律大石之心，二来为暗中监视耶律大石。

那女子本是宗望的丫鬟，名叫金珠。她心里本来瞧不起契丹人，觉得女真人才是世界上的优等民族，不想嫁给契丹人为妻。但受了完颜宗望的命令，让她暗中监视耶律大石，她没有办法，只好顺从地来到耶律大石家中。

可是当她第一眼看到耶律大石，就觉得眼前一亮！耶律大石那高大魁梧的身材，那美玉般皎洁的面容，特别是那两道剑眉下一双炯炯有神的大眼，含着温和的笑容，竟一下子把金珠给征服了！她觉得耶律大石是这个世界上最棒的男子，她突然就深深地爱上了他！又见他迈着稳健的步伐，走到她的车前，彬彬有礼地道："娘子好，鄙人有失远迎，请娘子谅解。"

这金珠在宗望家里是个逆来顺受的丫鬟，常常被呼来唤去，哪里受过这般礼遇？听了耶律大石这充满深情和体贴的话语，她心里不禁滋生出一股幸福的暖流，瞬间涌遍全身！耶律大石双手搀着她下了车。她感到耶律大石的大手厚重而有力，他那伟岸的身躯像大山一样稳重，她觉得自己终于遇到了可以寄托终身的主人。

金珠才一十六岁，情窦初开，这个年龄的女孩子，最容易坠入爱河，一旦爱起来，便爱得死去活来。何况耶律大石乃是极有谋略的人，他知道宗望送给他一个女真族的女子，目的是暗中监视他，怕他逃跑或者谋反，因而就在金珠身上格外下功夫，对金珠关怀体贴、无微不至，把个金珠哄得神魂颠倒，将一颗纯洁的爱心赤裸裸地奉献出来！

一日，金珠告诉耶律大石，跟随宗望说话要小心，宗望对你并不信任，他让我暗中监视你，怕你逃走。

耶律大石道："我和娘子不求同生，但求同穴。只要有娘子在，我耶律大石就是死在这里，也不会逃走！"

金珠听了十分感动，又告诫耶律大石道："夫君就是小奴家的天，如果有了危险，夫君不要以奴家为念，还是保全了夫君，我们夫妻才有幸福。"

一日，耶律大石从帅府归来，满面愁容，对金珠道："宗望欲杀我，如之奈何？"

金珠道："我听宗望说过，夫君非池中之物，早晚会反叛大金，待在这里凶多吉少，夫君赶快逃走吧！"

耶律大石道："要走咱三口都走。"

金珠道："咱家里只有一匹马，可以载夫君和儿子同行。若三人同行，行动迟缓，被宗望追上，咱都活不成。贱妾就留在家里，等夫君在外站稳脚跟，再来接我过去。"

耶律大石就跪下给金珠磕了个头，金珠急忙双手把耶律大石扶起来道："夫君快走，这里由我应付。"

耶律大石趁着夜色和儿子骑上马，出了析津府，往西南太行山里驰去。

第二天，宗望升帐议事，不见了耶律大石，便派人去耶律大石家里询问。金珠道："我家孩子有病，夫君给孩子看病去了。"

第三天，宗望又不见耶律大石来上班，心中怀疑，便带了几十个金兵来到大石家中，问金珠："耶律大石哪里去了？"

金珠又答道："找郎中给孩子看病去了。"

完颜宗望就令士兵把全城的郎中都找来，一一询问，皆言未见耶律大石给孩子看病。完颜宗望知其逃走，便令士兵鞭打金珠，问她："耶律大石藏哪里去了？"金珠咬紧牙关，无论怎样拷打，还是一口咬定，给孩子看病去了。宗望愤怒，令士兵往死处拷打。金珠不仅不招，反而大骂完颜宗望"丧尽天良，不得好死"！最后被活活鞭打致死。

完颜宗望又派几千士兵分头去追捕耶律大石，可是找了几天，无影无踪。

原来耶律大石带着儿子进入太行山，又转向西北行了几天。打听到萧普贤女在天德军处，便星夜奔赴天德军而来。一日正行在一条峡谷中，忽见前面一队人马出现。耶律大石大吃一惊，以为遇到了金兵。可是仔细一看，这群士兵有的骑着马，有的步行，稀稀拉拉，队伍不整。他就断定这是一伙被金军打散的辽兵，或者是民兵。

耶律大石就大胆地迎了上去。看看到了近前，果见都穿的是辽军服装。为首的一员将认得是耶律大石，急忙滚鞍下马，说道："林牙大人还健在，我大辽还有希望，请受末将一拜。"

耶律大石一看，竟是辽军千人长何留根。耶律大石急忙下马还礼。何留根道："我率八百辽军驻扎在永清县，被金军攻破城池。我率三百人突围而出，流落在此。正不知何去何从，今遇上林牙大人，我们可算是找到了首领。"

耶律大石道："听说萧干保着皇后去了天德军，我们还是去投奔皇后，慢慢发展兵力。等兵马强大了，再来争夺南京。"

于是这帮辽兵就随着耶律大石往天德军进发。天德军在丰州，是后唐时所置。辽虽已改为应天军，但人们还习惯称其为天德军。

一日，耶律大石率领着这帮残兵正在行进，见前边有两帮人马对峙，两员骑将一人使方天画戟，一人使长矛正在打斗。走到近前，见两帮人都穿的是辽军服装，耶律大石高声喊道："二位将军都是辽人，现在国难当头，不思团结对敌，为何在此自相残杀？"

那两员战将一听是耶律大石的声音，便各收了兵器，一起来到耶律大石马前，滚鞍下马，拜伏于地。一将说道："我乃辽军百人长萧升，在神水县被金军击败，带了残兵流落于此地。"另一将报道："我乃辽军百人长许猱，在文定县被金军包围，带了几十个辽兵冲出重围，逃奔到此地，以狩猎为生。"

原来萧升这帮人围猎，射伤一只猛虎，跑到了许猱的地盘里，被许猱的士兵擒获。萧升带着士兵来讨要，许猱不给，双方争执不下，便打了起来。二人都认得耶律大石，平常心里佩服耶律大石是辽朝的英雄，因而一见耶律大石到来，真是喜出望外，便一起拜见耶律大石，愿意跟着他继续抗金复辽。耶律大石劝勉二将一番，两个人本无啥怨仇，又都有对金人的仇恨和大辽的赤诚，因此立刻放弃前嫌，握手言欢。

许犷又令手下士兵，把那老虎肉剁碎，煮了几大锅虎肉，大伙儿饱餐一顿，便收拾了行装，随着耶律大石上路。看看来到丰州地界，只见路旁一带的荒草在寒风中瑟瑟发抖，夕阳残照无力地洒在一座荒冢上，那冢前歪倒着一块石碑。萧升看到这景象，有些伤感地说道："古人都有块葬身之地，我们被金兵逼得到处流浪，还不知将来葬身何处。"

耶律大石道："我们辽太祖以微弱兵力统一契丹各部，征服突厥；后来又灭渤海、平女真，收幽燕膏腴之地，建立疆域万里的大契丹国。可见有志者事竟成，只要我们发奋图强，努力打拼，定能开创新局面，复兴辽国疆域。何愁无葬身之地？"

耶律大石的一席话又提起了大家的精神，大家有说有笑。耶律大石又指着不远处那荒冢道："这荒坟名曰青冢，乃是西汉王昭君的坟墓。据说王昭君貌若天仙，有倾国之色，嫁给了匈奴王呼韩邪单于，死后葬在这里。"

何留根已二十七八岁，因混迹行伍，至今也没讨上个老婆，他听耶律大石介绍了王昭君的故事，不由兴趣大发，便道："汉族姑娘温柔漂亮，知书达理，我们要是光复了大辽，都到汴京向大宋皇帝求婚，让徽宗把他的宫女划拨给咱一批，岂不是好？"说得大伙都乐了，如是把话题又转向了徽宗和李师师的风流韵事上来。耶律大石和几个将领说说笑笑，不知不觉天色已晚，就在大路边一片树林里撑起帐篷，驻扎下来。

耶律大石道："我们虽然人数不多，但也是军队。军队无论行军还是宿营，都应处于备战状态。从今夜起，士兵要轮流站岗放哨。再选十来个精明的士兵做拦子马，在周边道路上巡逻，以防金兵偷袭。我和几位百人长也要轮流查岗，并令睡觉的士兵不得脱衣卸甲，要枕兵器入睡。有不守规矩者，按军法论处。"

几位百人长见耶律大石非常严肃，只好收拾起这一段日子当散兵游勇养成的散漫习气，抖擞起精神，严格要求士兵，遵守军纪，谁也不敢吊儿郎当的了。

这天夜间，耶律大石正带几个士兵查岗，忽见一骑拦子马飞奔而来，见了耶律大石滚鞍下马，气喘吁吁地说道："一队金军骑兵约有两千人，沿着大路过来，现在距此地约有三里路程！"

耶律大石闻报，立即传令军士集合，把队伍埋伏于大路两边的树林里。刚刚部署完备，就见一队金兵沿着大路过来，进入树林之中。金兵骑着马，见路旁是黑咕隆咚的树林，对藏在树后手执长矛的辽兵一点也没察觉。正行间，忽听一声鼓响，树后的辽兵突然挺矛刺来，金兵冷不防，就被刺死刺伤数百人。有被刺伤坠马者，都被乱马踏死；没有坠马者，因道路狭窄，前有战马堵路，后有人马拥挤，便拨马朝林子里逃跑。可是这树林里阴影憧憧，分不清是人是树，骑马的金兵看不见辽兵，藏在树后的辽兵却对金兵人马看得清清楚楚，于暗中对准金军骑兵举矛刺来，许多金兵又死在树林之中。

再说金将哈刺棒大腿上挨了一枪，疼得他几乎坠马，急忙拨马往左边林子里逃。何留根藏在树后观得真切，待他纵马跑到近前，一戟刺去，把哈刺棒刺下马来。哈刺棒身受重伤，倒地不能动弹，只好乖乖做了俘虏。

这一仗，金军死伤一千二百多人，只有八百残兵四散逃命去了。耶律大石天亮检点人马，只死伤三十余人，得马五百匹，又活捉了金将哈刺棒，大获全胜。

耶律大石率领得胜之师，押着俘虏，雄纠纠地来到了丰州，先派快马报告了萧普贤女。萧普贤女听说耶律大石率领一支人马来归，并于路上伏击了来犯的金兵，打了个大胜仗，心中兴奋，立即和萧干出城迎接。

耶律大石拜见了萧普贤女，献上战俘。萧普贤女令集合三军，然后让哈刺棒跪于军前，斩首示众。其余俘虏，凡伤势轻微者尽收编入军中。于是全军欢声雷动，士气高涨，纷纷表决心，要与金军战斗到底！

耶律大石又奏道："金将哈刺棒率军来袭丰州，如今败兵回去报于余睹，余睹必然亲率金军来讨。我们不能在这里坐以待毙，得赶快转移到更遥远的地方，才能保存实力。"

萧干也认为辽军弱小、金军强大，不宜死守丰州，赞成再往西北转移。萧普贤女听从二人的建议，便下令全军收拾行装，准备转移。耶律大石又道："丰州一带有几千帐契丹民众，最好把辽民也带走。"

萧普贤女道："金军如果追来，我军带着民众，行动迟缓，被金军赶上，岂不受重创？"

耶律大石道："金军若来袭，必然想速战速决，不带粮草辎重，轻装快进，杀我们个措手不及。若留下辽民，金军来了抢掠辽民的粮食牛羊，以备军需，就可以丰州为据点，继续追击我们；我军如果把辽民都带走，丰州一带方圆几百里没有一粒粮食，找不到一只牛羊，金军断粮，必然撤军。如此我军才安稳也！"

萧干道："林牙大人言之有理，估计余睹之兵踞丰州六百多里，他急行军也得三天才能到来。我们今天就动身出发，金军到此人困马乏，又饥又累，而我军民已在二百里之外。若金军不顾疲劳，强行追击，我军可以于路设伏、以逸待劳，给其迎头痛击！"

当下萧干和耶律大石就率兵四处传播道："金军一万人马要来丰州清剿，杀尽契丹人，所以官军现在就保护辽民往西北转移，以免遭金军杀戮！"

那些契丹人听了这传言，人人害怕，都拔起帐幕，驱赶着牛羊，离开丰州往西北迁徙。

再说余睹率一万金军驻扎在云内州。闻报金军在丰州中了辽军的埋伏，金将哈剌棒被杀，便率领一万轻骑前来丰州讨伐萧普贤女。结果大军急行军三天，随身携带的干粮已吃完。可是来到丰州，却是一座空城，连一粒粮食、一只牛羊也找不到。金军断了粮草，军心慌乱。余睹就下令撤军。

这时一员金将劝道："辽军裹挟民众逃走，行动迟缓，我军可斩杀三百匹战马为食，让士兵饱餐一顿，然后跟踪追击，追上辽军，就能夺取大批粮草、牛羊，何愁没有军粮？"

余睹知道辽军裹挟着民众，必走不远，若再追击两天，必能追上。但是余睹也是契丹人，他最恨的是天祚帝，对萧普贤女并无刻骨的仇恨。今见众多辽民随萧普贤女逃走，金军若追上，必大开杀戒，余睹也于心不忍，因而说道："兵法云，穷寇莫追。萧干和耶律大石皆当世名将，他们手中尚有六千精兵，若于路设伏，我军必遭重创。"

余睹不听金将的劝告，又率军返回云内州去了。

萧普贤女带着大批民众走到四部族。萧干道："再往西北走，就接近了夹山。天祚帝手下有一万多兵力，他要知道了我等来到，必发兵来攻，那就有被消灭的危险！"

萧普贤女道："我们可先派一人去拜见天祚帝，就说萧普贤女率军民来归，天祚帝知道我们是来归顺他，就不会发兵拦截了。"

萧干道："我们拥立天锡皇帝，把他贬为湘阴王，他肯定怀恨在心，正想抓住我们碎尸万段，我们今天竟自投罗网，岂不是自寻死路？"

萧普贤女道："天锡皇帝已驾崩，我们都是臣民，再说咱已拥立耶律定为帝，又给他带来这么多人马，估计他不会再计较过去的事了。"

萧干道："我深知天祚帝性格，他心胸狭隘，贪权好杀，极其残忍。他的亲生儿子都被他赐死，我们投奔他必被杀害，我是坚决不去投奔那昏君的！"

萧普贤女见萧干坚决不去夹山，便分给萧干两千人马，让他和跟来的辽民都留在四部族，自己带着耶律大石和三千辽军仍往夹山行进。

又行了多日，越过了大沙漠，萧普贤女一行终于来到夹山。萧普贤女经过一路的颠簸流离，风吹日晒，来到夹山时已经又黑又瘦。她看到天祚帝的军营和旗号，一路紧绷着的心弦终于放松下来，有一种回到故乡、会见亲人那样的亲切感觉。

这时，天祚帝派萧和尚奴和萧斡里剌出来迎接，并把萧普贤女带来的军队分散到天祚帝的军中去休息。萧普贤女和耶律大石来到天祚帝的大帐，正欲行跪拜之礼，忽然左右跳出来几十个辽兵，不由分说，就把二人给捆绑起来。

萧普贤女大惊，急忙喊道："我们千里遥远来投奔皇上，一片赤诚，尽忠国家，为何把我们捉拿起来？"

天祚帝冷笑道："你弟曾经发动反叛，你又偕从耶律淳谋反称帝，还杀死我派去联络的大臣，把朕贬为湘阴王。今天朕要把你用鞭活活打死，以解心头之恨！"说完，令士兵把萧普贤女拉出去用鞭打死！

这时，萧普贤女方信萧干所言不虚，可是为时已晚。可怜萧普贤女聪明一世，糊涂一时，竟然自己送上门来，被乱鞭打死，其惨状令人目不忍睹！

天祚帝打死了萧普贤女，又来审问耶律大石道："你为何参与谋反，拥立耶律淳僭号称帝？"

耶律大石从容答道："皇上以举国兵马，被金军打得一败再败。先失东京，再失中京，又失上京，最后逃亡夹山，没了音信。南京臣民以一隅之地抗击金、宋两国人马，浴血奋战，屡挫宋、金两国联军。因联系不上皇帝，恐人心涣散，州县争降敌国；在此生死危亡时刻，为凝聚人心、鼓舞士气，拥立皇族中人为帝，有何不可？不要说拥立一个天锡皇帝，就是立十个契丹人做皇帝，也比投降金贼强呀！皇上对付金贼一筹莫展，却专杀辽国抗金英雄，我大辽复兴还有何希望？"

天祚帝被耶律大石一席话说得无话可答。这时萧斡里剌奏道："耶律大石屡败金兵，曾以区区两万兵力击败宋国二十万大军，他是我大辽的英雄。当前大辽危急，正当用人之际，主公应不计前嫌，委以重任，才能重振大辽，复兴帝业。"

天祚帝便令人给耶律大石松绑，并赐以酒食压惊。当晚耶律大石回到帐中，心想，天祚帝果然残忍好杀，且昏聩无能，跟着他，将来不是遭其猜疑而被杀害，就是兵败被金兵杀死，不如早些离他而去，另寻去路。

正犹豫间，又见萧升、许猰还有何留根一齐来见。何留根道："我等为保大辽江山，血战沙场，九死一生，辗转来到这里，反遭昏君猜疑，几欲杀害林牙大人。现在兵权被他夺走，我们带来的军兵都被分编进他的队伍中去。我们在此凶多吉少，不如赶快逃走吧！"

萧升和许猰也一致要求耶律大石快点逃走。正商议见，又见一个身影飘然而至。耶律大石一看，是萧塔不烟。萧塔不烟脚没站稳，便道："我观天祚帝昏聩无能，气窄量狭，久后必败。我们不如早点离开这里，免得跟他一起灭亡！"

耶律大石道："我们几个正准备今夜就离开这里，你可与我同行。"

当天夜里，耶律大石就与他的儿子和几个心腹大将，还有萧塔不烟，领着二百亲兵悄悄离开夹山，往西北大漠中走去。

第二天，有人报告天祚帝："耶律大石跑了！"

天祚帝大怒，立即派萧和尚奴和萧斡里剌各领一千骑兵分别跟踪追击。萧和尚奴和萧斡里剌都很佩服耶律大石，认为他是契丹族的英雄，因而谁也不愿追上耶律大石。两个将军各领着军队在附近转了一天，回来向天祚帝禀告："耶律大石已逃得无影无踪，追赶不上了。"

天祚帝虽然怀疑二人不尽力追赶，可是他目前全指望这二人保他的帝位，因此也不敢质问，只好装糊涂作罢。再说天祚帝觉得耶律大石只带走二百余骑，谅其也成不了气候。没想到耶律大石此去竟是虎离樊笼，蛟龙入海，乘风破浪，大展经纶之手，开创出一番震惊欧亚、名垂千古的伟业来。

第十六章

童贯讨回燕山府
萧干称帝建奚辽

再说宗望占了南京，又派兵夺取檀州、顺州。阿骨打随后率大军也来到南京，废了南京的名称，改为析津府。这时宗翰也率军攻克了蓟州、平州等地，至此幽燕之地六州，除了易州和涿州被郭药师占据，其他四州、十一县尽归大金所有。

驻守在白沟与宋军对抗的辽军将领萧镇周，听说萧普贤女已弃城而逃，幽燕六州尽为金军占领，正欲逃跑。却见左企弓派人送来阿骨打的手札，阿骨打劝他们归顺大金，将领可保留原职，士兵年迈的发给路费，可以回家，年轻的可以编入金军。萧镇周便率军投降了金国。

驻守在白沟对岸的宋军还没有顾得发兵，金军就已速战速决，平定了辽邦，弄得童贯好不尴尬。原计划南北夹攻辽国，结果宋军连一座县城也没拿下，显得宋军也太没本事了！

童贯为了挽回点面子，好向宋朝君臣交代，便派马旷出使金营，去面见阿骨打，依据宋金盟约，向金人讨要幽燕之地。马旷来到析津府，拜见了阿骨打，先对金军和阿骨打奉承了一通，然后说道："依据宋、金盟约，灭辽之后，燕云之地归还宋国，其他州郡尽归金国。如今辽朝已灭，请大金皇上践行盟约，把析津府及其管辖州县交付宋国。"

阿骨打生气地道："按照约定，金、宋要同时出兵攻辽，可是你宋军却在白沟以南按兵不动，坐山观虎斗，坐收渔人之利，是何道理？"

马旷道："我宋军出兵比金军出兵早一年有余，和辽军大小战役打有十几次，杀伤辽军数万之多！郭药师曾率军打进析津府三日，差点生擒萧普贤女，只是因金军隔岸观火，没有出兵践约，才功败垂成！而本次金军出师顺利，实因宋军牵制着辽兵，使其不敢往北线调兵，所以金军才得以顺利入关。怎能说宋人坐收渔人之利呢？"

阿骨打听他说得也有道理，便笑道："宋军在灭辽过程中，始终和金国站在一起，确实牵制了辽兵。你远道而来，一路辛苦，且先回馆舍休息，待我和臣下商议把析津府归还宋国之事。"

马旷谢了阿骨打，便回馆舍休息去了。阿骨打和宗望商议，如何把析津府归还宋国。宗望道："我军费了许多钱粮，伤了不少士兵，辛苦打下的城池，怎能轻易送人？"

阿骨打道："我与宋国有盟约在先，灭了辽邦，燕云之地归宋，其他辽地尽归金国，宋把原来给辽的岁贡转给金国。我泱泱大国，岂能失信？"

宗望道："如果把析津府归还宋邦，必须让宋军拿银钱来赎！宋国除了对辽岁贡转献我大金外，每年再加一百万贯钱，方能给他析津府。"

当下阿骨打和宗望商议已定，就令宗望把金国提出的条件通知马旷，并且告诉马旷，条件不能修改。马旷见宗望态度蛮横，没有讨价还价的余地，只好回到雄州向童贯报告。童贯马上带了马旷，返回汴京，向徽宗禀报。

徽宗一心想收复析津府，好为自己的文治武功添上一笔浓墨重彩。他正怕阿骨打恃强毁约，拒不归还幽燕之地，没想到阿骨打这样诚信践约，于是对金国要求的纳款条件满口答应下来。

徽宗就令宰相王黼立即筹备银钱，几乎把宋国自王安石变法以来积攒的钱财搜刮一空。让马旷带着去向金军缴纳。阿骨打见宋廷如数送来赎金，便传令金军，撤回东京，临走时把辽朝官府储存的钱粮和幽燕一带上万富户连带他们的财产，都迁送回金国。又把析津府的各色工匠、艺人也都随军迁走，给宋朝留下一座空城。

同年八月，金太祖完颜阿骨打在返回上京的路上病死，时年五十六岁。九月丙辰日，其弟完颜吴乞买即皇帝位，是为金太宗。

依照原来宋、金"海上之盟"的规定，金向宋交割燕山府附近六州，金依据原约将松亭、榆关外民户迁回金国，这样就把常胜军的亲属、家人都迁到辽东，成为了金民。而宋朝君臣认为，金人只搬走了常胜军的家属，没有要常胜军，这样既保存了兵力，又得到了大片燕人的土地田产，可用来供养常胜军，不用国家再出钱粮，可谓一举两得。

殊不知，这些常胜军的家属都成了金国百姓，经常有亲人从金国来探望常胜军将士，弄得这些常胜军将士人人思念家乡亲人，都不能安心在宋朝为伍。就连郭药师心里也脚踏两只船，不安心在大宋为将了。

且说驻守易州的宋将郭药师距离析津府最近，他听说金军北还，便率本部人马进驻了析津府。进城一看，一片狼藉，昔日的繁华景象已荡然无存！也没出现人们箪食壶浆、以迎王师的热闹场面。童贯随后也率刘延庆等将领来到析津府，在萧普贤女的皇宫里住下。不过辽朝的宫女和宫中宝物尽被金军掠走，刘延庆令士兵打扫干净萧普贤女的卧室，请童贯下榻昔日的凤床。童贯安排停当，便派人去汴京报捷。

徽宗接到童贯捷报大喜，立即在朝廷大摆筵席，满朝文武共贺收复幽燕之功。文人作诗填词，为徽宗歌功颂德。把徽宗比作三皇五帝。

王黼又奏道："收复幽燕之地，童贯殚精竭虑，功劳最大，皇上应加封官职，以示表彰；南京虽已改为析津府，其实都是蕃名，今即归宋，当改称燕山府。"

徽宗准其奏，加封童贯为徐豫国公，少傅，镇海军节度使，兼侍读直保和殿，充上清宫保录宫使，河东河北路安抚使。又令詹度为两河宣抚使，去燕山府宣读圣旨，替换童贯还京。并令郭药师进京接受封赏。

詹度奉旨来到燕山府，宣读圣旨，童贯听了圣旨，半喜半忧。因徽宗曾经许诺，谁收复燕山府，即封王爵，可是今天徽宗却没有兑现他的承诺。但他转念又一想，这燕山府并非自己用兵夺来的，实是朝廷花重金买来的。想到这里，童贯也坦然了。

于是童贯在辽宫中设宴为詹度接风，并令刘延庆、郭药师一班武将作陪。宴席上猜拳行令，吆五喝六，热闹非常。酒至半酣，童贯又命军中歌女献艺，于是笙歌齐鸣，舞袖送香，众将都喝得酩酊大醉。

第二天童贯带着郭药师进京。詹度为童贯送行，送至十里长亭，童贯劝他留步。詹度在马上拱手道："大帅收复燕山府，使沦陷二百年的膏腴之地回归大宋，功垂青史，度从内心敬佩之至。今献《平燕诗》一首，以作送别：

长亭春色送英雄，满目江山映日红。

剑戟夜摇杨柳月，旌旗晓拂杏花风。

行时一决平戎策，到后须成济世功。

为报燕山诸将史，太平取在笑谈中。

童贯淡淡一笑道："詹大人过奖了。今日虽然收复了燕山府，驱除了一个日暮途穷的弱辽之邻，但是又换了一只东北虎做伴，老夫深为忧虑。阿骨打虽践行盟约，兵退关东，但其手下大将见幽燕繁华乃膏腴之地，岂不垂涎三尺？"

童贯一席话说得詹度也收敛了笑容，心底涌出一块阴云。他说："多亏太师提醒，但如何守住燕山边塞，请太师教我。"

童贯道："第一，你要抓紧整修关隘，充实军需，厉兵秣马，严阵以待。第二，要告诫戍边士兵，不得滋事生非，以免因小衅而起战端。"

詹度道："下官谨记太师之嘱。"

童贯于是拱手作别，带着几百护兵和郭药师往汴京进发。

郭药师看不起宋朝的将领，但见童贯威武、沉稳、见解高明，因而对他怀有几分敬畏，一路上对童贯毕恭毕敬，表现得十分恭顺。

童贯也赏识郭药师是个将才，又见郭药师能说会道、机智过人，心想这郭药师如果能驾驭住他，是员良将；如果驾驭不住他，可能祸国殃民。童贯也想笼络他，因此对他也特别热情。

童贯到了汴京，向徽宗密奏道："阿骨打虽守信用，归还了燕山府，可是其手下将领见燕山繁华乃膏腴之地，岂无吞并野心？再说金兵强悍，远超辽军，其已初知我军虚实，尚使挥师来攻我军，怎能抵挡得住？臣观郭药师晓畅军事，有勇有谋，且熟悉燕山地理，他手下的常胜军也比宋军战斗力强。若能用他守燕山府，可抵御女真入侵。"

徽宗道："郭药师是降将，恐其遇到挫折，再投降女真，可就危险了！"

童贯道："皇上对郭药师要恩威并重，可派得力大臣驻燕山府，监督控制常胜军，令其不敢复萌异心。另外要给予厚赏，令其感皇上之恩。"

徽宗按照童贯的建议，第二天在后苑延春殿召见郭药师。郭药师拜于廷下，感激涕零，说道："臣在虏，闻赵皇如在天上，不谓今日得见龙颜。"

徽宗见其忠诚，深受感动，当即封其为安远军承宣使，加检校少保；同知燕山府，又赐给他一套豪宅、六位能歌善舞的美女。郭药师谢恩道："臣愿效死，以报君恩！"

徽宗道："大宋与女真结盟共伐辽室，女真遵守盟约，把他们攻下的城池归还大宋。为践行盟约，朕欲派你领兵协女真去夹山捉拿天祚帝，这可是你立功建业的好机会！"

不想郭药师收敛了笑容，一脸严肃地答道："天祚帝是臣故主也，国家败亡，故主逃难，臣才投降大宋。陛下若派臣反故主，臣不敢奉命也！"说完泪如雨下。

徽宗叹道："郭将军不忘故主，真忠义之士也！"

于是徽宗又赐给他两个金盆、一件玉珠袍，并官加检校太傅。过了几天，郭药师带着徽宗赐给他的财宝和美女上燕京赴任去了。

这时，徽宗又命王安中为燕山府知府，詹度为同知。王安中去燕山府赴任，徽宗交给他一副手札，亲笔书写："任命王安中为燕山府知府，詹度、郭药师同知燕山府。"这副手札分明把詹度放在郭药师前面，郭药师是三把手，凡事理应听王安中和詹度议决。

但郭药师自恃徽宗恩宠有加，为所欲为，飞扬跋扈，根本不将王安中和詹度放在眼里。为了扩充自己的实力，他以防范女真入侵为名，拼命招兵买马。常胜军由一万人扩充到六万人。郭药师天天给王安中要钱要粮，要鞍马器械，燕山府库已被金军抢掠一空，王安中哪里有那么多钱财？只好天天往汴京索求钱粮。

朝廷因为要依靠常胜军抵敌金兵入侵，因而凡是郭药师所要的兵械甲仗马匹，都尽量供给。郭药师又派部下到宋境内的各州做生意，赚取钱财，又召集能工巧匠制造各种珍奇之物结交权贵，因而朝中大臣多愿意替郭药师说话。但郭药师及其部下都不改"左衽"，即仍穿辽服，而不着宋装。

王安中见郭药师军仍穿辽军装，打常胜军旗号，便奏明徽宗，让朝廷拨转来一批布匹，让常胜军换成宋军服装。郭药师接受了这些布匹，又招裁缝都按辽军服装样式裁剪，全部做成了辽军服装。王安中让詹度去责备郭药师，为什么不换成宋军服装？

郭药师道："军士服装应适应打仗，宋军老是战败，就是因为宽袍大袖，打仗时缠缠绕绕，束缚了将士的手脚。不如辽服穿着利索，因而不能换宋装。"

詹度道："宋国军队穿别国服装，这是违背军纪国法的！"

郭药师蛮横地道："我的军队我做主，你是谁？竟然管到我头上来了？"

詹度道："我是皇上册封的同知燕山府！"

郭药师道："你是同知燕山府，我也是同知燕山府，谁比你低了不成？"

詹度道："皇上手札上分明把我的名字放在你的名字前面，就是让我管着你呀！"

郭药师把脸一沉道："皇上命我守燕山府，军队上的事谁也别想插手。"

詹度见郭药师桀骜不驯，便回去向王安中禀报。王安中道："郭药师手里掌握着军权，咱拿他没有办法。你就去汴京向徽宗启奏郭药师的不轨行径，让朝廷想办法对付他吧。"

于是詹度来到汴京，向徽宗参了郭药师一本，把郭药师用朝廷批发的布匹全部做成了辽军服装，还坚持常胜军的称号、不接受宋军的编制，又用朝廷发给他的军资让人回内地做买卖、中饱私囊、不服从知府管辖等罪行都揭露出来，并说："郭药师亲属皆在金国，今不愿接受宋朝辖制，反心已露，若其勾结金军，其后果将不可设想！"

徽宗召集王黼、蔡京、童贯密议如何处置郭药师。王黼道："郭药师的常胜军已有六万余人，若其知道朝廷怀疑他，他率军投降金兵，我大宋就危险了！所以现在万不可打草惊蛇。皇上可以加封他官职为名，把他调进京师，趁机削其兵权，把常胜军编入河北军，其祸自解。"

徽宗于是传旨加封郭药师为太尉，并令其进京述职。郭药师接到圣旨加封他为太尉之职，欣然接受了信印，却以军内事务繁忙、分身乏术为名，拒不进京。徽宗见郭药师不听宣，更加疑惑，便派童贯亲赴燕山府视察军情，以观察郭药师的用心。

童贯率领一个观察团，来到燕京。郭药师率部下将领出郊十里迎接童贯，见了童贯行跪拜之礼。童贯急忙闪身，不敢受拜，因说道："郭太尉官职与我同级，童贯怎敢受太尉跪拜之礼？"郭药师道："我钦佩太师，心中敬太师如父，郭某非拜太师，是拜我父亲呀！"

童贯非常感动，和郭药师并马而行，进了燕山府。郭药师果然敬童贯如父，早起问安，晚上守着童贯谈至深夜，方告辞而退。一日童贯要视察常胜军，郭药师领着童贯来到城北一带开阔原野上，童贯见四周静悄悄的，没有一兵一卒，正诧异间，见郭药师从腰间拔出令旗，举在空中，左右一摆，忽听四面战鼓齐鸣，一万骑兵分四队从四面飞驰而来。转眼间已列队在眼前，果然军容雄壮，阵营整肃，刀枪鲜明。上万人的队伍列成阵势，竟然鸦雀无声。

童贯大惊，他心想，老夫领兵三十年，从未见过如此迅若电闪、威武雄壮的劲旅，不由得啧啧称赞道："郭太尉治军有方，不输周亚夫也！"

童贯回到汴京，向徽宗奏道："郭药师治军有方，常胜军威武雄壮，我大宋有郭药师守燕山府，北方无忧也！"

徽宗道："詹度多次告他有背叛朝廷的狼子野心，至今常胜军不改左衽，加封太尉，也不进朝谢恩，将来很可能变成安禄山呀！"

童贯道："郭药师就是有安禄山的野心，可是陛下不是唐玄宗呀。有英名圣主在上，他岂敢轻举妄动?"

王黼又奏道:"詹度性刚，不善协调关系，和郭药师水火不能相容。不如让詹度与蔡靖对调一下，把詹度调往中山府，让蔡靖任同知燕山府。"

于是徽宗下诏，让詹度与蔡靖对调。蔡靖到了燕山府，见郭药师飞扬跋扈，虽屡犯条律，但徽宗仍然恩宠有加，知道郭药师是撼不动的大树，便和知府王安中处处都附和郭药师，不敢和他争执。

再说萧干把契丹兵都分给了萧普贤女，自己带着奚、汉、渤海三军，又辗转回到箭笴山。当时承德府、滦平县、丰宁县、赤峰县、平泉州居住的都是奚人。金军从燕山府退走后，也没在此地驻军，宋军的势力也达不到这一带，因而成了权力真空。这一带原来的地方官员都是萧干的下属，见萧干又领兵回来，便纷纷归附萧干。萧干的军队迅速发展至一万多人。

一天，萧干在箭笴山操练人马，拦子马来报，有一队人马往这里扑来! 萧干急令军士摆开阵势，准备迎战。不一会儿，果见一队人马奔了过来。萧干立马阵前，手握钢枪，正准备厮杀，却见来将止住了队伍行进，独自一人也不拿兵器，来到萧干面前，滚鞍下马，伏地拜道:"不知奚王在此，下官来迟，请大王恕罪!"

萧干定睛一看，来者是承德知府张先。萧干急下马，双手将张先扶起道:"我率军刚来到箭笴山，知府闻信赶来，实是忠勇可嘉。"

张先道:"自从大王随萧后离开南京，下官为保奚民平安，领着一千人马，拥兵自卫，幸好金兵大队人马虽路过承德，却没有进城。下官给金兵送去些牛羊犒军，金兵接受了礼物就离开此地，因而百姓没受骚扰。"

当天张先就迎接萧干进驻承德府。过了几天，又有平泉州团练使阿鲁、檀州团练使耶律阿古哲、蓟州团练使乙室八斤各带着两千人马来投，萧干的兵力增至两万。

一日，张先和阿鲁奏道:"天锡皇帝驾崩，有萧皇后主政，民心尚有所依。今萧皇后已无音信，天下不可一日无主。请奚王晋皇帝位，以安天下。"

萧干推脱半日，张先和几位将领一齐跪地不起，并哭泣道:"大王何不怜我奚民无主? 受女直欺凌，望大王即帝位，率领奚民，重建大辽，恢复故国!"

萧干见众将出于至诚,便答应称帝。于是萧干将原奚王府大堂改为"铁瓦乌龙殿",建立"大奚帝国",改元"天阜",自任"奚国神圣皇帝"。由于大奚帝国源自北辽分支,萧干是为北辽奚帝。

北辽奚帝萧干称帝后,政治上设立奚、汉、渤海三枢密院,分管三族事务,令张先为奚人枢密院使事,又令阿鲁为渤海枢密院使事,阿古哲为汉枢密院使事。又改东、西节度使为二王,分司建官;又铸造"天阜通宝"钱,流通奚地;并推行仇恨女直部族的政策。萧干又率军攻下被金军占领的十余州、三十多个县,兵力一度发展到七八万人。

这就引起金太宗完颜晟(即吴乞买)的高度警惕。完颜晟多次遣使招降北辽奚帝萧干,都被北辽奚帝萧干拒绝,为此金太宗派宗望率领八万金兵进攻奚国。萧干令各州将领坚壁清野,深沟高垒,居坚防守。八万金军打了一个月,一座城池也没攻下来,反而伤亡了很多士兵。于是宗望下令,停止攻城,大军从三面围困奚国,使奚军不敢来金地抢掠。

北辽这时兵多民少,地盘狭窄,养不起这么多兵力,以前全靠去金国地盘上抢掠钱粮,维持军需。现在金军重兵压境,北辽不敢出兵抢掠,这就造成粮食短缺。萧干和众将商议,阿鲁献计道:"我国南部与宋国接壤,宋军将弱兵怯,陛下可派兵往南进攻,占了宋国州县可以就地取食,以解我军饥饿之困。"

于是萧干亲率两万辽军出卢龙岭,风烟滚滚杀奔景州而来。景州团练使巩豪听说辽军来犯,一面部署城防,一面派人飞马向蓟州守将张令徽求救。蓟州守将张令徽接到巩豪的求救信,他知道景州是蓟州的门户,两州是唇齿相依的关系,景州有失,则蓟州难保,于是急点起一万人马,前去增援景州。

再说辽军包围了景州,萧干预料蓟州宋兵必来增援,便留五千辽军攻打景州,自己亲率一万五千辽兵前去阻击宋军援兵。萧干带兵往蓟州路上进发,来到一处叫鸥落坡的地方。见路两边山坡上林木茂盛,中间道路狭窄,便把大军埋伏于路旁的树林里,静待宋军到来。

张令徽恐景州有失,催动三军星夜兼程,赶到了鸥落坡。他率军进入鸥落坡谷底,见道路狭窄,两旁尽是密林,恐有伏兵,正要派兵去林中搜索,忽听一阵梆响,两边树林里万箭齐发。顿时宋军中箭落马者不计其数,队伍大乱,自相践踏。这时又听一通鼓响，两旁山林里杀出上万辽兵，如同猛虎下山，把宋军杀得人仰马翻。张令徽的战马被乱箭射死，他杂入乱军之中，徒步攀山越岭，逃回蓟州去了。到了蓟州，张令徽收拾残兵，只剩下三千余人。

萧干伏击大获全胜，又令辽军换上宋军服装，打着宋军旗号，由投降的宋将带路回景州。萧干令那投降的宋将对着城头喊话道："我是从蓟州过来的援兵，快快开门让我们入城。"

城上的守军见是宋军旗号，又穿着宋军服装，便打开了城门，放辽军入城。谁知这队辽兵一入城，便大开杀戒，守城的宋军一看上了当，吓得抱头鼠窜，跑得慢的尽被辽军杀死。巩豪听见街上杀声四起，知道辽军已攻破城池，便带着几百亲兵，开了南门，逃出城去。谁知刚出城门，碰上辽将阿古哲领大队人马杀来。巩豪与阿古哲大战十余合，阿古哲越战越勇，巩豪渐渐招架不住，又见身边的士兵纷纷缴枪投降，心里一慌，被阿古哲一戟刺死于马下。

萧干率辽军占了景州，又得到大批粮草，军心大振，便又率军来攻蓟州。不知辽、宋再度交兵，谁胜谁负，请听下章分解。

第十七章

萧干率军攻大宋　药师受命平奚辽

　　萧干占了景州，又得到大批粮草，军心大振，便又率军乘胜攻打蓟州。这时蓟州只剩三千宋军。张令徽急忙向燕山府郭药师求救。郭药师当即派张舜臣率一万骑兵前去救援。萧干听说张舜臣领一万轻骑来到，恐怕宋军内外夹攻，辽军受挫，便把辽军后退三十里，在石门镇安营下寨。

　　张舜臣来到蓟州，见辽军已退走，便和张令徽合兵一处追击辽兵。早有拦子马报告萧干，宋军又杀奔石门镇来。萧干就令辽军摆开阵势，准备迎敌。张舜臣领兵来到石门镇，见辽军已列成阵势，便也稳住阵脚，摆开阵势。

　　张舜臣立马阵前，高声叫道："萧干鼠辈，不自量力，胆敢犯我大宋，今日天兵来到，还不快快下马投降，可以免死！"

　　萧干哈哈大笑道："张舜臣小子，本是辽人，背叛父母之邦，摇尾乞怜于南蛮之贼，不以为耻，反以为荣，真不知天下有'羞耻'二字！你有何颜见家乡父老？我劝你快快改邪归正，若归顺故国，可既往不咎，官复原职；若执迷不悟，与大辽对抗到底，必将死无葬身之地！"

张舜臣大怒，纵马舞刀直取萧干。萧干背后大将阿鲁跃马抡锤，截住张舜臣厮杀，二人在阵前大战二十余合，不分输赢胜败。萧干见阿鲁战张舜臣不下，便把刀尖一挑，辽军骑兵一起冲杀过来。张令徽也急令宋军迎战。两万人马在旷野里拼杀起来，直杀得飞沙走石、日月无光、鸟兽藏形。

且说这宋军经过一天一夜急行军，已是人困马乏，可是辽军却休息了一夜，刚刚饱餐一顿，以逸待劳，所以辽军越战越勇，宋军渐渐支持不住，且战且退。萧干见宋军败退，令阿古哲率三千轻骑迂回到宋军侧面杀入阵中。宋军阵势被冲乱，失去了控制，将士各自逃窜。萧干又挥兵奋力冲杀，宋军大败，死伤惨重。张舜臣和张令徽仓皇逃窜。二人逃到蓟州，仅剩一千残兵，急忙闭上城门。

谁知萧干率领辽军随后赶到，把蓟州四面包围，架起云梯猛攻，战至半夜，辽军攻上城头，打开了城门，大队辽兵杀入城来。张舜臣和张令徽急忙开了南门，带了几百骑逃往燕山府去了。

进攻宋国的辽军一路招降纳叛，迅速发展至四万人。萧干在蓟州稍事整顿，便又挥师南下，前锋直抵燕山府。

消息传到汴京，满朝文武，人心惶惶。徽宗急忙召来童贯商议对策。童贯道："陛下不必担忧，燕山府有郭药师在，必能抵挡住辽军的攻势。"

于是徽宗令童贯行文至燕山府，责备王安中、郭药师惩办不力，限其三个月内，收复失地。王安中接到童贯的命令，便令郭药师亲自率军迎战辽军。

郭药师道："辽军连克两州，锐气正盛，我军新败，丢城丧师，士气低落，不可急于退敌。应当凭借燕山府城高池深，易守难攻，诱敌攻城，给敌人大量杀伤，挫其锐气。待辽兵日久懈怠，我以奇兵克之。"

王安中道："朝廷限咱三个月收复失地，你按兵不动，朝廷怪罪下来，谁负责任？"

郭药师道："将在外，君命有所不受。当前敌强我弱，必须耐心等待敌人疲惫，捕捉战机，谋而后动。切不可盲目迎战，战则必败！"

王安中见郭药师不听他的，只好修书一封，向童贯禀报。童贯看了王安中的回书，知道郭药师分析得有理，就不再催战。

再说萧干率辽军围了燕山府，便令辽军架起云梯日夜攻城，可是城上滚木炮石打将下来，辽军死伤惨重。攻打几天，辽军伤亡上千人，燕山府依然巍然屹立。原来攻城辽军只不过四万余人，可是城里的守军达五万人之众。郭药师不出城交战，是故意示弱，诱敌攻坚。待大量杀伤辽军后，辽军必然气馁，乘其疲惫，然后伺机出战，痛击辽军。

辽军攻打了几天，萧干见燕山府坚不可摧，又恐汴京再派来援军，便乘着夜色下令，悄悄撤军。

第二天，郭药师见辽军不再攻城，派拦子马出去打探，方知辽军已连夜撤往蓟州去了。于是郭药师留一万军士守城，亲率四万常胜军来攻打蓟州。

萧干听说郭药师来攻打蓟州，便率军来到豹子岭。把辽军埋伏在大路两侧的密林之中，但等郭药师上钩。谁知郭药师行军前，早已派出探马在路上巡视，发现辽军埋伏于豹子岭，急忙飞马报于郭药师。郭药师对这一带地理非常熟悉，他派张舜臣率领两万常胜军绕过豹子岭，在辽军退往蓟州的路上截击辽兵，又派几十拨小分队骑兵，分散到豹子岭四周放火烧山。然后他亲率两万常胜军来豹子岭山前，准备截杀辽军。

萧干正在豹子岭高处，往燕山府方向瞭望，到了夕阳快要落山的时候，果见南方风烟滚滚，大队常胜军杀奔过来。萧干命弓箭手都拈弓搭箭，但等常胜军进入包围圈，一声令下，便万箭齐发，务必射死郭药师，然后埋伏两侧的辽军乘机杀下山来，一举全歼常胜军。

谁知常胜军行到岭前，不再前进，却摆开了阵势，封锁住了山口。萧干心中狐疑，忽然人报林中四面起火！萧干大惊，知道上了郭药师的大当，急令撤军。可是这时四面烈焰涨天，已连成一片火海。辽军都返回身，向大路奔逃。

萧干一马当先，冒烟突火，沿着大路逃出山口，迎头撞上郭药师。二人战五六合，萧干不敢恋战，夺路而逃。郭药师领兵紧追不舍，阿鲁截住郭药师大战二十余合，抵敌不住，便也落荒而逃。

萧干领着败兵逃出了包围圈，急急忙忙正往蓟州撤退，忽听一声炮响，迎面一支常胜军截住了出路。为首一员大将手使双鞭，一声断喝："萧干逆贼，还不快快下马投降，省得爷爷钢鞭打断了你的脊梁！"

萧干抬眼一看，来将竟是张舜臣。萧干大怒，喝道："你是朕手下败将，安敢如此嚣张！"说完跃马抡刀，向张舜臣头顶砍来。张舜臣左手举鞭架住刀，右手挥鞭向萧干脊背打来，萧干急使了个镫里藏身，身体钻入马腹之下。张舜臣一鞭抽空，萧干早已冲了过去。后面阿鲁抡起双锤、阿古哲挺戟，双双来战张舜臣，战十余合，二将也冲了过去。可怜后边的辽兵，被张舜臣的常胜军一阵狂杀，死的死，伤的伤，降的降，只有五千余人逃了出来。

萧干逃到蓟州，收拾残兵，加上留守蓟州的人马，总共不到一万人。萧干见士气低落，自料蓟州也守不住，便率领残兵撤到景州。

郭药师收复了蓟州，安民已毕，又驱军杀奔景州而来。郭药师心想，辽军主力都在景州，一万辽兵据坚防守，硬攻必要付出重大代价。倒不如留二万人在此佯攻，再派两万军偷去袭击承德。承德是萧干的京师，破了承德，萧干无家可归，军心动摇，可乘机一鼓而灭奚辽。于是郭药师令张令徽带一万兵在此围困景州，他亲率二万常胜军来袭承德。

这时，辽朝枢密使张先带着五千老弱辽兵留守承德，闻听郭药师率两万常胜军来攻城，急忙部署城防。郭药师率军来到承德，就令常胜军从东西南三个方向攻城，留下北门不围。且说这常胜军架起云梯，日夜猛攻。城上的士兵越来越少。张先料守不住，恐怕皇后、贵妃尽落于郭药师之手，便来宫中向皇后娘娘禀报："宋军攻城甚急，臣料京师难保，请皇后起驾迁往箭笴山，以避兵锋。待我军击退宋兵，皇后再返京。"

皇后也没啥主见，就令宫中嫔妃打点行装，夹在军队中，趁着夜色，出了北门，悄悄潜行。谁知刚出城行有二里，忽听四面炮响，常胜军从四面杀来，顿时把辽军冲得七零八落，各自逃命去了。张先保着皇后和几个贵妃，拼命冲杀。正遇见张舜臣，交马只一回合，张先就被张舜臣一鞭打得脑浆迸裂而死。皇后和贵妃也尽被宋军捉拿去了。

郭药师进了承德城，把辽将阿古哲和阿鲁等将领的家眷尽行捉拿，押在军中，又下令士兵，不得进入民宅，不得乱杀百姓。城内秩序井然，民心皆安。

郭药师令张舜臣领五千军守承德，他又率一万五千兵押着皇后和贵妃，还有阿鲁、阿古哲等将领的家眷，来助攻景州。

郭药师来到景州，便押着皇后、贵妃和阿鲁、阿古哲等人的父母妻子来到城门前，高声喊道："守城士兵听着，你们的老巢已经被宋军攻克。皇后和妃子都已被俘，你们快去禀告萧干，让他来认认他的妻子！"

士兵把宋军的喊话如实地禀告了萧干、阿鲁还有阿古哲，三个人急忙登城一看，果然皇后和妃子还有阿鲁、阿古哲的父母俱被五花大绑，捆在马背上，哭哭啼啼地劝辽军投降。阿鲁和阿古哲见父母都被宋军捉住，肝肠欲断，都想劝萧干投降。

这时萧干见郭药师骑着马就在城下，他藏于门旗后面，拈弓搭箭，一箭射去，那箭射中了郭药师的头盔，把盔缨射掉。郭药师大惊，急忙勒马后退，回头指着城头大骂道："萧干老匹夫，死到临头，还顽抗到底，待攻破城池，看我把你碎尸万段！"

阿古哲本想劝萧干与宋军和谈，见他差点没把郭药师射死，知道和谈是没有了希望。但他还怕宋军杀了他的父母，心里非常着急。这时宋军在郭药师指挥下，已展开猛烈的攻势。几十部云梯上，敢死队员一手持盾，一手持刀，拼命地攀爬城墙。城墙边刀光闪烁，喊杀声震天动地。虽然宋军被砍死砍伤者不计其数，可是辽军也出现大批伤兵，不断有人倒在血泊中。双方激战到深夜，宋军才收兵。

阿鲁见城中守军伤亡惨重，估计这景州也守不住，便劝萧干趁着夜色，把军队撤到箭笴山。萧干采纳了他的建议，便令阿古哲领两千军头前开路，阿鲁领两千军断后，自领中军居中，打开景州西门悄悄逃窜。谁知早有探马报知郭药师，郭药师立即率军追了上来。

阿鲁听见后面人喊马嘶，知是宋军追来，便把他率领的两千辽军摆开阵势，迎战追兵。黑暗之中两军相遇，立即厮杀起来，郭药师发现断后的辽军为数不多，就指挥宋军把辽兵包围起来。辽军被一批又一批地杀死杀伤，最后只剩几百人，又被宋军冲散。这时阿鲁单枪匹马，想冲出重围逃跑，谁知正撞到郭药师马前，被郭药师手起刀落，斩于马下。其余的零星辽兵很快就被彻底消灭,不漏一兵一卒!

这时天已大亮,郭药师就令埋锅造饭,令宋军饱餐一顿,稍事休整,便又向箭笴山杀来。

且说萧干率领辽军残部来到箭笴山,构筑工事,准备长期坚守。第二天见山下旌旗如海,战马似潮,原来郭药师又率军把箭笴山包围起来。萧干见手下将士皆有惧色,便说道:"胜败乃兵家常事,昔日汉高祖与项羽战于彭城,一败涂地。后退守汜水,屡战屡败。汉高祖的父亲、妻子都做了俘虏。可是高祖毫不动摇,终于最后战胜了项羽,成就了汉家四百年之天下。今我军还有六千多精兵,足以凭借山险与敌对抗,何况我大辽还占有十余个县城,皆有驻军防守,他们可以袭扰宋军粮道。待宋军粮尽,必然退兵。然后我乘机追击,可一举大败宋军,收复失地,重振大辽!"

阿古哲道:"昔日汉高祖与项羽相踞汜水,虽然屡败,但元气未伤。何况内有川陕广阔地域做依托,外有韩信、彭越相援助。所以汉高祖能赢得最后的胜利。可是今天我军主力伤亡殆尽,只剩这一座山寨,被宋军包围得水泄不通,外无援兵,内无粮草。坚守下去,已无任何希望。望主公三思。"

萧干也知道辽军面临灭顶之灾,但他宁死不愿投降大宋,所以才为大家打气,想顽抗到底,来个玉碎!他听了阿古哲这泄气的话,知其想投降宋军,不由得勃然大怒,喝道:"你心怀鬼胎,扰乱军心,欲卖国求荣,刀斧手,给我推出斩了!"

萧干的卫队长耶律八斤向前奏道:"阿古哲赤胆忠心,随主公转战南北,为大辽立下汗马功劳。当今大敌当前,主公若乱杀功臣,将士寒心,大家将一哄而散。谁还为主公卖命?"

萧干知道耶律八斤是阿古哲的外甥,今听他说这话软中带硬,知道若要杀了阿古哲,这些辽将很可能一哄而散,都去投降宋军。他这位皇帝瞬间就会变成了孤家寡人,只能自杀殉国了!想到这里,萧干不敢坚持要杀阿古哲,便借坡下驴道:"朕念阿古哲战功卓著,免了死罪,降为团练使之职,你要戴罪立功,不许再扰乱军心。"

萧干带着耶律八斤和几十个亲兵巡视山寨,直到临明,困乏已极,才回营帐休息，蒙眬间睡去。

耶律八斤见萧干睡着，就对阿古哲道："萧干要顽抗到底，让我们都为他殉葬。我俩死不足惜，可怜父母都被宋军俘获，将累及父母家眷皆死于刀下！"

阿古哲道："我们现在只有一条路能保全全家性命，就是把萧干杀了，向宋军投降。你身为萧干的卫士长，可以出入萧干大帐，趁他熟睡，将他杀死，大事谐也。"

耶律八斤就带了钢刀，潜入萧干大帐，见萧干帐内亮着灯，萧干头枕钢盔，怀抱钢刀入睡。耶律八斤，走近卧榻，一刀把萧干人头削掉，然后提了萧干血淋淋的首级走出帐外。

这时，阿古哲也带着几十个亲兵过来，见耶律八斤已杀死萧干，便把辽军中的小头目都召集过来。众头目见耶律八斤手里提着萧干的人头，都大惊失色。耶律八斤道："各位弟兄不要害怕，现在我们都有家眷被宋军俘获，咱只有投降宋军，才能救出父母妻子，也能保全自己的一条性命。你们谁想活着走出山寨，就随我投降宋军；谁想死在这里，就留在山寨！"

众头目哪个不想活命？于是纷纷表态，愿意随耶律八斤投降宋军。于是阿古哲先派人下山向郭药师报信，说已把萧干杀死，阿古哲和耶律八斤马上下山投降。郭药师闻信大喜，但为防辽军有诈，便令辽军下山，不许携带刀枪，不许骑马，一律徒步下山。

耶律八斤和阿古哲便提着萧干的人头，率领辽军，都弃了盔甲，空手、徒步走下山来。郭药师见果然取了萧干的首级，因念萧干曾有救命之恩，便令把萧干头颅与尸身缝合在一起，葬于箭笴山下。又把辽军分散编入宋军中，暂命阿古哲为团练使，耶律八斤为团练副使，待奏闻朝廷再行封赏，并立刻把在押的辽将家眷统统放了，然后收拾了山寨的兵器、战马、钱粮，领着宋军凯旋。

宋军到了承德，辽地各县的头目闻听萧干已死、辽朝已灭，便纷纷前来宋军中投降。于是奚辽国全境三十余县尽皆平定。郭药师平定了奚辽，大受徽宗嘉奖，从此更加飞扬跋扈，朝廷对他不敢节制。知府王安中处处巴结他，任其胡为，时人谓其是安禄山转世。

第十八章

义士坚守平州地 张觉落荒奔宋朝

上章说到郭药师虽然平定了奚辽，可是在宋金交界处的平州还被辽朝节度使张觉占着。张觉是平州义丰人，辽国进士出身，金人入侵辽境时他任辽兴军节度副使、知平州。耶律大石等人拥耶律淳为帝期间，曾命时立爱知平州，张觉拒绝时立爱入境。

张觉手里有五万人马，他认为天祚帝还在，耶律淳称帝实是僭号。他恐天祚帝万一再打过来，要问反叛之罪，于是选择拥兵自守，观望时局，并不听从耶律淳的号令。后来阿骨打占领了析津府，辽朝降将左企弓进言道："平州节度使张觉手下有五万人马，占据重要关隘，皇上要赶快派人去招降张觉，防止他投降宋朝。"

阿骨打问道："何人可去招降张觉？"

左企弓道："平州人韩询现在析津府，他与张觉有旧，可派他去招降张觉。"

阿骨打就任命韩询为析津府同知，让韩询持诏去平州招降张觉。

张觉心里憎恨金人，不愿投降金朝，但他又恐自己势单力薄，抵挡不住金军的攻势，便表面答应归顺金朝，背地里仍然接受燕人流民，积极扩充军队备战。

阿骨打听说张觉仍在扩军备战，就召集臣僚商议讨伐张觉。辽国降臣康公弼说道："张觉已同意归顺大金，皇上若领兵去打，则是逼其复反也。待下官去平州观察情形，若其确实诚信投降，朝廷可派去官员任平州知府，管理平州，再派监军，监视军队，可也；若其用心不诚，朝廷再派兵征讨，还未为晚。"

阿骨打觉得康公弼说得有理，便派他以安抚民众为由，去平州探听虚实。

张觉听说阿骨打派康公弼前来安抚民众，知是金人怀疑自己，派康公弼来探看虚实，便率部下出城十里迎接康公弼，把康公弼接进府衙，设宴款待，并选美女歌伎相陪。张觉在席上频频向康公弼敬酒，又对康公弼道："金太祖英明果断，仁慈爱民，天下士子争相归附。自古良禽择木而栖，忠臣择主而事，我等得遇金主，实是三生有幸！"

康公弼见他对阿骨打极其崇拜，且对降金没有一点惭愧之意，于是深信张觉是一心一意归顺金朝，并无异心，便对张觉道："契丹已亡，大金崛起。我等皆属汉人，岂能为辽朝殉葬？自古识时务者为俊杰，你能归顺大金，保一方百姓平安，又能保住官位，真是明智之举呀！"

张觉又道："康大人能审时度势，顺应时代潮流，保民安境，使黎民免受战火涂炭，张某非常钦佩，还望康大人在金主面前多为下官美言。"

张觉又奉承了康公弼一番，哄得康公弼心花怒放。临别，张觉又送康公弼一份厚礼。

康公弼回到燕山府，把张觉在席上说的话一一向阿骨打汇报。阿骨打听了半信半疑，他问计于斜也。斜也道："张觉仅占一州之地，他就是心怀不轨，也兴不起大浪，何足畏哉？天祚帝最近又向上京一带进攻，西部许多辽降将纷纷倒戈，这才是我心腹大患。主公应当集中主力，去消灭天祚残余势力才是。"

于是阿骨打为了稳住张觉，加封张觉为中书门下平章事；又封左企弓为平州知府，康公弼为监军，以牵制张觉。安排停当，阿骨打留一万军守燕山府（南京），自己又率金军主力追击天祚帝去了。

且说左企弓领了平州知府印信，带着虞仲文、曹勇义、康公弼等随从官员赴平州上任。

这时金军正驱赶着燕地百姓往关外迁徙，这些百姓路过平州，一路哭号之声不绝于道。张觉部下将领对张觉道："左企弓、康公弼身为南京留守，不能守卫疆土，保护黎民，把南京拱手献给女直，害得燕民被金兵掳掠北上，拖儿带女，离乡背井，死于道上者随处可见。平州的老百姓能得到暂时的平安，全仗节度使您的保护啊！当前能保疆安民者唯有您了。"

张觉又召僚属商议如何应对当前乱局，僚属们都激动地说道："近来听说天祚帝在松漠兵势大振，金军主力匆忙调往西部，对付天祚帝去了。现在金朝东方军力空虚，主公若能仗大义，举起灭金兴辽大旗，迎故主以图恢复，声讨左企弓等叛国投敌之贼，把他们捉住杀了，用他们的人头祭奠军旗；把迁徙的燕民放归故土，宋朝廷肯定也很高兴。如果金人西来，内用营、平之兵，外借宋军之援，金人能奈我何？"

张觉还不敢贸然行事，他听说翰林学士李石现住在营州，便亲往营州拜访李石。李石道："我等皆为汉人，大宋乃文明礼仪之邦，地大物博，英才辈出，有雄兵百万，今日金人已把析津府归还大宋，我平营二州与析津府接壤，公若能携平营二州百姓回归宋国，实是功垂千古之义举。"

张觉听了李石的宏论，不觉热血沸腾，他平素瞧不起女真人，认为女真人不过是半开化的野蛮之族，没有文化。尽管能征善战，但要治理天下，跟宋朝廷就差远了。这时，张觉就下定决心要反叛金朝了。

再说左企弓原是辽朝南京留守，官在张觉之上，心想张觉是自己的老部下，应该能镇得住他。所以左企弓带着康公弼等人大摇大摆来到平州。张觉也领着群僚出城迎接，把左企弓等人迎进知府衙门，饮宴一天。第二天左企弓就命虞仲文、曹勇义检查知府账簿。张觉胡乱给他弄了本账簿，账路牛头不对马嘴。左企弓又命康公弼察看府库财物，张觉不给钥匙；左企弓又要求军队更换金军旗号、衣甲，张觉推托一时做不出来；左企弓要任命他带来的随从为平州官员，都被张觉拒绝。

虞仲文怒道："张觉根本不听知府命令，百般刁难，反心已露。大人可速给金军报信，请金军来捉拿张觉，防其反乱。"

这时宋、金经过反复谈判，金人已把析津府六州归还宋朝，金军退回关外，在锦州驻防。

左企弓遂修书一封，令随从曹勇义夜里偷偷溜出平州，去往锦州给金军报信。谁知曹勇义刚出城门，就被巡逻骑兵拿获。巡逻士兵从他身上搜出左企弓的亲笔书信，押着曹勇义来见张觉。

张觉一看信上诬告自己不服金朝法令，有谋反之心，请求金军速来抓捕，心中大怒，立即率兵包围了知府衙门，把左企弓和虞仲文、康公弼全部绑了。

左企弓看到张觉，说道："我乃金主任命的知府，你是我的下属，怎么敢抓我？金军若知道了前来讨伐，可是要问你叛逆大罪的呀！"

张觉哈哈大笑道："左大人，你不是大辽的高官吗？大辽朝廷给你高官厚禄，你不思尽忠报国，却投降女直，还厚颜无耻自称金国知府。我今日不仅要抓你，还要拿你人头祭旗！"

左企弓道："我一老朽之身，死不足惜。你背天违时，自取灭亡，可怜平州数十万军民又遭兵燹，皆你之过也！"

张觉骂道："老匹夫卖国求荣，还敢狡辩，给我拉出去砍了！"

刀斧手不由分说，把左企弓、曹勇义、康公弼、虞仲文推到路口，一刀一个，把四个人的人头都剁了下来。

张觉杀了金朝命官左企弓等人，便布告各县，号召仁人志士起兵反金！又废了大金年号，复称保大三年，绘天祚帝的影像挂于厅上，每遇大事，总要先跪在天祚帝的画像前祷告，然后才去办理。他把城中的族长和大小官员召集到天祚帝像前，对族长们说："女直蛮夷之邦，今日攻击我大辽，屠戮我同胞，是我们辽民的仇敌，大辽好男儿岂可任金贼欺凌？"

他又指着天祚帝的画像道："这是我大辽的皇帝，他还在西部与金兵战斗，我们岂可背叛故主？当今只有与金贼以死相拼，若能取胜，光复大辽；若失利，就投奔大宋，决不在金贼治下偷生！"

自古燕地之人崇尚义气，大家听了张觉慷慨激昂的演讲，群情激奋，纷纷表示愿意随从张觉反金。张觉又下令，把押送燕民去关外的金兵抓起来处死，把路过平州的燕民都送还燕地。于是燕民对张觉感激流涕，欢天喜地地返回了故乡。

　　翰林学士李石向张觉进言道："公已公开反金，恐怕不久金军就会前来讨伐，平州兵少地狭，难以抗拒金兵，不如早日归顺大宋，有大宋为后盾，金兵就奈何不得我们。"

　　张觉就派李石去燕山府联系宋国。李石来到燕山府，拜见了宋庆远军节度使、河北河东燕山府路宣抚使、知燕山府王安中。王安中久闻李石是辽朝墨翰饱学之士，心里非常仰慕，便设宴款待。

　　席间李石对王安中道："平州自古形胜之区，地方数百里，带甲十余万，张觉文武全才，若为我用，必能屏翰王室。大宋如不及时招降，恐其西迎天祚，将为吾肘腋患矣。"

　　安中觉得李石说得有理，便亲自写了一副奏章，极言接纳张觉有利于大宋边防的巩固，并令詹度引着李石去汴京面奏徽宗。

　　詹度到了汴京，自己先拜见了徽宗，具言张觉欲叛金归宋之事，又把王安中的奏折呈上。不料徽宗却道："宋、金两国结盟，金国打下燕山府，按照盟约归还大宋，而平州属金国地盘，我若招降张觉，是背约也，岂能贪一州之地，而毁两国之好？"遂不同意接纳张觉。

　　詹度回到馆舍，对李石道："皇上不愿背弃宋、金盟约，拒绝接纳张觉。"

　　李石道："在下能说服皇上，请大人明日引荐敝人面见宋皇，如何？"

　　第二天，詹度又在徽宗面前说李石学富五车，有管乐之才。陛下若能接见他，定能献安邦强国之策。徽宗就在便殿召见李石。李石乘机向徽宗献策道："当今张觉拥兵五万，占据平州重要关隘。若拒绝张觉归宋，不仅为金人平添五万雄兵，且金人占据平州，则入关大门洞开，金人铁骑自平州南下，千里平川，无险可守，遗患无穷；若接纳张觉归宋，宋军沿长城布防，金人铁骑不能入关，则大宋疆域固若金汤，此万世之功也！"

　　徽宗听了李石的话，心里有些活动。这时赵良嗣道："根据宋金协议，平州不在归宋范围，应属金国管辖。如果我朝违约，接受张觉投降，这可是挑起宋、金战争的行为。一旦宋、金开战，金军铁骑势不可挡，到那时后悔就晚了！"

徽宗听了赵良嗣的话，又犹豫不决起来。宣抚使谭稹奏道："我朝如不接受平州，张觉的势力和原辽萧干部及西面的天祚帝联合起来，会对燕山府造成极大的威胁，反之，能得平州，即使金人大兵压境，燕山府路的常胜军和张觉的平州六万大军，也能抵挡得住女真兵的进攻。"

徽宗便派童贯再度到燕山路进行考察，看看现在燕山郭药师的军事实力。童贯考察回来的报告说，郭药师的常胜军很有战斗力，保卫燕山府没有问题。而此时原辽降臣康延殿学士太一宫赵敏修给徽宗上奏折，说他在平州待过很久，此处的战略位置非常重要，要保燕山，必得平州。

赵敏修原名李处能，其父是辽国宰相李俨，投靠北宋后，很受赵佶欣赏，赐姓赵，赵敏修与王黼和蔡攸关系都很好，王、蔡二人都支持他接受平州的言论。徽宗脑袋一热，忘了宋军刚在军事上的惨败，决定接受张觉的投降，诏建平州为泰宁军，以张觉为节度使，世袭平州。

这时大金国皇帝吴乞买在联宋灭辽战争中，早已发现宋军比辽军还要软弱，因而一开始就不同意把燕山府归还给宋朝。不过他尊重阿骨打的权威，不敢坚持自己的意见。现在阿骨打已死，他大权在握，正想寻找借口对宋用兵，忽然传来张觉反叛金国，杀死左企弓，准备投降宋国的消息。吴乞买立即派金将庵母率本部人马前去征讨。

庵母率两万金兵风烟滚滚。杀奔平州而来。早有拦子马报与张觉，张觉就派手下大将刘淳领两万轻骑前去迎敌。临行张觉密授机宜道："你遇上金军只许败，不许胜，吸引金兵追击。把金军引进磨盘山，周旋十天，待金军疲惫不堪，然后退往平州。我率大军于路上设伏，以逸待劳，一举将金军击溃。"

刘淳得令，点起人马，前往营州迎战金兵。

再说庵母领着金兵如同饿虎扑食般直取营州。大军正行间，见前面一队骑兵列成方阵，阻住了去路。庵母立即传令，发起攻击，于是两万金军呐喊着冲向敌军。两军稍一接触，辽军就败退下来。不过辽军全是骑兵，撤退也来得迅速。庵母见辽军败退，立即挥师猛追。辽军撤有三十余里，正埋锅造饭，金军又追了过来，于是辽军又上路逃窜。金军见辽军也不敢进营州，竟往磨盘山里逃去。庵母以为辽军已经丧胆，便下令星夜追击，务必追上辽军全部歼灭。

刘淳引着金军在磨盘山里转了十余天，金军已是人困马乏，粮草已用尽。但是辽兵就在前头不远，犹如诱饵一般吸引着鱼儿拼命追来。这天辽军出了磨盘山，又往平州逃跑。金军追到一片四面环山的平川。这时见辽兵丢下的营帐、器仗、盔甲遍地都是，金军纷纷下马捡拾财物，忽听一声炮响，五万辽军从四面冲杀过来。金军正乱糟糟的，许多士兵来不及上马，就被辽军杀死。金兵虽然凶猛，但这时被辽军冲得七零八落，官找不着兵，兵找不着官，于是各自逃窜。庵母一见大事不好，急忙跃马舞叉，拼命冲杀，辽将皆不能阻挡，最后终于冲出包围圈，仓皇向锦州逃去。到了锦州收拾残兵，仅剩三千人马。

金主吴乞买见庵母大败而归，勃然大怒，把庵母打了四十军棍，降为团练使之职。又派完颜宗望领兵八万，来攻打平州。

且说这平州城里，早有何论古安排的金人奸细，那奸细打听到六月十二日，张觉正式归宋，就派快马报告宗望。到了那一天，宋朝要派来一批官员接管平州。完颜宗望大军来到了营州，立即派一千轻骑，疾驰平州。赶巧张觉率领着手下将领出城迎接宋朝派来的官员，金军突然赶到，向张觉杀奔而来。张觉手下只带了百十个亲兵，一会儿便被金军杀完。张觉匹马单枪想杀回平州城里，可是被金兵阻挡住了退路，不得已返身杀出包围圈，向燕山府逃去。

完颜宗望知道张觉逃往燕山府去了，心想，这平州虽有几万辽军，但群龙无首，可以趁机一鼓作气拿下。谁知守城军内有一偏将名叫张淳固。这张淳固在军内很有威信，辽军内的千人长共推他做临时统军。守军在张淳固的指挥下，团结一致，奋起抵抗。金军架起云梯猛攻几个月，死伤几千人，也没能攻下平州。完颜宗望见猛攻不克，只好改变策略，采取长期围困，围而不打，等辽军断了粮草，发生内讧时再攻取平州。

第十九章

宋廷失信杀张觉
药师叛宋降金兵

完颜宗望没有抓住张觉，却抓住了张觉的弟弟张齐，并从张齐身上搜出一封宋徽宗亲笔写的招降张觉的手诏。完颜宗望这下更抓住了把柄，他派人向宋朝廷问罪，说道："我们大金国讲究信义，遵照海上之盟，把燕山府六州之地归还宋朝；徽宗身为一国之主，却不守信用，做些龌龊行为，暗中竟然掀动张觉反叛金国，挑起战端。大金派兵前来问罪，勿谓言之不预也！"

宋徽宗和满朝文武大臣都被金使诘问得无言以对。童贯说道："营州和平州仍然是辽兵占有，对宋境构成了极大威胁。我皇想彻底消灭残辽势力，所以想招降张觉，待张觉投降后，再归还贵国。"

金使道："按照金宋盟约，平、营二州属于金国领地。张觉属金国臣民，若其有侵犯宋国的行为，宋国该先知会金朝，要求金国控制。怎能在不通知金国的情况下，偷偷招降张觉？"

徽宗和大臣们理屈词穷，又不敢同金人翻脸，只好赔了许多的不是，说了一大堆的好话。金国使臣考虑，平州还没攻破，西线还有天祚的威胁，再说对宋用兵，也没做好充分准备，因而暂时也不愿意与宋朝彻底决裂。

于是金国使臣说道："宋廷招降张觉的事件严重破坏了两国对盟约的诚信，侵犯了金国的主权，危害了金国的安全。又害得金国劳师动众，挑起了金国的内战。你们君臣要想避免两国兵戎相见，必须答复金国两个条件：其一是把张觉的人头送来；其二是你们宋人害我们劳师费力攻打原本属于我们的地盘，这次军事行动费用你们得出，大军的粮草你们得供。"

徽宗惧怕金人动兵报复，答应了金使的第二个要求，给女真人送去大批粮草和银钱，供金军攻打平州使用。

金人为了多赚宋国的钱粮，打仗一向勇猛的金兵开始消极怠工，打了半年才打下来，赚了北宋人不少钱粮。但张觉的人头，徽宗一开始还是不想给的，命王安中不交人。女真人催得急，上头又不让给，王安中耍了个小聪明，找一个长得酷似张觉的人砍了头给女真人送去。可惜女真人没这么容易糊弄，很快将人头送回来说，这是假的，真张觉藏在王宣抚您的甲仗库内。你们不交上张觉的人头，我们自己带兵来取了。王安中认为到了这个地步，只有牺牲张觉，他密函徽宗，请求皇帝答应女真人的请求。

徽宗没有办法，只得再一次牺牲降宋的辽臣，密令王安中将张觉处死。王安中接到圣旨后，就把张觉抓了起来，宣读了张觉的"罪状"。张觉破口大骂道："我的罪过就是相信了你们这帮鼠辈！"

王安中命人勒死张觉，砍下头送到了围困平州的金兵那里。完颜宗翰传令，把张觉的头悬挂在营前，示众数日。

郭药师闻听王安中处死了张觉，并把人头送往金营，急来知府衙门诘问道："张觉一片赤诚，携带六万军队、三州数十县的地盘，归顺大宋。他不畏强暴，抗拒金贼，功勋赫赫，有功未赏，却砍了其头送给敌国；堂堂大国，当以信义立天下，你行此龌龊无耻之事，使天下义士寒心、忠臣却步。如金兵来攻，天下谁还冒死保卫大宋？"

郭药师一席话说得王安中面红耳赤，只好推脱道："我是奉圣旨行事，没有办法呀!"

郭药师道:"将在外,君命有所不受。皇帝一时出了错诏,你应当进京对皇上晓以大义,明辨是非,拼死进谏,才是忠义之臣。你明知杀死忠义之士,将挫伤天下义士之心而不谏,反而推波助澜,不与我商议,秘密将张觉杀害,又送首级予金国,是你之过也!"

王安中词穷理屈,郭药师那犀利的眼神逼视着他,令他不敢正视,只好支吾几句,忙把话题岔开。

郭药师回到自己的府邸,心想,这宋朝廷上下皆不讲信义,贪利而忘义,畏强而凌弱;今日金人要张觉之头,他们就乖乖地把张觉的人头给送去了。我郭药师也是金贼悬赏捉拿之人,明日金人要我的人头,他们岂不也把我给杀了吗?想到这里,郭药师对宋朝廷的信任已彻底动摇了。他想,我一定要保持自己的实力,提高警惕,防止被宋朝廷杀害。

且说这时徽宗因童贯征辽屡败,已经失去了对童贯的信任,让谭稹取代他当燕云宣抚使。谭稹来到燕山府,就积极策划建立另一支义胜军,想取常胜军而代之。义胜军的工资待遇是常胜军的二倍,很快就有很多常胜军的士兵跳槽去义胜军。郭药师为了防止常胜军士兵跳槽,不得不在军士的脸上刺字标识。在宋国的地盘上,队伍越来越不好带。宋徽宗即使给郭药师再多的赏赐,他也无法给郭药师一样东西——信心。

金国军师何论古早就在燕山府军政机关内派遣了许多细作。这些细作把宋朝将帅不和的情况向何论古做了汇报。于是何论古向金主吴乞买奏道:"如今宋徽宗撤了童贯的宣抚使,换谭稹掌控北路兵权。谭稹想削弱郭药师的势力,在燕山府又成立了义胜军,引起郭药师的不满。加上宋朝廷处死了张觉,令辽朝降将人人自危。皇上可趁此机会,发兵攻宋,可一举而灭宋国也!"

吴乞买道:"谭稹与童贯相比,哪个人更会用兵?"

何论古道:"童贯用兵几十年,征西夏,灭方腊,战绩辉煌。其善于驭将,深得军心,郭药师对他非常佩服,确是我大金之劲敌。而谭稹不善于用将,造成将帅不和,其与童贯高下已见也!"

于是吴乞买听从了何论古的建议,决定发起侵宋战争,令谙班勃极烈斜也兼任都元帅，驻京师，统一调度金军，令完颜宗望为东路军主帅，率兵六万，自平州入燕山，掠取河东、河北的广大地区；令完颜宗翰为西路军主帅，率兵六万，自云中入太原、下洛阳，绝宋军西北军援助汴京的道路，并防止徽宗奔蜀，最后的战略目标是两路大军合围汴京，一举灭宋。

完颜宗望统率着东路金军，自锦州入燕山，接连攻下檀州和蓟州。然后命大将吾睹补领兵一万取涿州；又令大将斡鲁古领兵一万取易州。完颜宗望自领四万金兵，来攻燕山府。

探马早已飞报郭药师。这时王安中、谭稹都不在燕山府，郭药师和同知燕山府蔡靖商议，派义胜军将领韩羽领一万五千人去涿州迎击吾睹补；派张舜臣带义胜军一万五千人去易州迎战斡鲁古。郭药师亲率四万五千常胜军，去迎战完颜宗望。

郭药师率军来到白河，与金军相遇。完颜宗望见郭药师的军队阵营整肃，刀枪鲜明，心想我参战不下百余阵，从未见过这般雄壮的军队，不由产生三分胆怯。金人素来敬仰太阳神，时值正午，宗望下马，朝南拜了三拜，然后才擂鼓发兵。

郭药师令甄五臣领一万人向金兵左翼冲击；令赵鹤寿领一万军向金军右翼冲击；自己亲率两万铁骑直捣完颜宗望中军。郭药师一马当先杀入金军阵中，抡起门扇般的大刀，寒光闪闪，上下翻飞，连劈三员金将。

宗望看见郭药师凶猛异常，杀得金军人仰马翻，不由勃然大怒，挺丈八钢叉，朝郭药师刺来。郭药师把刀一挥，叮当一声响，把钢叉拨开。二人一个似下山猛虎，一个如出海蛟龙，左盘右旋，杀作一团。真是棋逢敌手，将遇良才，大战五十余合，不分输赢胜败。

再说金兵虽然骁勇善战，但毕竟长途奔袭，人困马乏，渐渐抵敌不住常胜军的攻势；常胜军是以逸待劳，加上士兵都痛恨金兵，又见主将身先士卒，所以人人奋勇，各个争先，杀得金兵纷纷后退。宗望见金军败下阵来，恐自己被常胜军包围，便虚晃一叉，夺路而逃。

郭药师哪里肯舍，催动常胜军随后掩杀。宗望领这支金军乃是金国王牌军队，出师以来没有吃过败仗，军纪非常严格，所以虽然败阵，但队形不乱，轮番抵御常胜军的追击，且战且退。退到了金军大营，因常胜军追得太紧，宗望顾不得进营，绕寨而走。营帐器械、粮草尽在营中，都被常胜军夺去。

郭药师想一举将金兵打残，使其丧失再战的能力。正欲传令继续追击，忽有探马来报："韩羽的义胜军战败降金，吾睹补已占领涿州，正率领金军向燕山府进兵；张舜臣领的一万五千人马也被斡鲁古打败，逃往雄州去了。斡鲁古也领着金兵，正向燕山府杀过来！"

郭药师闻言大惊道："若燕山府有失，我无家可归也！"于是急忙传令：把金军营寨的粮草辎重一把火烧了，然后后队做前队、前队做后队，全军火速撤往燕山府。

宗望领着败兵一气奔逃三十多里，见后面没有喊杀之声，才消停下来。但粮草都丢失净尽，正愁吃不上饭。却有吾睹补和斡鲁古派人送来捷报，原来两路人马皆大获全胜，正向郭药师的老巢燕山府进军。

宗望闻报大喜，他料郭药师必是闻吾睹补和斡鲁古两路人马抄其后路，吓得赶紧收兵回燕山府去了。于是宗望派拦子马去打探消息。拦子马回报，果然宋兵连金军营盘里的粮草都没搬走，就地放火烧了，已撤军远去！

宗望率军来到金军原来驻扎的大营，见烟焰涨空，营寨大火正在熊熊燃烧。宗望令士兵救灭了火，从灰烬里又扒出些粮食、锅勺之类的东西，煮了米饭，让这些饥饿而又疲惫的金军将士凑合了一顿。

吃过饭，这些金兵又长了精神，跟随宗望杀奔燕山府而来。

再说郭药师率军一路狂奔，路上跑死了几百匹战马，终于抢在金军前头进了燕山府。他进了城，顾不得喘息，赶紧布置城防。在城头广置滚木炮石、硬弓强弩，以防金军攻城。刚刚布置完毕，就见吾睹补率金军从东方杀奔过来，在燕山府东郊安营下寨；接着又见一大队金兵打着斡鲁古的旗号从东北方向开来，在燕山府北郊安营下寨。郭药师急忙修书一封，派人飞马向雄州求救。

第二天，宗望又率领大批金军来到燕山府，便传令把燕山府四面包围。这时金军加上投降的辽兵，共有八万兵力，守城的常胜军仅剩三万多人，兵力已相当悬殊。可是宗望见这燕山府城高池深，易守难攻，且郭药师深得军心，善于用兵，估计难以攻克，因而采取围而不打的策略，令军士在燕山府四周开挖壕堑，筑起土墙，做长期围困的准备。

败报传到汴京，徽宗急令谭稹发兵救援燕山府。谭稹就令辛宗勇率兵三万去增援燕山府。辛宗勇率军抵达涿州，涿州城内有三千金军驻防。辛宗勇传令把涿州围了，架起云梯攻打。谁知守城金军极其顽强，用滚木炮石砸将下来，打得宋军头破血流，死伤甚重。

宗望听说宋军围攻涿州，便派斡鲁古领两万金兵去抵挡宋军。斡鲁古率领两万轻骑，一天就驰到涿州。辛宗勇见金兵忽然到来，便撤军三十里，依山傍水下寨。刚安顿下来，一个金人来下战书，辛宗勇看了战书，大笔一挥，来日作战。

金人走后，辛宗勇心想，金军今日急行军一天，人困马乏，我何不趁其熟睡之际，来个偷袭，一举将金兵打垮。辛宗勇主意已定，到了半夜子时，便率领宋军人衔枚、马去铃，悄悄向金营摸来，来到金军营寨，辛宗勇一马当先杀入营中——却不见一人，原来是一座空营。

辛宗勇情知中计，急传令撤军。忽听一声炮响，金军从寨外杀了过来。宋军大乱，霎时就被金兵冲得七零八落，各自逃窜。金军一阵大杀，只杀得宋军尸横遍野。辛宗勇使一杆浑铁长矛，单人独骑杀开一条血路，逃往雄州去了。斡鲁古率领金军一直追到雄州，吓得谭稹紧闭城门，不敢出战。斡鲁古就在雄州城外安营下寨，金兵经常出来耀武扬威，十分猖獗。

宗望闻报斡鲁古大获全胜，心中大喜，为动摇郭药师的军心，故意把宋军的战俘数十人放进燕山城。郭药师一询问，才知道宋军援兵已被消灭，燕山府八州已尽为金军占领。郭药师自料孤城难保，想突围逃跑，但尝试几次冲到壕堑边，都被金军乱箭射回。

这时又有一帮人来到城门口，高喊："我们都是常胜军亲属，快快放我们进城。"郭药师登城一看，城下人群中还有自己的舅父、堂兄等亲人。郭药师令打开城门，放这批人进城，原来常胜军将领的家乡都在辽东，现在都属金国地盘。宗望故意把这些常胜军的亲属叫来，对他们说："你们的亲人都被包围在燕山城内，不日金军打开燕山城，统统都要杀头。如果你等进城能劝他们投降，不仅可以保住他们的性命，还可以保留其官职，你们也可得到重赏。"

这些常胜军亲属，见燕山府被围得水泄不通，谁不想救亲属活命？于是都愿意进城劝降。结果这帮人进了城，各自找到自家亲人，都竭力劝其投降金兵。一时常胜军的将领都动摇了，纷纷来找郭药师，劝其归顺大金。

这时郭药师的堂兄又带来宗望一封劝降信，上面写道："常胜军被困燕山孤城，内无粮草，外无援兵。一旦天军攻破城池，玉石皆碎，郭将军一命休矣！而将军欲突围归宋，是飞蛾扑火、自取灭亡而已。你乃辽国降将，宋廷治你败军失城之罪，也当杀头！若宋廷留你一条性命，我金军挥师南下，宋廷必来求和，我若提出想要金国撤兵，必取郭药师之首级而还。宋国必会砍将军之首级奉于帐下，岂不哀哉？自古识时务者为俊杰，郭将军若能开城归顺，则可官留原职，永葆富贵。何去何从，请将军自行选择！"

郭药师看了信，觉得信上写的句句是实情，他自己内心深处虽痛恨女真人，但现在宋朝廷已冷透了他的心，自己就是突围跑到汴京，也是会做第二个张觉！要想活命，唯有投降金军一条路了。想到这里，郭药师就把常胜军将领都传来，商议投降金军。这时同知燕山府蔡靖和转运使吕颐浩闻听郭药师欲投降金军，急来诘问，见郭药师手下将领都众口一词，坚决要归顺大金。蔡靖知局势已不可挽回，便拔出佩剑，欲自杀殉国。郭药师急忙上前夺过了剑，令武士把蔡靖和吕颐浩扣押起来，于是打开城门，迎接金军入城。

宗望向金太宗报捷，太宗大喜，封郭药师为燕京留守，给以金牌，赐姓完颜氏。

西路军在完颜宗翰的指挥下，从河阴出发，前锋直抵朔州，朔州团练使料守不住，开城投降。金军又攻克了代州，进而围困太原府。宗翰想速战速决，攻下太原府，大军南下洛阳，好与东路金军配合攻打汴京。于是令金军架起云梯猛攻。谁知驻守太原府的是西北胜捷军，曾经历过战西夏、平方腊大小上百次战斗，极其顽强。金军围困太原几个月，伤亡惨重，却久攻不下。

这时宗望已在燕山府休整一个月，正欲挥师南下攻打汴京。都元帅谙班勃极烈斜也传来书信道："原计划东西两路大军互相配合，对汴京形成钳制攻势。今西路军困于太原，难以进展。战略计划无法实现，你部切不可孤军深入，以免遭宋军包围。可令常胜军守燕山府，你率东路军暂回辽西休整。"

郭药师道："当今宋军唯有西北胜捷军能战，但胜捷军被牵制在太原，不能来援汴京。而宋廷内部矛盾激烈，窝里斗得死去活来。童贯又被解除军权，宋无能挂帅之人，又无能征战之将，此天赐良机，元帅可挥师南下，先取牟驼岗，宋朝的天驷监在那里养马两万匹。夺了宋廷的战马，则宋朝三年内发展不起来骑兵，使宋军更弱。"

　　宗望道："吾恐宋师有备也。"

　　郭药师道："当今南朝群臣尽是酒囊饭袋，内战内行，外战外行，哪里会有什么准备？金骑兵行神速，可乘此破竹之势，急趋大河，必能大破宋军；即使宋军有备，大金军饮马黄河，虎视南朝，以示国威，归之未晚。"

　　宗望觉得郭药师说得有理，便决定挥师南下攻宋，令郭药师率一千骑兵为先锋。郭药师道："宋军虽弱，但毕竟是大国，一路逢州过县，守军皆在千人以上，用一千兵为先锋，实则太少！"

　　宗望又给其两千骑兵，并且命令他所过州县，不得擅自诛杀。于是金天会四年正月，宗望以郭药师为向导，统金军南下，剑指汴京！

　　不知此番宋金交战，胜负如何，且听下章分解。

第二十章

金军攻打汴京城
钦宗割地求退兵

宗望以郭药师为先锋,挥师南下,剑指汴京。这消息传到大宋朝廷,吓得徽宗举止失措,惊恐万状。这时王黼、蔡京都已老迈,淡出朝政,童贯也已七十多岁,抱病在家。徽宗急诏一班年轻大臣,商议退敌之策。

给事中吴敏奏道:"皇上,此次金人敢于南侵,罪魁祸首就是郭药师。他受我大宋厚恩,不知恩图报,却充当金兵向导,引狼入室。其实郭药师反心早有暴露,可是受到童贯包庇怂恿,以致酿成大祸。皇上当治童贯包庇之罪,以谢天下。"

童贯的儿子童师闵却奏道:"当初萧干率奚辽军南侵,连陷我大宋三州,无人能敌,幸有郭药师一举收复失地,又消灭了奚辽,其时郭药师确实立了大功。所以我父秉着有功必奖、激励将士、为国效忠的原则,怎能不表其功?金军来攻打燕山府,郭药师一开始也奋力抵抗,杀得金军兵退三十里。可见郭药师并不是一开始就打算背叛大宋的，所以我父当初说他有能力，是员虎将，并没有错。至于他兵困孤城，内无粮草，外无援兵，又对朝廷杀死张觉心怀疑虑，不得已而降金，这都是当初我父亲始料莫及的。"

徽宗道："童太师拒西夏，平方腊，招降郭药师，收回燕山府，功不可没。至于郭药师反复无常，今又降金，起因是多方面的，不能把罪过推到童太师头上。如今大敌当前，诸爱卿不要互相指责，要团结一致，多动脑筋，想一想如何退敌，才是尽忠朝廷。"

太常少卿李纲奏道："臣有御戎五策：一是正己以收人心；二是储财谷以足军用；三是广纳忠言；四是审号令以尊国势；五是施惠泽以弭民怨。"

徽宗道："李卿所奏，虽是强国之道，但远水不解近渴，当前金军大举进犯，如何才能击退敌兵呀？"

右相李昌彦奏道："臣以为，金人势不可当，如果太原府一旦失守，西路金军与东路金军夹击汴京，我大宋危矣！不如迁都江南，暂避其锋，待金军兵力分散，再徐图恢复。"

李纲听了，立即反驳道："李相此言谬也，京都乃国家之根本，岂可枉言迁都？"

李昌彦道："太平时期不可枉言迁都，但是如今金军大举进攻，我大宋皇族、大臣、国家重器尽在京师，金军万一攻破汴京，是一战而亡我大宋矣！两国交战，将京师置于前沿，是以脑袋做盾，迎敌之刀斧者也！迁都后即使金兵占了汴京，朝廷犹在，仍可组织全国兵力进行有效抵抗。若遇敌人内乱，我大宋收复失地还是有希望的。若不迁都，则很可能被金军一战而亡国，所以这正是金人所想要的！"

李纲道："皇上可急调熙河路经略使姚古、秦凤路经略使种师道领西路兵会于郑州、洛阳，外援河阳，内卫京师。"

徽宗点头称是，觉得这样安排，汴京又多了一道屏障，稍稍放心一点。便道："李卿之言甚合孤意，中书省可即刻颁诏，让西路军回援京师。"

这时李昌彦又奏道："现今要抵抗金军入侵，兵备军需自然耗用极大，而应承局、采石所、教乐坊、行幸局等奢侈之役，弊端重重，臣请予以罢废！"

徽宗已意识到面临江山不保的险境，因而对李昌彦的请求都一口答应，可是大臣们不依不饶，参议官宇文虚中又奏道："今天皇上要收拾人心，必须先下罪己诏，改革弊政，方能挽回人心。"

徽宗没有办法，只好让宇文虚中代他起草诏书悔过，号召各地驻军"勤王"，入援京师。宇文虚中写好草稿，呈给徽宗，徽宗展开一看，只见上面写道："朕多作无益，侈靡成风，利源酷榷已尽，而牟利者尚肆诛求，诸军衣粮不时，而冗食者坐享富贵。追唯己愆，悔之何及。望四海勤王之师，宣三边御敌之略，岂无四方忠义之人，来徇国家一日之急！"

徽宗的罪己诏刚颁发下去，又有快马来报，金军侵入中山府，距东京只有十日路程，情势更加危急。徽宗又想南逃。给事中吴敏去见徽宗，竭力反对逃跑，主张任用有威望的官员坚持固守，并荐用太常少卿李纲。

徽宗又问计于李纲，李纲道："非传位于太子，不足以招徕天下豪杰。"要求徽宗退位，方能收将士之心。徽宗便任命吴敏为门下侍郎，辅佐太子。

金兵越来越近，告急边报如雪片一般传来。黄河北岸州县似塌方一般接连沦陷。徽宗急得如同热锅上的蚂蚁，拉着蔡攸的手道："没想到金兵会这样！"说着说着气塞昏迷，跌倒在床前。群臣赶忙灌药急救。徽宗苏醒后，索要纸笔，写道："皇太子可即皇帝位，予以教主道君退处龙德宫。"

十二月太子桓（钦宗）即位，改明年年号为靖康。徽宗退位，称太上皇。

童师闵退朝回到家中，向童贯报告："皇上已经传位于太子赵桓。"

童贯大吃一惊，他知道自己和这些新贵结怨甚深，今天这一拨人逼徽宗下台，明天就会要自己的脑袋。童贯在屋里踱了几步，忽然转身来，对童师闵道："师闵，你马上去蔡府知会蔡攸，约定他今晚一块儿面圣，劝徽宗南渡长江！"

童师闵领了父命，转身就直奔蔡府去了。童师闵去后，童贯立即命家中奴仆打点行装，把金银财宝、古瓷、玉鼎都打包装车，准备南逃。当晚童贯和蔡攸秘密会见了徽宗，童贯道："当前朝中新贵，皆摇唇鼓舌之士，无领兵御敌之才。金兵一到，汴京必破。我大宋灭矣！臣请太上皇，以降香为名，随臣避乱于江南。若钦宗被俘，太上皇可于江南即位，号令天下，对抗金兵，则我大宋还能保留一线生机。"

徽宗早想逃跑，听了童贯的话，立即带着皇后、贵妃，随同童贯及蔡京，在童贯的亲兵保护下逃离汴京。

再说中山府守将王彦闻报金军以郭药师为向导来攻打中山府，便率三万宋军前去迎战金兵。宋军来到一座山前，王彦见前边一条路从山谷中穿过，两边树林茂密，便把大军埋伏于大路两侧树林中，静待宗望大军到来，要一举歼灭金兵。

郭药师领三千金军，头前开路，来到谷口，见地势险要，恐有伏兵，遂传令金军停止前进。这时金军骁将蒲察见郭药师下令不许前进，愤然道："郭将军何太怯也？宋军纵有埋伏，何足畏哉！"说完，同副将绳果领三百骑兵冲进谷口去了。

蒲察和绳果领兵行到峡谷中部，忽听一声梆子响，两边密林里万箭齐发。可怜这三百金兵，瞬间被射死射伤大半！金军战马被射伤，乱踢乱蹦，自相践踏。骄狂的蒲察身中数箭，坠下马来，又被乱马踏碎了脑袋，死于乱军之中。绳果虽被射伤，仍能回马逃窜。这时又听一通鼓响，王彦率三万宋军以排山倒海之势，从两边密林里冲杀出来！绳果虽然骁勇，可是臂膀中了一箭，动作迟缓，被王彦一刀劈死于马下，其余伤残金兵尽被杀死。

郭药师听到山谷中战鼓声响，知道蒲察中了埋伏，急率军杀进谷中接应蒲察，谁知杀到谷中，金军已被消灭净尽，遇到大队宋军阻挡住去路。两军在谷中厮杀一个时辰，僵持不下。

这时宗望率大队金兵赶到，闻报宋军大队人马在谷中阻挡住金军去路，便派一万金兵绕道来到山谷的出口，堵住了宋军退路。又派两路人马从山的两侧爬上山顶，从两侧树林里夹攻宋军。

王彦正指挥宋军与金兵在谷中激战，忽然山谷两侧树林里冲出无数金兵，号叫着冲杀过来。宋军顿时大乱，各自抱头鼠窜，自相践踏。王彦且战且退，看看来到谷口，忽听一声炮响，一大队金兵把谷口堵得水泄不通。为首的金将利察手握狼牙棒，指着王彦喝道："蛮将还不快快下马投降，非要做我棒下之鬼吗？"

王彦回顾身后，只剩一群伤兵，两侧金兵又呐喊着冲杀过来，自料今日已插翅难逃，只好下马缴枪，投降了金军。

宗望收编了王彦的残兵，仍令王彦守中山府。自己又率金军攻克了真定、信德、邯郸等城。消息传到汴京，钦宗急派李邺前往金军帅帐，送上厚礼，并许以割让燕山府诸州，请求重修旧好。

宗望扣押住李邺，不放归宋，却率领金军迅速南下，于天会四年正月三日渡过黄河，攻取华州。郭药师又引军攻占牟驼岗，此地是宋朝伺马监，有马两万匹，饲料堆积如山，尽为金军所得。

郭药师又对宗望道："宋朝廷虽然腐败无能，不足为虑，但是胜捷军乃是童贯多年训练的劲旅，今宗翰元帅的西路军遭遇胜捷军的顽强抵抗，兵困太原，迟迟不能南下，足见胜捷军之战力非凡。如今陕西尚有胜捷军数万，如其来援，我军就被动了。如果西路金军能抽出一部，南下洛阳，阻止陕西之常胜军东来救汴，则我军可放手攻打汴京，免得腹背受敌。"

宗望听从了郭药师的建议，立即派快马向西路金军统帅宗翰送信，要求其派兵南下攻取洛阳，切断陕西胜捷军东进的道路。可是宗翰看了宗望的书信，却回书道："太原城有胜捷军数万人，我军全力以赴，尚不能攻克；若再分出一部分兵力南下，那样攻克太原城就更遥不可及，而太原距洛阳千里之遥，偏师长途奔袭，一路多有关隘天险，恐怕到不了洛阳就有被宋军吃掉之危险。"

宗望看了宗翰的回书，知其不能抽出兵力南下，又见汴京城高三丈，池阔水深，知道汴京一时难于攻破，便派吴孝民随李邺进入汴京。吴孝民以大金国使臣的身份来到宋朝殿堂之上，拿着诏书，先质问宋朝接纳张觉的背信弃义，又提出要求："第一，必须把童贯、谭稹、詹度押送到金营；第二，以黄河为宋金两国界线；第三，派遣人质赴金；第四，宋朝岁岁交纳贡品。"

这时侍御史孙觌奏道："太师蔡京四任宰相，前后二十年，挟继志述事之名，建蠹国害民之政，祖宗法度废移几尽，托丰亨豫大之说，倡穷奢极侈之风，而公私积蓄扫荡无余，立御笔之限以阴怀封驳之法，置曲学之科以堵塞谏诤之路，汲引群小充满要途，禁锢忠良悉为朋党。欺君罔上，奸佞任为，实属罪大恶极！"

宋钦宗道："这次上皇出京，蔡京父子是不是也相随而去了？"

孙觌道："蔡氏父子皆随上皇去了亳州。此次上皇离开京师实为童贯等奸佞怂恿！童贯不过一介宦官，却恃宠弄权，专横跋扈。他妄奏北伐之议，提数十万之师，挫败于辽；淹留弥岁，卒买空城，乃以恢定故疆，冒受非常之宠。今数州之地悉非我有，而国用民力，从而竭也。迨金人结好，则又招纳叛亡郭药师等人，反复卖国，造怨结祸，使敌人因以借口。前年秋，贯以重兵屯太原，欲取云中之地，卒无尺寸功。去年冬，贯复出太原，金人犯塞，贯实促之。贯见边报警急，竟遁逃以还，漫不经意，玩兵纵敌，以至于此。迨敌人长驱直入，震惊都邑。贯只知携金帛尽室远去，何曾有半点与国家休戚相关之意。童贯之罪，上通于天，愿陛下早正典刑，以为乱臣贼子之戒！"

这时陈东也伏地奏道："臣也以为，当务之急应当首诛乱臣贼子！"

钦宗现在最头疼的是金军兵临城下，总想有人拿出退敌之策，可是这些大臣提的都是旧事，心想满朝文武，怎就没人为朕分忧呢？他心里烦闷，沉默不语。

陈东又奏道："上皇此去亳州，有童贯率兵二万及蔡氏父子等随行，臣生怕此数贼引上皇逶迤南渡，万一生变，实则可怕！"

钦宗听了，心中害怕，便问道："陈卿何出此言？"

陈东道："江南形胜之地，沃野数千里，又有长江之险，自古是英雄隔江划守，与中原对峙而立的资本。再说江南州县官员，都是蔡京和童贯的门生，童贯以前借讨方腊之役，在江南收买人心，培植党徒众多。若他渡江之后假上皇之名，号令天下，另立朝廷，与陛下对抗，则陛下北有金兵威逼，南有童贯发难，社稷危矣！"

宋钦宗知道父皇是被这班臣子逼下台的，他最怕徽宗在老臣的拥戴下于江南称帝，到时候把自己废了，那可是灭顶之灾呀！

钦宗想到这里，觉得事态严重，便令禁军统领聂昌去江南，捉拿童贯及蔡京父子！

这时李纲又奏道："万万不可！童贯手下有胜捷军两万余人，皆童贯亲信。若闻朝廷捉拿童贯，必然反抗。童贯被逼，可能铤而走险，挟持上皇在江南另立朝廷，那样就糟了！"

吴敏奏道："此事好办，皇上可先下圣旨，调胜捷军北上抗金，先解除童贯的武装，然后再收拾童贯就容易了。"

钦宗道："吴爱卿这个办法甚好！"于是派孙觌奉圣旨，去南京调胜捷军回汴京。

钦宗又下诏亲征，命李纲为兵部侍郎，亲征行营使，吴敏知枢密院事，为亲征行营副使，以开封府尹聂昌为行军参谋官，准备坚守汴京。

白时中和李邦彦又暗中劝钦宗弃城南逃。白时中道："汴京地处平原，无险可守，即使这次宋军守得住京城，若西路金军也来到，汴京必失。皇上还是暂避襄阳，然后调集全国军马，再与金兵一决高下。"

李邦彦又道："金军以东西两路大军南犯，以东路军直捣汴京，西路军欲从山西南下，攻占洛阳，截断皇上西撤的退路，金军的战略意图是想把我大宋朝廷围堵在汴京，一战而亡宋。当今敌强我弱，金人想要皇上和金兵在汴京决战，最怕皇上撤到江南，凭着大宋地域辽阔，又有长江、秦岭之险，调动全国兵马，与金军周旋。金军兵少势孤，如不能速战速决，久拖必疲，然后我可战而胜之！"

钦宗道："皇族和朝廷重臣尽在汴京，一旦城破，大宋必亡。我朝将再也没有与金军周旋的余地，还是趁金军未到，赶快撤离。"

当晚三人商议一定，钦宗便密令宫人打点行装，待到天亮就启程南下。

李纲次日早晨入朝，忽见皇帝乘舆都已陈列，禁卫六军准备出发，知道钦宗准备逃跑。李纲厉声对军士说道："你们愿意死守，还是愿意扈从出巡？"

将士齐声说道："愿意死守！"

李纲又入见钦宗，说道："六军父母妻子都在城中，岂肯舍去？万一中道散归，谁还能保卫陛下？而且敌军已经逼近，他们知道乘舆还没走远，如以快马急追，如何抵御？"

钦宗本没有主意，听李纲这样一说，不敢再走。

李纲又传旨道："上意已定，敢复言去者斩！"

李纲又催钦宗登上宣德门，李纲向门楼前的百官宣布，皇上已决策固守，你等要努力杀敌，报效国家。将士感激流涕，高呼万岁，誓与京都共存亡！

钦宗又罢免了白时中，用李邦彦、张邦昌为相，同知枢密院事蔡懋为尚书左丞。

李纲受命，布置城防。京城四壁用百步分兵法备御。每壁用正兵一万二千人，编马步军前后左右四万人，中军八千人，分置将官统领，派前军守护城外的粮仓，又装备各种防守的工具、武器。三日之内，战守设施粗备。

金军兵临城下。郭药师向宗望献计道："汴京城墙高三丈有余，城内又有十万禁军防守，一时难以攻下。可选一支精兵乘船沿河而下，进攻宣泽门，若能突破宣泽门，大军便可直捣皇宫！"

宗望于是选择三千金兵，驾百艘小艇，沿河而下，攻打宣泽门。

且说这金兵习惯了骑马，一换乘舟，很不适应，个个站立不稳，顿时失去了往昔的威风。

再说宋军恐怕金军乘船进攻宣泽门，早已用石块堵塞了门洞，又在中流排置杈木，拦截金船。金军的船只还没到宣泽门，就被杈木拦住，不能前进。这时河两岸埋伏的宋军伸出长钩搭在金军船上，把金船拉得横了过来。金军在船上动弹不得，只能放箭射杀宋兵。可是那船在水中摇摇晃晃，金兵站立不稳，如何能瞄准目标？倒是岸上的宋军乱箭齐发，射死射伤了不少金兵。两军交战约两个时辰，金将见无法突破宣泽门，只好下令撤军。

宗望又派使臣进入汴京城，面见钦宗，要求宋朝廷派亲王、宰相去金军大帐议和。李纲请求前去，钦宗道："卿性格刚烈，不适合谈判。"

钦宗另派李棁为使臣，郑望之为副。李纲退朝后，钦宗密谓李棁和郑望，可许增岁币三五百万两、犒军银三五百万两议和，又命带去黄金一万两和酒果等送给宗望。

宗望见了宋使，提出：索要金五百万两，银五千万两，牛马等各万匹，缎百万匹；宋朝割让太原、中山、河间三镇，并以亲王宰相做人质，才许议和。

李棁、郑望之等回奏钦宗。李邦彦、张邦昌等宰臣主张全部接受。李纲奏道："金币太多，虽竭尽天下之财还不足，何况都城？太原、河间、中山三镇是十余镇的屏障，割去如何立国？至如遣使宰相当往，亲王不当往。"

李纲又建议，拖延时日，等待各路勤王兵到，然后再议。钦宗不许，钦宗弟康王赵构主动请求使金，对钦宗道："敌人必定要亲王出为人质，臣为宗室计，岂能辞避！"

钦宗于是派康王赵构为军前计议使，宰相张邦昌为副，出使金营。

再说钦宗派大臣黄膳奉诏，去调种师道率军来救援汴京。黄膳来到长安，打听到种师道已隐居终南山中，便令种师道的亲戚为向导，进入终南山来寻找种师道。

黄膳进了终南山，但见千山叠翠，幽涧泉鸣，山路崎岖，峰回路转，常见野兽挡道，时闻孤鸟悲鸣。黄膳一行人攀崖越岭，行了三天，来到一片荒坡，路上荆棘缠绕，十分难行。正欲停下来休息片刻，忽觉一阵疾风刮来，黄膳心中一阵紧缩，就听到一声虎啸。一只斑斓猛虎从草丛中跳起来，把黄膳扑倒在地，吓得黄膳魂飞天外，闭上眼睛等死。

这时却听嗖的一声弓弦响，一支羽翎箭飞来，射中虎鼻，那猛虎负痛，大吼一声，舍了黄膳往深山逃去。黄膳仍闭着眼，躺在地上不敢动弹，他的随从个个抱头鼠窜，躲在远处，大气也不敢喘。这时一位少年骑着一匹白马，手持宝雕弓，来到黄膳的面前。他见黄膳头戴乌纱帽，身着官服，便下马将黄膳扶起道："大人从何处来，怎么流落在这荒山野岭之中？"

黄膳惊魂未定，睁开眼张皇四顾，见猛虎已没了踪影，才说道："我乃朝廷大臣，前来终南山传旨调种师道进京的。"

那少年道："种师道是我爷爷，我可领大人去见他。"

黄膳在少年的带领下，沿盘山道上行，来到一处陡壁前，见壁上有两眼窑洞。一位银须老人正在窑洞前的场地上舞刀，一杆大刀上下翻飞，寒光闪烁，如风车般呼呼声响。那少年高声叫道："钦差大臣到了，爷爷快快接旨吧！"

原来这耍刀的老者正是种师道。种师道听孙儿说有钦差大臣到，急忙收了大刀，向着黄膳跪下接旨。黄膳宣读圣旨道："金兵窜犯汴京，命种师道为检校少保、静难军节度使、京畿河北制置使，即日统西北各路军马进京勤王。钦此！"

种师道接旨，立即与黄膳离开住处，快马加鞭奔赴长安城来。种师道来到长安调集了七千军马，会同姚平仲星夜兼程杀奔汴京而来。

种师道率军抵达洛阳后，得知宗望已经屯兵京城下，部将劝他不要去，说："贼势正锐，不如驻军汜水稍微停留，以谋万全之策。"

种师道说："我军兵少，如果迟疑不进，暴露实情，只不过自取其辱。如今我军大张旗鼓前进，金人怎能测我虚实？京城军民得知我军前来，士气自然振奋，还用怕金贼吗？"

种师道不但不停止进军，还在沿路遍贴告示，宣称种少保率领西兵百万前来。种师道军来到汴京，进抵城西汴水南岸，直逼敌营，并虚设营帐，遍插旌旗。宗望隔岸见宋军旗帜遮天蔽日，以为数万大军来援，心生畏惧，拔营迁往稍北处，限制游骑活动，一心一意在牟驼冈增筑堡垒自卫。

这时全国各地都有勤王兵到，宋军共有二十余万兵马。金军总共六万人，因而不敢轻易进攻。

钦宗召集李纲、李邦彦、吴敏、种师道、姚仲平等商议军事。李纲主张，以重兵临敌营，坚壁不战，等敌军粮尽力疲，必然北撤，我军可从背后追击，定能取胜。种师道也主张："三镇不可弃，城下不可战，迁延半月，等敌人粮尽北撤，过河时击之。"

姚仲平立功心切，建议夜间去偷袭金营，生擒宗望，迎回康王。李纲听了姚仲平的建议，十分赞赏，对钦宗道："若能劫营成功，生擒宗望，夺回亲王，我大军可乘胜进军，一举收复燕山府，使金人不敢犯我疆界！"

种师道急止之道："自古劫营成功者，皆因敌人打了胜仗，骄狂无比，夜不设防，所以能偷袭取胜。如今金宋并无决战，敌见我军马众多，心怯而退驻牟驼冈，宗望必然日夜提防我军偷袭。敌人有备，则偷袭必败！我军一旦受挫，则士气低落，日后交战更难取胜。"

钦宗道："种帅何太怯也，金军猖獗异常，不用奇兵，何以取胜？"于是不听种师道劝阻，受命姚仲平夜袭金营。

当天夜里，月黑风高，姚仲平率令十万宋军，偷偷向牟驼冈杀来。谁知金军恐宋军夜里偷袭，派了拦子马在离宋营不远处巡逻。拦子马发现大队宋军开出营寨，急忙告知宗望。宗望立即传令金军迎战。

且说宋军马去铃、人衔枚，正悄悄行军，忽听一阵凄厉的胡笳声，划破了寂静的夜空。黑暗中，大队金兵从左右两面杀来，宋军猝不及防，顿时被金骑冲得乱了队形。姚平仲急令撤军，可是宋军已乱，士兵各自抱头鼠窜，哪里还听将令。姚平仲无奈只好挥舞大刀，且战且退。看看退到汴京城下，时天已大亮，李纲见姚平仲败回，急带五万禁军出城接应，姚仲平才退入城中。

宗望围了汴京，令把宋朝人质押来，喝问道："你朝既已承诺和谈，为何又背信弃义，偷袭金营？"

康王赵构闭口不答，宰相张邦昌吓得哭泣。宗望观察康王赵构神色自若，毫无惧色，心想，这赵构莫非是个假货？宋人选一个有胆识的人冒充亲王也是有可能的。

宗望怒气难消，又派使臣去汴京城内责问钦宗："双方正在和谈，宋军为何背信弃义，偷袭金营？"

钦宗不敢正面回答，只推脱道："委实不知宋军偷袭之事，朕一定要彻查主张偷袭的将领，予以严办。"宰相李邦彦道："这都是李纲、姚仲平的主意，不是朝廷的本意，请贵军谅解。"

金使又提出改换人质，用另一个亲王换回康王赵构。

钦宗和李邦彦都满口答应，立即传令罢免李纲，向金人谢罪，并派使臣携带三镇地图，去向金人求和。

宗望提出，必须宋帝亲自下诏书，写明割让三镇，并让宋肃王赵枢做人质，才肯退兵。

钦宗无奈，只好下诏割让三镇，并派使臣和肃王赵枢去金营换回了康王赵构和张邦昌。宗望万万没有想到，他把赵构放回，竟然成就了南宋一百五十年的天下！

宋金和谈成功，宗望收兵回了燕山府。

金兵已退，钦宗悬着的心才刚刚落地，太学生陈东上书指责："蔡京、王黼、童贯、梁师成、李彦、朱勔为六贼，祸害国家，请把他们处死，传首四方，以谢天下。"

钦宗被迫罢免了王黼、吴敏。李纲请斩王黼。开封府尹聂昌派出武士，斩王黼首级献上。钦宗又将李彦、梁师成赐死。

这时蔡京和童贯逃到江南。童贯的亲军已被朝廷调回汴京。一日忽然孙觌奉圣旨到。二人战战兢兢，跪于地上接旨，却听钦差大臣读道："贬童贯为左卫上将军，退职致仕，剥夺全部恩赏官爵，迁居英州。贬蔡京为秘书监，分司南京。"

蔡京和童贯此时都已疾病缠身，听了圣旨，涕泗交流，只得凄凄惶惶地分赴各自的迁地。

后来钦宗又降旨，将蔡京和童贯分别处死。

第二十一章

天祚拼命攻金国 娄室以小胜敌兵

　　金军分两路向宋境大举进攻，天祚帝闻信大喜，以为金军主力南下、北方兵力空虚，正是他收复失地、重振大辽的好机会！

　　一日，天祚帝召集大臣商议起兵之事，忽报金军任命的西北路招讨使耶律佛顶派人朝拜天祚帝，天祚帝立刻令其入帐，只见来人跪拜于地，口称"罪臣参见万岁"！然后双手呈上一封书信，天祚帝打开书信一看，只见信中写道："罪臣耶律佛顶奉上：臣虽被强虏所迫，委身事敌，然昼夜不忘故主，时刻等待机会杀敌以报国。今闻金军主力南下，上京一带空虚，此天赐良机，让我复国兴辽。臣愿携西北军一万人回归大辽，助陛下收复上京，重振国威。"

　　天祚帝看了大喜，立刻重赏来人，并封耶律佛顶为北院枢密副使兼西北路招讨使，令其率军来夹山会齐，然后出兵进攻上京。

　　萧斡里剌奏道："我军上次聚集五万人马伐金，结果一败涂地，只剩几千残兵逃回；现在刚刚汇集两万余人，加上西北路一万人，也才三万兵力，攻城器械不足，粮草不继，仓促出兵，难以取胜。一旦受挫，势难再起，请皇上三思。"

天祚帝道："金人大举侵宋，宋是大国，有百万雄兵，金军陷入宋地，就是不败，也会被宋军拖住，拔不出腿来。我若不趁此良机出兵，更待何时？"

萧和尚奴道："金军主力虽然进入宋地作战，但上京还有宗翰领上万金军驻防。更有金国常胜将军完颜娄室协助，万万不可轻敌！"

天祚帝见大臣都不支持出兵，回想起上次自己不听群臣劝阻，一意孤行，结果大败而回。他也害怕自己这点小家底，搁不住折腾，万一兵败，这些大臣一哄而散，那可就没救了。想到这里，天祚帝也不敢再坚持出兵。

正在这时，投降金军的西京留守萧德贡也派人来向天祚帝送信，说愿意带西京五千人马，反叛金人，回归大辽。天祚帝闻报，又兴奋起来。他想，这真是天不灭辽，我再不起兵，恐怕今后再也没有那么好的机会了！于是天祚帝不听大臣劝阻，令耶律浩为先锋、萧和尚奴为都统、萧斡里剌为监军，率领二万辽兵向上京杀来。

这时上京已被金人改为临潢府，由宗翰率金军镇守。因宋金开战，宗翰又带走五千金兵去攻打太原，只留下娄室领五千金兵驻守。娄室为防天祚帝来攻，派金将保迪领兵一千守庆州，又派金将乌烈领一千军守成州，自己率三千兵守临潢府。

再说宗翰共调集六万金兵包围了太原城，本想一举攻克太原，然后挥师南下，渡过黄河，攻取洛阳，截住徽宗西撤的道路，一举消灭北宋。可是金军包围了太原府，猛攻不克。宋太原知府张孝纯率领西北军奋勇抵抗，誓与太原城共存亡。金军攻打了三个月，死伤累累，仍然未能攻破太原城。因这几年金军和辽军在中京道（大定府）和上京道（临潢府）拉锯式征战，已杀得地广人稀，老百姓的粮食、牲口早被征调一空，实在收不起财粮供应金军。如今六万金军粮草全靠西京道（大同府）一道供给。

大同府留守萧德贡先是去民间替金兵征收粮草，后来民间粮尽，金军又要求征收民间牛羊，以充军粮，渐渐地民间牛羊也没有了。可是金军催粮官还是严令萧德贡在十天内征收五千只牛羊，如十天内征收不齐，要按军法论处！萧德贡与手下部将商议对策。

观察副使李文忠道："现在大同百姓已被搜刮得一干二净，许多居民都远逃他乡，金军就是杀了我们，也给他搜不齐这批牛羊了！与其等着金人砍我们的头抵罪，还不如咱联系天祚帝，乘机反叛女金，去投奔夹山！"

千人长狄横也附和道："金人凶狠寡恩，对我们辽人猜疑、刁难，在他们手下当差，早晚会被杀掉；干脆咱来个先下手为强，杀光了城中的金人，带着兵去投奔夹山！"

萧德贡心想，大同的金兵都调到太原和宋军作战了，现在只剩下两千契丹兵防守。这个时候反叛金国，确实是个好机会。于是他就秘密下令，今晚把城中金人尽行杀死！

且说金军催粮官粘禄早已感觉到辽将有反叛之心，因此警惕性非常高。他手下有百十个押运粮草的金兵。粘禄下令，夜里士兵睡觉不许解甲，头枕铁戈，分成三班，轮换站岗放哨，还派便衣埋伏在契丹人的兵营前，监视契丹兵的动静。

这天半夜时分，金军便衣忽然来向粘禄报告："契丹兵出了军营，朝这面杀奔过来！"

粘禄急传令金兵准备迎战。金军刚刚列好队，就见契丹兵沿街杀了过来。粘禄指挥金兵迎战，双方在街道上激烈搏斗。金军虽然凶猛，但毕竟人少，抵不住契丹人的攻势，且战且退。退到城东门，金军只剩八十余人，粘禄打开城门，向南方逃跑。粘禄本想逃到太原向宗翰报告。可是行到朔州，遇上一股宋军，有一千多人，他们是出来拦截金军粮草的，碰巧遇上了粘禄的败兵。宋军人多，把粘禄的人马包围起来，一阵大杀。粘禄困兽犹斗，跃马挺矛，冲出了包围圈，匹马单枪向东北方逃去。他的部下尽被宋军杀死。

粘禄仓皇逃到临潢府，见了娄室，哭诉萧德贡反叛金兵的经过。娄室闻听萧德贡反叛，大吃一惊，连夜点了二千骑兵，向西京大同府杀来。

萧德贡夜间率领契军，把城内金人都抓了起来，尽行杀戮。第二天把军内大旗都换成大辽旗号，宣布反金复辽！又传檄下属各州县，捕杀女直人，一律改换大辽旗号。

这天萧德贡正和狄横、李文忠商议配合天祚帝去攻打临潢府，忽然拦子马来报，有一队金兵已过了雁门关，直奔大同府杀来。

萧德贡就点了四千军兵出城迎敌，辽军出城还没摆好阵势，金将娄室就率两千轻骑赶到。娄室见辽军哄哄乱乱正在列队，立即跃马抢斧杀入辽军。金军见主将一马当先冲入敌阵，哪个还敢落后？于是人人奋勇，个个争先，如狼似虎地杀进辽军队中。辽军顿时大乱，争相逃窜。

娄室在辽军阵中横冲直撞，如入无人之境，正遇狄横挡道。娄室也不搭话，抢起开山大斧朝狄横头顶劈来，狄横举锤相迎，二人大战十余合。狄横抵敌不住，正欲拨马逃跑，被娄室一斧砍在肩上，倒撞下马来，被乱军杀死。萧德贡见娄室连劈几员辽将，心中害怕，急忙拨马往大同城里逃跑。娄室挽弓搭箭，一箭射去，正中后心，萧德贡一头栽下马来，也被乱马践踏而死。李文忠率百十名骑兵，仓皇出雁门关逃跑。其余辽兵见主将已死，便纷纷缴枪投降。

娄室进入城中，把萧德贡和狄横的首级悬挂城头示众，然后把新投降的辽军都编入金军队伍。娄室听说契丹人反叛，主要是因大同府百姓已经被搜刮一空，萧德贡征收不齐牛羊，怕被金人治罪，逼得无路可走，才铤而走险、反叛金朝的，于是把大同府已是赤地千里、民力枯竭的情况写成书信，派快马去太原向宗翰汇报。这时金军虽没攻下太原，却已占领太原周边的州县，可以就地取粮；又从临潢府调来一批军粮，可以维持军需。

娄室还没处理完大同府的事情，又有拦子马来报，天祚帝起兵三万，向临潢府大举进攻。娄室急忙留下一千兵马，派一个千人长留守大同府，自己又率领金军往临潢府疾驰而去。

庆州金军守将保迪听说天祚帝起兵三万来犯，先锋耶律浩率五千骑兵已向庆州杀来。保迪手下只有一千金兵，不敢出城迎战，就令士兵紧闭城门，坚守不出，一面派快马向成州求救。

耶律浩驱兵来到庆州，包围了城池，派士兵在城下叫骂，想激保迪出城交战。保迪见辽军人多势众，恐怕出城会被辽军歼灭，所以任凭辽军怎么叫骂，就是不出战。

这时成州金将乌烈接到保迪求救信，心想庆州和成州互为掎角，庆州一失，成州难保。因此他不敢怠慢，立即提兵八百人来援救庆州。乌烈人马一出城，早有拦子马飞报耶律浩。

耶律浩正愁庆州金军不出城交战，硬攻又缺少攻城器具，闻报成州金兵杀来，心中大喜，立刻留两千辽军围城，自己率领三千辽军去迎战乌烈。耶律浩率军行到黑忽僚河畔，见河的左边是一带高岗，河水从高岗上倾泻而下。耶律浩心生一计，便令士兵用土袋在山冈上筑坝堵住河水，又令大军埋伏于河两岸。

到了夜晚，乌烈领兵来到河边，见河里水浅，便涉水过河。谁知刚到河的中心，忽听左侧山冈上如山洪暴发，一派大水从天而降，顿时就把金军淹没于激流中！

乌烈行在队伍的前头，一见大水冲来，急忙用双脚上的马镫朝马肚子上一磕，那马一跃就跳上了岸。谁知又听一声炮响，埋伏于前面的辽兵呐喊着杀过来。乌烈挥动大刀迎战，接连砍死几个辽兵，无人能挡，正要飞马冲出包围圈，却忽听"扑通"一声响，他连人带马掉入陷马坑中。埋伏在坑边的辽兵立即用抓钩把他抓住，生擒活捉上来，然后五花大绑，推推搡搡向耶律浩请功去了。

这一仗耶律浩全歼金军八百人，又活捉了金将乌烈。

耶律浩问乌烈道："你想死想活？"

乌烈道："败军之将，若蒙不杀，愿意投降。"

耶律浩道："你若想活命，就带队到庆州城下，若能叫开城门，就立了大功。我将奏明天祚，必给你加官封职。"

乌烈道："末将定能赚开庆州城门，以作进见之礼。"

耶律浩于是令辽军穿上金军服装，打金军旗号，让乌烈头前带路，又望庆州进发。乌烈本是女真人，家属尽在宁江州。他走在路上心中暗想，现在辽朝灭亡在即，我随金军厮杀多年，屡立战功，今日若投降将亡之辽，不仅毁我一世英名，跟着辽人做了陪葬牺牲，岂不哀哉？还不如拼死报国！于是他一路想寻找机会逃跑。可是耶律浩一路对他看得甚紧，直到辽军来到庆州，也没找到机会。

耶律浩带着乌烈来到庆州北门，令乌烈对着城上喊话。城上的士兵见是金军旗号，急忙报于保迪，说是金军救兵来到。保迪来到城头往下一看，见是乌烈领兵到来，就要令士兵放下吊桥，打开城门，放乌烈的人马进城。忽听乌烈高声叫道："我已被辽军俘虏，我身后就是辽将耶律浩，快快放箭！"

耶律浩闻听大怒，抢起手中钢刀，一刀把乌烈劈成两半！这时城上乱箭射来，一箭射中耶律浩左臂。耶律浩急忙回马，背上又中了两箭，疼得他几乎落马。

保迪见耶律浩中箭，便打开城门，率领金兵冲杀出来。辽军顿时大乱，几个亲兵保着耶律浩只顾逃跑。辽兵撤退三十里，金兵才收兵回城。这一阵辽军损失了一千多人。

这时，天祚帝率辽军主力两万人赶到，听说耶律浩吃了败仗，心中大怒，欲斩耶律浩。萧和尚奴劝道："耶律浩初战告捷，全歼金军八百人，生擒金将乌烈，又欲利用乌烈赚开庆州城门，若非乌烈反悔，今已攻取庆州。耶律浩有功有过，可将功抵过，不当治罪。"

天祚帝听他说得有理，消了气，又令随军郎中给耶律浩医治箭伤。

天祚帝又指挥辽军包围了庆州城，攻打了一天一夜，死伤累累，也没攻破城池。这时拦子马忽报，娄室领二千金军杀到。天祚帝急忙派萧和尚奴带五千辽兵前去迎敌。萧和尚奴点齐五千人马，往南行有十余里，果见南面风烟滚滚，一队金兵驰来。萧和尚奴急令摆成方阵，迎战金兵。

娄室见辽军列成方阵，一员大将座下黄骠马，手提狼牙棒，威风凛凛立于阵前，便也令金军列成阵势，右手提着开山大斧，左手指着萧和尚奴道："天祚帝气数已尽，还想垂死挣扎，但凡识时务的辽朝官员都归顺大金，既免士兵屠戮之苦，还能保住自己的官职，你为何不顺天应人，归降大金？"

萧和尚奴怒道："我大辽乃文明礼仪之邦、丝冠簪缨之族，你女直番辈，叛逆朝廷，罪该万死，看我一棒把你砸成肉饼！"说完飞马上前，抢起狼牙棒，朝娄室头顶砸来。

娄室见他来势凶猛，便把手中大斧一抢，只听"哐当"一声响，早把萧和尚奴的狼牙棒磕飞，又顺势把斧朝萧和尚奴肩膀砍了下来。萧和尚奴急忙使个镫里藏身，身子钻到马肚子下面，想躲过斧刃。谁知娄室一斧砍在马屁股上，把那黄膘马的后腿给砍了下来。那黄膘马一声惨叫，趴倒在地上，把个萧和尚奴连头带身子都压在马肚子下面，只露两条腿在外边乱踢腾，一会儿就被黄膘马活活压死。

那些辽兵本来就害怕金军，今见主将和娄室交马只一回合，就被砍翻，吓得掉头就跑。娄室把大斧一挥，金军一齐冲杀过来。俗话说兵败如山倒，辽兵这时各自抱头鼠窜，哪里还有人抵抗？金兵如砍瓜切菜般地追杀辽兵！只杀得辽兵尸横遍地，血流成河。

辽军残兵逃到庆州城下，向天祚帝报告，萧和尚奴被娄室劈死，五千辽兵几乎被全歼。天祚帝闻信，十分害怕。这时萧斡里剌也带五千辽兵去取成州，天祚帝身边只有西北路招讨使耶律佛顶，于是急忙与耶律佛顶商议。耶律佛顶道："娄室神勇异常，无人能敌，他领金军杀来，城内的金军再与他里应外合，我军必败。还是快快撤军回夹山吧！"

天祚帝采纳耶律佛顶的建议，就传令撤军，令耶律佛顶领五千辽兵断后。

庆州城里的金兵见辽军撤退，便告知金将保迪。保迪登城一看，果见辽军已拔营撤走，急忙率领一千金兵随后追杀。

耶律佛顶见金军追来，便令辽军摆开阵势，准备厮杀。保迪见辽军堵住去路，便跃马舞叉杀入辽阵中。正遇上耶律佛顶，保迪挺叉便刺，耶律佛顶挥刀相迎，二人大战三十余合，不分输赢胜败。

金军虽然凶猛，但只有一千人马，辽军五千余兵力把金军包围起来。正在激战，忽然娄室率三千金兵赶到，娄室一马当先冲入辽阵，如虎入羊群，杀得辽兵人仰马翻，纷纷败走。

耶律佛顶见辽兵败走，也撇了保迪，拨马逃走。谁知被娄室截住了去路，耶律佛顶挥刀劈来，被娄室用斧拨开刀，二马相交，娄室轻舒猿臂，一伸手抓住耶律佛顶的甲巾绦，用力一提，就把耶律佛顶生擒活捉过来，然后丢于地上，把耶律佛顶摔了个嘴啃泥。几个金兵上来，就把耶律佛顶捆绑起来。

娄室指挥金兵继续追杀辽兵。这一阵斩首三千余级，俘虏一千多人，只有几百残兵逃走。

娄室知道天祚帝率领辽军主力已经逃跑，便率领金军继续追击。天祚帝逃了一天一夜，人困马乏，又饥又渴，来到一条大河边，听着后面没有追兵，便在河边安营下寨，埋锅造饭。吃过饭，天色已晚，便在河边宿营。

天祚帝睡到半夜，忽听人喊马嘶，急忙奔出帐来，见金军已杀入营帐，他慌忙跳上一匹无鞍马，落荒而逃。辽军大部分都在睡梦中，有的还没醒来就被杀死，有的慌忙爬起来，还没抓到兵器，也被金军杀死。有逃得快的，也是慌不择路，被金军逼进河里，淹死不计其数。这时耶律浩箭伤还没好，又随军奔波，箭疮疼痛难忍，夜里睡不着觉。听到金军杀进营来，急忙爬上马，带着几个亲兵也逃了出来。

金军杀至天亮，检验尸身，没找到天祚帝，知道天祚帝又逃掉了。于是娄室下令，继续跟踪追击。

且说天祚帝单人独骑仓皇逃窜，一路上风声鹤唳，草木皆兵！跑了一百多里，人困马乏，正想下马寻点东西吃，可是回首一看，远处有一队人马追来，吓得天祚帝又跳上马，一阵狂奔。一直跑上一处山顶，回顾那一队人马，也驰到山下，仔细一看，这群人丢盔弃甲，衣衫不整，连个旗帜也没有，原来也是溃逃出来的辽兵。天祚帝便在山顶上招手，不一会儿那群残兵也上了山，见到天祚帝一起下马，拜伏于地，原来是耶律浩领着几十个辽兵也逃到这里。

天祚帝看到耶律浩和几十个伤残辽兵，个个灰头土脸，神色沮丧，回想起出兵东征时，三万大军，盔甲鲜明，旗帜蔽空，浩浩荡荡，何其雄壮！没想到转眼间灰飞烟灭，一败涂地，自己差点做了俘虏，想到这里，不由潸然泪下。

耶律浩也流涕道："此地不可久留，恐金军很快会追来，请皇上起驾，快回夹山吧。"

天祚帝就带着这几十个辽兵继续向夹山撤退。一行人越过大沙漠，又行了一天才到夹山。这夹山大寨是天祚帝苦心经营几年的老巢，依山傍水而建，易守难攻。天祚帝东征时，曾留下一千人马驻守。留守将领把天祚帝迎进了大寨，天祚帝心里这才稍安。他又恐金军来攻，便派人去西夏求救。

过了几天，娄室果然率三千金兵追到夹山。他观察夹山大寨，地形险要，只有一条路可以通上山寨，便令金军把住山口，堵住了辽军逃跑的道路。

娄室知道西夏国王是天祚帝的外甥，天祚帝势危，必然向西夏求救。于是便派快马向宗翰报信，请求派援兵来阻击西夏军。

这时宋、金已经讲和，宋把燕云十六州和太原都割让给金国。宗翰留下三万人守太原和大同，又分兵两万守临潢府和大定府，以防辽人反叛。自己带一万金军来助攻夹山。宗翰带兵来到夹山，刚安下营寨，就见南方风烟滚滚，西夏三万大军也杀奔过来。宗翰领着诸将登高观望，诸将见西夏军队铺天盖地而来，皆有惧色。宗翰觉得金军久战疲惫，又恐寡不敌众，便传令坚守不出。娄室道："我观夏兵虽众，但行军混乱，不过是一群乌合之众，可以战而胜之！"

大将渥鹿骨道："西夏兵力数倍于我，且锐气正盛，如果和敌人硬拼，恐怕我军受挫。不如深沟高垒，固守不战，派快马去上京再调来两万兵力，然后方可与夏兵决战。"

众将都赞成渥鹿骨的意见，要求固守待援，暂不与敌交战。

娄室道："我军粮草最多够用十天，恐怕援军来不到，我们就要退兵了，如何能长期固守？不如趁夏军立足未稳，杀他个下马威。"

渥鹿骨呵斥道："你怎敢违背众意而轻举妄动呢？我军兵少马乏，凭什么与对方对抗呀？"

娄室道："用兵贵在抓住战机，若不趁敌人立足未稳，杀他个措手不及，等敌人安顿下来，更难对付。"

渥鹿骨位在娄室之上，今见娄室与自己针锋相对，毫不相让，不由勃然大怒，拔出佩刀，指着娄室骂道："诸将帅都不同意出战！你是什么东西？竟敢否定大家的意见！"

娄室不理会渥鹿骨，却面向宗翰，声音坚定地说道："机不可失，时不再来。我愿率两千轻骑，先杀入敌阵，若能打乱敌人的军阵，请元帅挥师增援，杀败敌军；末将若撞不乱敌人的军阵，请元帅按兵不动，我回来甘受军法制裁！"

宗翰深知娄室有勇有谋，是位常胜将军，今见他义无反顾，决心出兵，便答应了他的请求，令其率两千轻骑出击夏军。

娄室得令，立即提斧上马，率领两千铁骑杀入夏军阵中。娄室一柄开山大斧抡得呼呼风响，只杀得夏军人仰马翻。夏军大将李勇合见娄室杀进中军，心中大怒，便大喝道："金贼莫太猖狂，看我一刀把你劈作两段！"说完拍马抡刀朝娄室头顶砍来。娄室不慌不忙，举斧架住了刀。二马错过，娄室忽然回身一斧，那动作疾如闪电，李勇合猝不及防，早被拦腰砍为两截，落马而亡！

夏军见娄室凶猛，吓得纷纷躲避，无人敢与争锋。

宗翰领着诸将登高观望，见娄室领着一千金兵杀入夏军阵中，如同虎入羊群，从东杀到西，又从西杀向东北，把夏军阵营搅得乱成了一窝蜂。金将见娄室如此英勇，个个激动得热血沸腾，纷纷要求出兵杀敌。宗翰便令辞不失领兵两千从右边杀入夏军阵中；又令拔离速率兵两千从左边杀入夏军阵中；又令渥鹿骨领两千军直捣夏军中军；自己率两千军随后接应。四路金兵洪水猛兽般冲进夏军阵营，顿时把夏军杀得抱头鼠窜，四散逃命去了。夏军元帅李良弼见全军溃败，急忙带着亲兵往南逃跑。宗翰指挥金军随后掩杀，只杀得夏军鬼哭狼嚎，尸横遍野。这一仗金军斩首一万级，俘虏八千人，缴获大量器械、粮草和马匹。

金军追杀夏军三十余里，娄室向前拽住宗翰的马缰绳道："天祚帝在夹山观战，他见夏军惨败，必然率辽兵弃寨而逃。我军要赶快去追击天祚帝，不要再让他溜走！"

宗翰听了娄室的话，猛然醒悟道："将军所言极是。"于是传令停止追击夏兵，立即移师夹山，围歼辽军。

谁知天祚帝在夹山顶部观战，见夏军大败而逃，知道大势已去，急忙趁着金军追杀夏兵，率领夹山辽军下了山，往西北逃窜。等金军回到夹山，上去一看，只剩一座空城，辽兵早已逃得无影无踪。宗翰就令娄室领五千骑兵，跟踪追击。

再说天祚帝带着辽兵往西北逃跑，他恐怕被金军追上，一天一夜行三百里，进入一望无边的大漠之中。这沙漠里找不到水源，寸草不生，走上一天也看不见一只飞鸟和走兽。辽军人困马乏，又渴又饿，有不少人晕倒于沙堆上，再也站不起来。天祚帝领着这群疲惫之卒，又艰难地行进一日，翻过一道沙丘，忽见前面出现一块盆地，盆地中央是一片清澈的湖水，湖水的四周有成群的牛羊在悠闲地吃草。在湖的右侧有几座帐包，几个孩子正在帐包外玩耍。天祚帝又惊又喜，高兴地道："真是天无绝人之路！"

天祚帝带着队伍还没来到帐前，就有几条狗对着他们狂吠，帐包里的男人和女人听见狗叫得凶，都出来看是怎么回事。一见来了一大队骑兵，都吓得不知所措。耶律浩下了马，对一位年长者说道："我等是大辽皇帝的卫队，天祚帝路过此地，你们快快迎驾。"

老者一听是当朝天子驾到，急忙回身对身后的男人和女人一挥手，说道："快快跪下迎接皇上！"

天祚帝也下了马，对跪在面前的老者道："你接驾有功，朕封你为绿洲大王。"

老者谢了龙恩，把天祚帝和他的妃子迎进帐内，献上奶酪、牛肉。天祚帝这时口渴得像着了火，也顾不得皇帝的体面，端起一钵奶酪"咕咚咕咚"，一气灌进肚里，然后也不洗手，抓起牛肉块，就狼吞虎咽地吃起来。

耶律浩领着士兵，把战马放在草地里吃草。他和士兵都跑到湖边，用手捧起那清凉的湖水喝了起来，顿时那干渴的五脏六腑都清爽许多！帐民又宰了几十头牛羊，架起几十堆篝火，把羊肉在火上烤。士兵们饥肠辘辘，不等烤熟，就用佩刀割下来吃，等肉烤熟了，肉也吃完了。待士兵吃饱喝足之后，天色已晚，耶律浩才命撑起帐篷准备宿营，又让天祚帝和他的妃子在接近中军的大帐中休息。

然后，这些疲惫不堪的士兵才钻进帐篷里倒头睡去。耶律浩又命十余个辽兵分布在四周放哨。谁知，这些哨兵困乏到了极点，在哨位上也昏昏睡去。

到了黎明时分，天祚帝忽听杀声四起，他急忙蹿出大帐，见金兵已从四面杀了过来。天祚帝急忙跳上一匹无鞍马，往西逃跑，却见迎面杀来一队金兵，吓得他拨转马头又往东窜，可是东边又杀过来一队金兵。这时南边金兵也高喊着："活捉天祚帝！"然后杀了过来。

天祚帝胆战心惊，像热锅上的蚂蚁，就地打转！这时忽见耶律浩飞马冲到面前，道声："皇上随我来！"便跃马抢刀往西北冲杀，天祚帝紧随其后。耶律浩连杀几员金将，终于冲出了包围圈，保着天祚帝向西北逃去。

金将娄室带兵杀进了天祚住的中军帐，只见两位妃子吓得蜷缩在地上，瑟瑟发抖。娄室问她俩天祚帝哪里去了，两个妃子道："他听见喊杀声就跑出帐去，夜色黑暗，也不知他逃哪里去了。"

　　一千辽兵已被全部消灭，帐内帐外，到处横陈着辽兵的尸体。受伤的辽兵躺在地上痛苦地呻吟。娄室留下两千金军打扫战场，看押俘虏，自己又带三千轻骑，继续追击天祚帝。

　　天祚帝和耶律浩出了盆地，又走进大沙漠，这沙漠之中人迹罕至，鸟兽全无，所以他俩骑马过后，就留下清晰的马蹄印。二人在沙漠中艰难跋涉了四五天，才走出了沙漠，又行了一天，见前面横亘着一座大山，山势陡峭，马不能上。又见左边有一条小溪从山壑里流淌出来。二人来到山豁口，见那沟壑里的小溪两侧虽然乱石成堆，但不是十分陡峭，可以骑马进山。

　　这时天祚帝回头一看，见一队金兵追了上来。耶律浩道："皇上快进山壑躲避敌兵，我沿山根往北跑，把金兵引开。"说完就策马往北快跑。天祚帝也忙打马，进入山壑。不知天祚帝能否逃过追兵，且听下章分解。

第二十二章

娄室生擒天祚帝
大石称王可敦城

娄室远远看到，刚才还是两个人跑到山脚下，这会儿就剩一个人在山前骑马奔跑，笑道："山前骑马飞奔的人是想把追兵引开，天祚帝一定钻进山里躲了起来。"于是分兵两路，一队金兵去追耶律浩；娄室带一队人，直奔山根而来。到了山麓，见有一条小溪从山谷里流淌出来。娄室便领兵进了山谷，沿着弯弯曲曲、满地鹅卵石的谷底向大山深处搜索前进。

再说天祚帝进了山谷，因脚下乱石成堆，马行进困难，只能慢慢地往里走。走了有三四里路，听见山谷里传出雷鸣般的声音，他沿着山谷拐了个弯，却见前面出现一片碧绿的深潭，一条瀑布从几十丈高的陡崖上跌落入潭中，发出惊心动魄的声响。幽谷里光线阴暗，空气寒冷。他不由得打了个寒战，抬头一望，深潭周围是悬崖峭壁，头顶只能看到巴掌般大的一片蓝天，人如同掉落到井底，插翅难逃。天祚帝大惊失色，暗暗叫苦道："真是天亡我也，怎么走进了死路!"

天祚帝急忙掉转马头往回走。忽听前面人喊马嘶,娄室带着大队金兵猛扑过来,吓得天祚帝滚下马,爬到两块大石头的夹缝中躲藏起来。娄室率兵来到跟前,只见一匹马立在乱石之中,却不见骑马之人,便在乱石中搜寻。一个金兵发现天祚帝趴在两块大石头下面,便用矛敲打着他的头喊道:"辽贼出来,不出来,老子一矛戳死你!"吓得天祚帝乖乖地爬了出来。

娄室因在头鱼宴上见过天祚帝,他走近前,一眼就认出是天祚帝,立即下拜道:"陛下不要害怕,金帝宽宏大量,请陛下随臣去面见金帝。"

天祚帝无奈,只好上了马,在金军看押下走出了山谷。来到山谷出口,他看见耶律浩浑身是血,躺在地上。原来耶律浩为了吸引金兵,纵马在山前飞奔,被大队金兵截住了去路,他挥刀拼命冲杀,终因寡不敌众,身中三枪,倒落马下,被金兵生擒活捉过来。

天祚帝来到耶律浩面前,悲怅地叫道:"耶将军!"

耶律浩已气息奄奄,他听到天祚的声音,看了天祚帝一眼,头一歪,脚一蹬,就断气了!天祚帝此刻也泣不成声。他请求娄室把耶律浩的尸体掩埋了,又悲悲切切地随金军向沙漠里走去。

且说耶律大石见天祚帝杀死了萧普贤女,又想杀死自己,心中害怕,便趁着夜色带着萧塔不烟和二百骑兵悄悄离开夹山,往西北逃去。快马加鞭行了一天,进入了大沙漠。沙漠之中寸草不生,又无水源。众人因逃离夹山时十分匆忙,既没带粮草,又没带盛水的器具。队伍行进半天,大家干渴得难受。休息时,萧塔不烟见有战马撒尿,就摘下头盔去接马尿,然后自己喝马尿解渴。大家见了,也学萧塔不烟用头盔接马尿喝。

但是到了第二天,马因两天没有饮水,也不撒尿了。大家都渴得五脏六腑像着了火,头懵眼黑,艰难地往前行进。耶律大石因染风寒,身体发烧,加上缺水,走着走着,眼前一黑,从马上跌落下来,昏迷过去。幸亏地面是沙丘,并没摔伤身体。众头领围了上来,见耶律大石牙关紧闭,不省人事,急得团团转,也没有办法。

只见萧塔不烟从布袋里取出一个葫芦，原来这葫芦是太行山紫金观道人盛仙丹用的，后来紫金观道人把这葫芦盛着仙丹献给了天锡皇帝耶律淳。耶律淳没来得及用就驾崩了，葫芦和仙丹由萧普贤女保管。后来萧普贤女封萧塔不烟为宫廷侍卫长，就把葫芦交给萧塔不烟保管。那晚，萧塔不烟随耶律大石逃离夹山，她想到往西北逃走，要经过几百里的沙漠，路上很难找到水喝，就用这还盛着几粒仙丹的葫芦灌满了水，装在布袋里，置于马背上驮着。一路上，萧塔不烟渴得喝马尿都不舍得喝葫芦里的水，为的就是要用葫芦里的水来救有生命危险的人。

她见耶律大石晕倒在地，便取出葫芦，跪在大石身边，让士兵把大石的嘴撬开，用葫芦里的水灌他喝。这葫芦里乃是仙丹融化的药水，不仅甘甜解渴，还能抗病健身，提神益气。因而耶律大石喝了几口丹水，便觉浑身气脉通畅，头脑清醒过来。

他睁眼一看，萧塔不烟正跪在身边，两手捧着水葫芦喂自己水喝。又看到萧塔不烟的嘴唇干渴得都裂了纹，想起她咋天还喝马尿，心里非常感动，便坐起身来，用手推开萧塔不烟的水葫芦说道："侍卫长带着水不舍得喝，自己却喝马尿，真乃是志纯意坚的巾帼英雄！我们大辽有你这样的大贤大德之人，何愁不能复兴！"

萧塔不烟见耶律大石恢复了体力，便把葫芦递到耶律大石手里，说道："这葫芦请林牙大人拿着，渴得狠了就喝上两口，保证不会再出危险。"

耶律大石坚辞不受，说道："侍卫长带的水救活了我的命，大石已感恩不尽，岂能独占救命之水？这水你保管着，若再出现有生命危险的人，就用这水救他。"

萧塔不烟听耶律大石这样说，就又用塞子把葫芦口塞紧，放进马背上的口袋里。她仍然一口不舍得喝。

第二天，又有几个人因身体缺水而晕倒，都被萧塔不烟用葫芦里的水救活过来。将士们见萧塔不烟自己滴水不沾，却用葫芦里的水救活了许多人，都对她倍加敬重，把她比作救苦救难的观音菩萨。

队伍又走了一天，才走出了沙漠，眼前出现一望无边的草原。一条清澈的小河在阳光照射下熠熠生辉，战马看到了水，都向小河奔来，冲进河里饮水。将士们也都飞身下马，蹲在河边。用双手捧着水贪婪地喝起来。等大家都喝足了水，耶律大石就令在河边搭起帐篷，在这河边宿营。

当晚耶律大石召集萧升、许猥、许留根和萧塔不烟商议，下一步队伍往哪里去。许猥道："再往西是回纥国，我们只有二百人，到了那里怕被回纥吃掉。咱不如继续往北，能到北海附近，那里金军和天祚帝的兵马都到达不了，咱们就安全了。"

许留根和萧升都赞成许猥的意见。耶律大石道："北海附近气候寒冷，居民极少，没有百姓，我们就没有兵源；没有兵源，我们的队伍就不能壮大，发展不起来军队，我们怎能光复故国？"

就见萧塔不烟从兜里掏出一张锦帛，她把锦帛平伸在地上，耶律大石一看，原来是一张地图。耶律大石问道："侍卫长在哪里弄到的地图呀？"

萧塔不烟道："这地图是西番大王献给天锡皇帝的，萧皇后交给我保管，我随萧皇后离开京师时，就把地图带在身边，以备转移时使用。"

几位将领听了都围拢过来，观看地图。萧塔不烟指着地图上的一条河流说道："这条河叫黑水，你看这黑水东岸是一带沙漠，我们前几天就是穿越了这片沙漠过来的，咱眼前这条河就是黑水。过了黑水往西南走，不多远就是白鞑靼部落。白鞑靼部落虽然很少，但是咱辽国属地。白鞑靼再往西，有一座城叫可敦城。可敦城周围有七个州，十八部众都是辽朝的属地。我们若能占住这七州之地，得到十八部族的支持，就具备了立国的资本。"

耶律大石听了萧塔不烟这番话，心中大喜道："侍卫长虑事周密，在此关键时刻，扩开大计，真有诸葛武侯之才！我们就渡过黑水，向白鞑靼进发。"

耶律大石率领队伍渡过黑水，又走了一天，见前方成群的牛羊正在草地上悠闲地吃草，一座座帐包点缀在苍茫的原野上，显得天高地阔。耶律大石令队伍停止前进，让萧塔不烟先去联系这里的酋长。

萧塔不烟带了两个随从，来到一座帐包前，见一老妪正在给牛挤奶，便下了马，走到老妪跟前施了礼，问道："老人家好，请问这里是白鞑靼部族吗？"

那老妪道："这里正是白鞑靼。"

萧塔不烟又问道："老人家知道酋长住在哪里吗？"

老妪手指着西边不远处的几座大帐包道："酋长就住在那儿。"

萧塔不烟又骑上马，带着随从来到大帐包前，忽见正北驰来十余匹快马，领头的一匹蹄雪乌骓马上，坐的是一位银须飘洒的老者，那老者腰悬宝雕弓，手提三股马叉，马前奔驰着三只猎犬，后面跟的是一群架着鹰的后生，人人马后都驮着猎物。那几只猎犬看到萧塔不烟是个陌生人，一起狂吠着奔来。只听老者一声断喝，那几只猎犬立刻安静下来。

老者来到萧塔不烟面前，仔细打量，见萧塔不烟虽然全身戎装，但那身姿窈窕，略显憔悴的脸上仍掩饰不住桃花般的靓丽，一双大眼布着血丝，但两只眸子仍如同黑宝石般乌黑发亮。老者心里不由得暗暗称奇。这时萧塔不烟已经下了马，向老者拱手施礼道："请问老伯，知道此地的酋长大人吗？"

老者也翻身下马，拱手还礼道："老身便是本部酋长，你是从何处来，找我有什么事情？"

萧塔不烟道："我是萧皇后宫中侍卫长萧塔不烟，因天锡皇帝驾崩、金军占据南京，我随大石林牙转战抗金，意欲在可敦城一带发展力量，再图驱逐女直，恢复大辽。今日路过贵地，大石林牙恐惊扰百姓，特派我先和酋长联系。"

老者大喜道："久闻耶律大石是当世的英雄，曾以两万辽军大败宋国十万之师，老朽佩服之至，但恨无缘会面，想不到他今日大驾光临，快快领我去拜见林牙大人！"

萧塔不烟领着酋长来见耶律大石，酋长一看耶律大石身材伟岸，方面大耳，鼻直口阔，一双剑眉，两只虎目，威风凛凛，果然是人中俊杰，心中暗想，我辽邦出此等英雄人物，何愁不能复兴！

耶律大石见这老者白须飘洒，气宇轩昂，料是部落酋长，便下马施礼道："吾是耶律大石，率众来到贵地，多有打扰。"

酋长拜伏于地道："白鞑靼惕隐床古儿参见林牙大人，鄙人久闻林牙英名，如雷贯耳，今得相见，实是三生有幸！"

耶律大石双手挽起床古儿道："酋长年事已高，不必多礼。"

床古儿请耶律大石回帐包叙话。于是耶律大石随床古儿来到大帐，床古儿请耶律大石上坐，然后令女儿献上奶酪，床古儿坐在下首相陪。

耶律大石道："当今女直猖獗，叛乱国家，残杀辽民，侵吞我大辽江山。大石不忍祖业一旦被毁，欲在西域发展力量，等待时机，再图驱逐女直，恢复故国。希望惕隐能携助大石，共谋大业！"

床古儿道："我家世享国恩，正欲报效国家，恨无机遇耳。今幸大人来到敝处，我当率全族倾力支持大人，先统一可敦城一带七州之地，然后秣马厉兵，再图恢复。"

二人真是志同道合，谈得十分投机。床古儿又命儿子去招呼各帐族长前来开会。这白鞑靼共有十来个族群，都归床古儿管辖。族长们听说床古儿传唤，都骑马飞奔而来。床古儿见族长都到齐了，便向大家介绍道："这位就是我们大辽的英雄大石林牙，他曾率领两万辽兵打败大宋十万大军，在东京以少胜多，打败过金军！今日林牙大人准备在西域建立根据地，我们都是辽人，国家兴亡，匹夫有责，希望各位族长都要齐心协力，帮助林牙大人完成复兴大业！"

族长们平时都听说过耶律大石的威名，今见耶律大石双目炯炯有神，气宇不凡，都十分敬畏。于是一致表态，要支持林牙大人，为恢复大辽尽力！

于是，众人共推耶律大石为大元帅。各族共捐献马一千匹，骆驼四十只。耶律大石又征兵一千人，令萧升、许猱、许留根等将领抓紧操练。

床古儿又对耶律大石道，此去西南三百里是可敦城，那里住着大黄室韦族人。大黄室韦酋长名叫斡拓剌，其人有万夫莫挡之勇，性格倔强。若能把他招入军中，则附近七州必然顺利归服。于是耶律大石派床古儿去和斡拓剌联系。

床古儿到了可敦城，先向斡拓剌介绍耶律大石如何英雄，又把耶律大石意欲在西域发展军队、再图恢复大辽的计划陈述一遍。

斡拓剌笑道："他耶律大石果真英雄，为何被金军打得无处存身，跑到我们这边远荒僻的地方？你回去告诉耶律大石，他能打败我手中两千人马，我就俯首称臣。佐他在西域立国，若打不败我的两千人马，他就乖乖向我投降！"

床古儿知其性格倔强，难以说服，只好回来向耶律大石如实回报。耶律大石道："我们都是兄弟之族，岂能自相残杀。请你转告斡拓剌，我要和他单独比武，若我败给他，我就尊他为王；若我打败他，他就归顺辽军。"

床古儿又回到可敦城，对斡拓剌道："林牙大人不忍同室操戈，要求你二人比武，你俩谁赢了，谁就为王，如何？"

斡拓剌在西域从未遇到过敌手，听说耶律大石要和自己单挑，满心欢喜，便道："后天就请耶律大石来可敦城校场比武，惕隐大人可以当裁判。"

床古儿回复了耶律大石，并建议耶律大石率五百精兵去可敦城，以防不测。耶律大石道："我料斡拓剌是忠义之士，我以诚相待，彼必不负我。"

耶律大石不带一兵一卒，单人独骑来到可敦城，见有士兵把着城门，耶律大石道："我乃大石林牙，受你们酋长邀请，前来比武，你快快向酋长禀报。"

守门士兵报于斡拓剌，斡拓剌问道："耶律大石带来多少人马？"

守门人道："单人独骑，一个随从也没带。"

斡拓剌暗暗吃惊，心里道："这耶律大石还真有胆量！"

于是斡拓剌也不带随从，单独骑马来到城门口一看，见一员大将赤手空拳，只在腰间跨着宝雕弓和羽翎箭，目光如炬，威风凛凛，立马于吊桥边。斡拓剌不由心生敬意，他双手抱拳施礼道："不知林牙大人来到，敝人有失远迎！"

耶律大石见斡拓剌虽面色粗黑，却长得虎背熊腰，声如洪钟，又颇讲礼仪，心想此人也是一员虎将，我要降服他才是。于是马上还礼道："多谢酋长礼遇，大石到此多有打扰。"

俗话说，英雄惜英雄，二人一见面，彼此都产生三分敬意。斡拓剌就邀请耶律大石回大帐暂歇，并设宴款待，二人边饮边谈兵论剑，聊得十分投机。

再说床古儿吃过早饭，欲随耶律大石一同去可敦城。他来到耶律大石住处，见到萧塔不烟便问："林牙大人何在？"

萧塔不烟道："林牙大人一早就动身去可敦城了。"

床古儿问道："大人带了几个随从？"

萧塔不烟道："他不让人跟随，单人独骑去了。"

床古儿道："这一路人烟稀少，狼群甚多，他一个人若遇到狼群可就糟了！"

床古儿急忙带着几十个亲兵，骑上马随后追赶，谁知一路就没见影。一直来到可敦城，一打听才知，耶律大石在斡拓剌帐中饮酒。床古儿来到大帐，斡拓剌也请床古儿入座。席间斡拓剌问道："女直不过数万人，大辽有雄兵百万、地域万里，怎么反被女直消灭？"

耶律大石道："天祚帝不辨忠奸贤愚，重用萧奉先。萧奉先外战外行，内战内行，在朝堂结党营私，排挤忠良。他用奸佞萧胡笃为殿前都点检。萧胡笃不懂治军之道，只知贪污受贿，以买官卖官为能事，上行下效，辽军中腐败成风，府库空虚，兵备废弛，军心涣散。萧兀纳和耶律余睹皆国家栋梁，被他排挤出朝廷。各地不断出现民反和兵变，所以大辽早就危机四伏了！"

斡拓剌又问道："萧奉先是怎样一步步把大辽引上灭亡的？林牙大人能举例说明吗？"

耶律大石道："当初在头鱼宴上，天祚帝就发现阿骨打有不臣之心，欲借故除之。萧奉先因收受女直贿赂，替阿骨打讲情，天祚帝听了他的话，错失攘除枭雄的良机。后来阿骨打秣马厉兵，准备反辽。会宁州节度使多次上书朝廷，要求出兵镇压，皆被萧奉先扣压，不报知天祚帝，以致辽军丧失了最佳剿灭金军的机会。后来金军连攻下三州之地，天祚帝才得知阿骨打造反的消息，急调十万辽军前去镇压。萧奉先为抢夺兵权，就推荐其弟萧嗣先为都统，其弟萧嗣先乃纨绔子弟，不懂用兵之道，又嫉贤妒能，以十万之师被一万金军打得落花流水。萧奉先恐天祚帝按军法处置其弟，诱骗天祚帝赦免了败将之罪。从此辽军法尽废，将士见杀敌冒险而无功、败逃安全而无罪，哪个还愿冒生命危险与敌搏杀？造成了辽军将怯兵弱、遇敌即溃的后果！"

斡拓剌又问道："天祚帝御驾亲征，怎么几十万大军又被阿骨打杀得溃不成军？"

耶律大石道："天祚帝御驾亲征，想一举把金军消灭，可是两军正在激战，耶律章奴临阵率军逃回上京，发动兵变，布告天下要废了天祚帝，立耶律淳为帝。天祚帝闻报，顾不得和金兵交战，撤兵回上京镇压叛乱。结果撤退途中被金军追杀，几十万大军崩溃。从此辽军在金军面前只有招架之功，没有还手之力了。"

斡拓剌道："护步答冈战败全由耶律章奴叛乱造成，非萧奉先之罪。"

耶律大石道："耶律章奴发动叛乱，就是因恨萧奉先专权、排挤忠良，所以才欲推翻天祚，另立贤德之君。可是他在大敌当前、辽金两军决战之时发动政变，无疑起到了助金灭辽的作用。"

床古儿道："护步答冈之战后，辽军主力被消灭，从此再也没有进攻女直的力量了！虽元气大伤，但有耶律余睹守东京、耶律淳守南京，还足以抵挡金军的攻势。"

耶律大石道："萧奉先让其三弟萧保先当东京留守，萧保先只知狂征暴敛，刑罚严苛，民愤极大，终于激起兵变。野心家高永昌趁机占领辽东五十余州，自称皇帝。天祚帝令张琳捐兵前去镇压，正在两军激战、两败俱伤的时候，金军出兵占领了东京，张琳兵败逃往南京，高永昌也被金军消灭，东京和辽东尽归女直所有。"

斡拓剌道："久闻东京和辽东是膏腴之地，人口稠密，大辽的军粮和兵源都出于此地。失了东京路，大辽就失去了立国之本！"

耶律大石道："失去东京路之后，萧奉先为了让其亲外甥继承帝位，又诬告文妃萧瑟瑟和驸马萧昱、太师挞葛里，还有耶律余睹合谋欲废天祚帝，立晋王耶律敖卢斡为帝。天祚帝闻言大怒，杀了驸马萧昱和太师挞葛里，又赐死文妃，把晋王耶律敖卢斡废为庶民。正在东京与金军作战的耶律余睹闻信，投降了金军。"

床古儿道："耶律余睹是大辽的军神，天下谁不佩服？天祚帝此举是自毁长城也！"

耶律大石道："耶律余睹对辽军情况了如指掌，他率金军直捣天祚帝的行宫白水泺，这时辽朝廷已面临覆巢之险，可是萧保先仍不忘迫害晋王，他对天祚帝道：'余睹此来意欲扶植晋王耶律敖卢斡称帝，若杀了敖卢斡，他必撤兵。'昏聩的天祚帝又杀了自己的亲生儿子。因晋王在朝臣中威信极高，今见晋王无罪被诛，人人寒心。余睹闻听天祚帝杀了他的外甥敖卢斡，更加痛恨他，他日夜兼程，赶到白水泺，歼灭了几千辽军，活捉了天祚帝的几个儿女，天祚帝仅以身免。"

床古儿道："秦二世信赵高而亡天下，主昏必出佞臣。天祚帝信萧奉先，断送了大辽二百年之基业！实则可恨。"

斡拓剌道："今日大辽江山已倒，百万大军伤亡殆尽。金军铁骑千群，势不可当，此大局已定，林牙大人兵微将寡，恐怕恢复大辽已难于实现。"

耶律大石道："昔日秦灭六国，北却匈奴，南服百越，有雄兵百万，秦始皇以为大局已定，可谓江山永固也。岂知陈胜一夫作难，竟然应者云集，天下人共起，把强秦推翻。今日女直头领阿骨打已死，吴乞买继位，因其用度超标，宗翰竟把他打了二十廷杖！可见女直内部矛盾已十分激烈，金军又南下攻宋，主力困于黄河之南，江宁老巢再发生内斗，我可联系西夏，让夏兵进攻西京，我军出夹山，直取上京，再夺东京，五京辽民苦于金人暴政，亟盼光复，必将纷纷响应，灭金指日可待也！"

斡拓剌道："林牙大人果然站得高，看得远，听您一席话，如拨云雾而见晴天，心中豁然开朗，我愿跟随林牙大人，为光复大辽建功立业。"

床古儿道："酋长既然投于林牙大人麾下，明天的比武就取消了吧？"

斡拓剌道："小人以前不了解林牙大人，口出狂言，请林牙大人见谅！"

耶律大石道："酋长既已通知部下，岂可失信！明日比武照样进行。"

床古儿道："比武照样进行，但内容可改为百人长比试骑射。"

斡拓剌道："我现在就通知各位百人长，明天到校场参加比武，并当场宣布归顺林牙大人旗下。"

第二天耶律大石和床古儿来到校场，但见一千骑兵分列两旁，中间靠北是一座演武厅。斡拓剌请耶律大石坐于中间虎皮椅上，他和床古儿坐于两侧。

一会儿，十个百人长乘马列队厅前。各人腰悬弓箭，等待比武。斡拓剌宣布比试箭术。但见队首第一个百人长，骑马先绕场一周，待马跑到厅前拈弓搭箭，瞄准百步远的箭靶，一箭射去，那箭正中靶心，就听两旁士兵齐声喝彩。

第二个百人长也骑马绕场一圈，待马跑到厅前也一箭射去，那支箭虽然也射中了靶，却钉在二环以外。其余百人长依次放箭，结果有三人射中靶心，四人射中二环，三人射中三环。

斡拓剌见百人长都射完箭，便走下演武厅说道："让我也射一箭！"

他让士兵把靶子挪到二百步远的地方。然后骑上他的汗血马，绕场飞奔一周，待马跑到厅前，只见他拉满弓，嗖的一声，一箭射中了靶心。两旁的士兵齐声摇旗呐喊。擂鼓的重重地击鼓助威。

斡拓剌得意扬扬，心里想："林牙大人见识了我的箭术，也该佩服吧！"

这时，耶律大石走向前，握住他的手夸奖道："酋长膂力过人，箭法精准，真是难得的将才！"

斡拓剌满面红光，说道："林牙大人过奖了。"

耶律大石接过斡里剌的弓，一手握弓，一手拉了拉弓弦，觉得有些软，便把弓还给斡拓剌，从腰间取出自己的宝雕弓来。然后命士兵把箭靶移到三百步开外。

斡拓剌心中暗暗吃惊，他想三百步远，那靶心看都看不清了，怎么能射中？

耶律大石腾身上马，也绕场跑了一圈，他那马跑到演武厅前并不掉头，只见耶律大石翻身背射一箭，那只箭嗖的一声响，就射中了靶心！全场的将士都惊呆了，好一会儿，突然爆发出雷鸣般的掌声，那擂鼓的擂得手酸，摇旗的摇个不停！

斡拓剌大惊，不由赞叹道："林牙大人真神人也！"

床古儿大声道："林牙大人乃今世英雄，我们尊他为北庭大王，如何？"

斡拓剌和十个百人长一起跪下道："大王在上，请受末将一拜。"

耶律大石急忙上前，扶起了斡拓剌，说道："各位将领请起，我们只要团结一心，反金复辽大业必能成功！"

耶律大石又得了斡拓剌两千人马，势力更加强大。

过几天床古儿报道："威武州敌剌部酋长松山豹率两千军来归。"

耶律大石出帐迎接，只见那松山豹长得头大如斗，一双扫帚眉，两只彪目，满脸络腮胡。他见了耶律大石，抬起一双毛茸茸的粗手抱拳施礼，口中说道："敌剌部酋长松山豹拜见大王！"

耶律大石听他声如洪钟，气势豪壮，心想此人也是个将才！便还礼道："酋长来归，我大辽军如虎添翼也！"

耶律大石携松山豹之手，进大帐落座，设宴款待。正饮间，忽报崇德州茶赤剌部酋长剌阿卜率一千军来投。耶律大石起身走出大帐，又见一人中等身材，面皮白净，眉清目秀，俨然一介书生，他见到耶律大石便拱手施礼道："久仰林牙大人威名，今得相见，实是三生有幸，请受小生一拜！"

耶律大石还礼道："我听说酋长博学，精通汉家礼仪，今日相见，方信名不虚传。"

松山豹、床古儿、斡拓剌也一一寒暄过后，便请剌阿卜入座饮酒。酒过三巡，耶律大石道："听说可敦城以西还有五州、十五部族。还须各位酋长设法把他们召集过来，同举大事。"

剌阿卜道："大王放心，某虽不才，愿凭三寸不烂之舌，说服他们同来归顺大王！"

耶律大石大喜，举起酒盅对剌阿卜道："酋长若能说服这十五部来归，是为大辽复兴立了头功，本王先敬您一杯！"

剌阿卜接过盅来一饮而尽，也端起杯来道："大王德高望重，又兼雄才大略，我等跟定大王，必能百战百胜，建功立业，为复辽大业早日成功，请大王再干一杯！"

耶律大石也接过酒盅一饮而尽。众人边饮边听耶律大石谈古论今，纵横捭阖，十分佩服，直饮至深夜方休。

第二天，剌阿卜辞行，耶律大石握住他的手道："愿酋长努力劝说各部前来会聚。"剌阿卜道："大王静待佳音就是，不出十天，我就要率各部酋长来拜见大王！"

原来这剌阿卜精通易学，通天文，晓地理，善于占卜，各部酋长大小事都来向剌阿卜问个吉凶，而且百验百灵，因此各部酋长都敬他如神，凡事都听他拿主意。

剌阿卜离开可敦城，就到那十五部族游说，宣讲耶律大石的英勇和他光复大辽的谋略。说耶律大石是天上星宿下凡，来拯救辽国百姓的，我们这些小部落要不团结在耶律大石身边，将来就会受金国的欺负，沦为奴隶。那些部落酋长听他这样一说，都愿意率众臣服耶律大石。于是王纪剌、茶赤剌、也喜、鼻古德、尼剌、达剌乖、达密里、密儿纪、合主、乌古里、阻卜、普速完、唐古、忽母思、奚的，十五部落酋长都跟随剌阿卜来拜见耶律大石，尊耶律大石为北庭大王。

耶律大石晓谕他们说："我祖宗历经艰难创下大业，经历了九代二百年。金人作为臣属，逼迫我国家，残杀我黎民，屠杀毁灭我城邑，你们都是热血男儿、顶天立地的男子汉，岂能坐以待毙，等着金兵来砍下我们的头颅，奸淫我们的妻女？"

众酋长皆慷慨激昂，齐声表态："坚决与金贼血战到底，誓死捍卫大辽国土，一定要光复旧国！"

各路酋长献钱献物，提供兵源，耶律大石得到精兵一万余人，设置官吏，编列排甲，准备仪仗器具，声威大震！

一日，耶律大石正聚众议事，忽报萧斡里剌带五千辽军来投。耶律大石大喜，便率领群僚出城迎接。这时萧斡里剌只带十几个部属，也没携兵器，已在城外等候。他见耶律大石亲自出城迎接，便拜伏于地说道："末将听说大王重振军威，欲光复大辽，特来投奔大王麾下效命。"

耶律大石双手扶起萧斡里剌道："将军不是在天祚帝帐前任职吗？现在天祚帝呢？"

萧斡里剌道："天祚帝乘着金兵南下攻宋，率军进攻上京，结果全军溃败，天祚被俘，已被金兵押送会宁府去了！我因率五千兵驻守成州，闻天祚帝已战败被俘，为保存兵力，便率军撤到黑河。又听说大王已在可敦城站稳脚跟，就又辗转来到这里。"

耶律大石叹道："金军留守上京人数虽少，但娄室善于用兵，天祚帝又不知用兵之道，安得不败！"

耶律大石又问道："将军的人马何在？"

萧斡里剌道："我把人马驻扎在黑河，现来给大王报个信，等大王批准，再把队伍开进城来。"

耶律大石就请萧斡里剌进城叙话，又命床古儿带着酒肉，去黑水边慰劳萧斡里剌带来的辽军，并引领辽军来可敦城。

萧斡里剌又对耶律大石道："金军打败天祚帝后，夏国皇帝派三万大军来救天祚帝，也被金军击败，残兵逃回夏国去了。大王可派人去和夏国通好，再派人去联系宋国，和他们建立联盟，共同对付女直。"

耶律大石接受了萧斡里剌的建议，心想，剌阿卜甚有学问，能说会道，便派剌阿卜出使西夏和大宋。剌阿卜欣然受命，便带了几个随从，先来到夏国，拜见了夏崇宗。

剌阿卜先向夏崇宗介绍了耶律大石在可敦城已称王，并受白鞑靼人拥戴，现在兵强马壮，积极准备光复辽室。今愿结好夏国和宋国，共同对付女直。

夏崇宗道："我与辽邦是亲戚，对光复辽国，没有异议。可是现在辽军已损失殆尽，天祚帝已被俘，金军又攻破了汴京，掳走了徽、钦二帝，金军如日中天，再与之对抗，是自取其辱耳！"

剌阿卜道："金军初起，锋芒所向，无人可敌，一来是阿骨打果敢刚毅，善于用兵；二来是女直人打猎为生，喜欢搏斗，战斗力强。但是现在阿骨打已死，吴乞买即位，众勃极烈多有不服，权臣宗望竟敢对吴乞买施以廷杖，可见其内部矛盾激化，金朝随时都有分裂的可能。另外女直军初创时的将士总共两万人，经过与辽军长期作战，这些女直士兵已死伤殆尽，现在的金军士兵都是契丹人、奚人、汉人，这些士兵的战斗力已不可与那些女直老兵相提并论。因此金军看似强大，其实已是强弓之末。女直人数甚少，他占住的各州县仍由辽朝旧官管理，这些人一旦见金军失利，就会反戈一击。所以金人政权危机四伏，其如秦朝，胜也忽败必忽耳！"

夏崇宗道："先生所言很有道理，金军若敢犯吾疆界，夏军必痛击之，使其知道大夏的厉害！"

剌阿卜道:"前几个月金人欲购鞑靼人的马匹,鞑靼人不卖给他。目前金军战马损失严重,只好大量武装步兵,这些步兵的冲击力和机动性都大打折扣。"

夏崇宗道:"听说宗望纳赵佶女儿为妾,他想让爱妾高兴,欲立赵佶子嗣为傀儡皇帝;可是宗翰坚决反对立赵姓人为帝,他主张立张邦昌为伪帝,二人闹得不可开交。最后宗翰搬来大勃极烈斜也,斜也支持宗翰的意见。宗望愤然离去,可见金军内部已呈分裂的迹象。"

剌阿卜道:"现在辽、夏和宋要互相通气,一旦女直分裂,辽、宋、夏三国军队同时伐金,使其首尾不能相应。再派人策反在金人手下做官的辽人,女直必亡也!"

夏崇宗答复了剌阿卜的请求,便与辽结盟,共同对付女直,并派一官员去可敦城回访。剌阿卜告辞了夏崇宗,又往宋国而来。这时金军已占领了陕西北部。剌阿卜只好绕道肃州进入宝鸡地界。

一日,他登上一座高山,往前一望,只见山下无数宋军和金军正在交战。战鼓声伴随着喊杀声、马嘶声,震得地动山摇。扬起的烟尘在空中弥漫,真个是天昏地暗、日月无光!剌阿卜和随从在山头站立了半天,看得惊心动魄。战至午后,见金军溃败,宋军乘胜追击,大军渐渐去远。剌阿卜和随从才下了山,只见山下一带原野上尸体横陈,还有那伤兵躺在地上号叫,惨不忍睹。

剌阿卜等人沿着大路往东行了三十里,见路上身着金军服装的尸体越来越多,宋军尸体越来越少。正行间,就见大队宋军押着俘虏归来。为首一员大将手提一杆血淋淋的大刀,盔甲上血迹斑斑,连白色的战马也被血染成了一头花豹。剌阿卜看他身后的士兵举着一杆大旗,上书斗大的"吴"字,心想这位将军该是宋军名将吴玠了,于是下马,拜伏于地道:"吴将军神威,大败金兵,真是可喜可贺!"

那战将便是镇西军节度使吴玠。金军统帅完颜宗弼和完颜斜也率领六万精锐金军进犯和尚原,完颜宗弼想在和尚原一举将吴玠军歼灭,不料吴玠军人人奋勇,个个争先,伤兵仍然拼命搏杀。吴玠、吴璘兄弟身先士卒,冲入金军队中,横冲直撞,杀得金军人仰马翻。完颜宗弼见吴玠凶猛异常,急忙挥动大斧截住厮杀,谁知被吴璘一箭射中肩膀。宗弼负痛,掉转马头逃跑,金军溃败。

这一仗金军死伤三万余人。宗弼带着残兵逃回长安，从此再不敢兵犯和尚原。

吴玠见一辽人跪拜道旁，便下马将剌阿卜扶起问道："你是哪里来的客官，有何事见我？"

剌阿卜道："我是西庭大王耶律大石麾下、崇德州茶赤剌部酋长剌阿卜，受大王之命出使宋国，欲与宋国永结友好，同心抗金。"

吴玠道："耶律大石是契丹英雄，吴某非常佩服。请你回去禀告他，宋军现在正转守为攻，韩世忠在黄天荡困金军四十多天，岳飞在伏牛山又大败金军，宗弼率败兵狼狈撤回江北。今又欲从陕南入川，再沿江东下灭掉宋国，被我杀得落花流水，溃不成军！请辽军扰其后路，令金军两面受敌，金人可破也！"

剌阿卜道："我一定把将军的话转告大王。"

吴玠留剌阿卜饮宴一天，第二天剌阿卜才告辞归去。吴玠修书一封，交给剌阿卜带回辽国。剌阿卜回到可敦城，向耶律大石呈上了吴玠的书信，并介绍了宋军大败金军的经过。耶律大石道："吴玠是西北军杰出的将领，随童贯战西夏、平方腊，屡建奇功。今日宗弼遇到他，可是遇到了克星。"

剌阿卜又献计道："我军现在兵少将寡，若冒险攻打金军，必然受挫。不如先向西发展，统一了回纥、大食，力量强大了，再举行东征。"

耶律大石道："酋长的计划正合吾意。"

一日，萧斡里剌禀道："大人既已称王，当封王后镇宫，国运才能隆昌。"

耶律大石就册封萧塔不烟为王后。萧塔不烟自从跟随耶律大石离开夹山，一路鞍前马后，服侍得十分周到，耶律大石每遇大事，都先和萧塔不烟商量。萧塔不烟成了耶律大石的智囊人物。

萧塔不烟当了皇后，劝耶律大石推广汉家文化，创办国学馆，招收贵族子弟学习汉文，并尊孔读经，以科举取士。耶律大石又仿照宋朝官制，封床古儿为丞相、剌阿卜为枢密使、萧斡里剌为太尉、斡拓剌为上护军。其余酋长皆有封赏。

一日，耶律大石正聚众议事，忽有东喀喇汗国的契丹族人前来求见。耶律大石令其进来，那人跪拜于地道："我是契丹人，因避金军残杀，西迁入东喀喇汗国,现有一万五千帐人,东喀喇汗国令我族男子全部入伍,并不许探家,意欲使契丹人绝后。我听说大王兵强马壮,想请大王出兵,拯救我族人。"

耶律大石正欲出兵西征,立即答应出兵讨伐东喀喇汗国,并要求在东喀喇汗国的契丹人做内应。

来搬兵的契丹人得了耶律大石的复信,便骑马返回东喀喇汗国。谁知行至半路,却被东喀喇汗国的巡逻兵擒获,从身上搜出了耶律大石的复信,报于国王阿赫马德汗。阿赫马德汗立即传令,把境内的契丹男子尽行杀戮,把妇女分配各帐为奴,又实行坚壁清野,把各帐民众都迁至阿尔泰山以北,不给辽军留下一只羊、一粒粮。

耶律大石调集一万五千人马,令萧斡里剌为都统、斡拓剌为先锋,准备西征东喀喇汗国。剌阿卜道:"欲征东喀喇汗国,必须路过回纥,不如先灭了回纥,扫清了道路,再打喀喇汗。"

耶律大石道:"我们可以先礼后兵,先给回纥国王送信,就说辽军欲征讨东喀喇汗,须路过回纥,彼若不让通过,我就用兵攻打;彼若让我军通过,待打平了东喀喇汗国,回师来个顺手牵羊,也灭了回纥。"

于是耶律大石挥师进入回纥境内,大军所到之处纪律严明、秋毫无犯,看看快到回纥都城高昌,耶律大石才派人给回纥国王把信送去。

回纥国王毕勒哥接到书信,打开一看,是辽军要借道回纥,去讨伐东喀喇汗国,心想耶律大石是醉翁之意不在酒,他口里说攻打东喀喇汗,岂能不想灭回纥? 别中了他的假途灭虢之计! 欲待不许其借道,又怕打不过辽军。正与大臣商议对策,人报辽军已来到高昌城下。

毕勒哥登城一看,见辽军兵强马壮,十分害怕,只好派国内的契丹人都迁到客舍迎接,并请耶律大石入城,大宴三日。临走之前,又进献六百匹马、一百只骆驼、三千只羊,并愿以子孙为人质做附庸,送至境外。

耶律大石率领辽军向西北行进一千多里,见东喀喇汗国空无一人,来到东喀喇汗国都城别失八里,见城门大开,城头一个人影也没有,便率军进了城,见城内空无一人。辽军就在城里住下,欲埋锅造饭,却找不到水,原来喀喇汗人撤退时不仅把粮草、财物都运走,把水井都用土填住了。这时辽军粮草已尽，行了一天军，住下来连口水也喝不上，军心动摇，都想收兵返乡。

辽军睡到半夜，忽然城内四处起火。耶律大石闻报，急传令军队撤出城外。忽听四门炮响，东喀喇汗军从四门杀进城来。幸亏辽军训练有素，并不惊慌，各门驻军沉着应战，双方混战一夜，各有伤亡，临明时分，东喀喇汗军退出。

第二天耶律大石检点军队，辽军伤亡两千多人，耶律大石只好下令撤军。这支又饥又累的军队撤到了回纥国境，还想着会受到款待，谁知回纥国王也来了个坚壁清野，拒不接纳辽军进城。耶律大石只好下令，宰几百匹战马，充作军粮，大队人马才得以通过回纥国境。

可是负责断后的三千军，却遭到八千回纥军队的袭击。辽将萧升、许猰被围困。二人左冲右突，厮杀半天，不能突围。正在万分危急之时，忽听东南角喊杀声大起，一彪军杀入重围，为首一员将面如锅铁，骑乌骓马，挥舞大刀，连斩几员回纥将领。萧升一看，乃都统萧斡里剌也！

原来萧斡里剌在中军闻报后卫军被回纥兵包围，立即率三千骑飞驰救援，见回纥大队人马正团团围住辽兵厮杀，就跃马舞刀，杀入阵来，回纥军无人敢挡！萧斡里剌看到萧升、许猰，都杀得血头血脸，就大喊一声："随我来！"翻身又杀入敌阵，萧升、许猰一见来了救兵，精神倍增，于是领着被困的辽兵随后杀出重围。

耶律大石来到可敦城，丞相床古儿出城迎接。耶律大石问道："我率大军离开可敦城，国内可平安否？"

床古儿道："前几天有拦子马来报说，金军两万人来偷袭可敦城，我报于萧王后，萧王后亲自率领八千骑兵前去退敌，刚刚传来捷报，说萧王后已大破金军，正在凯旋路上。"

耶律大石叹道："萧塔不烟真盖世奇才也！"

原来耶律大石率军西征，马上就有金国细作报于宗翰，宗翰觉得这是偷袭可敦城的好机会，便令斡鲁古率领两万铁骑偷袭可敦城。谁知金军还没有离开上京，潜伏在金军内部的辽人又把消息报送到可敦城。床古儿接到情报大吃一惊，急忙禀告王后，劝萧塔不烟快快转移。

谁知萧塔不烟听了他的报告，只冷冷地说道："兵来将挡，水来土掩，何必转移？"

床古儿见她还不知道危险，心急火燎地说道："现在可敦城中只有九千人马，又无勇将率领，金军来了两万人，我们根本守不住城。万一王后有个闪失，我怎么跟大王交代？"

萧塔不烟道："丞相给我点齐八千人马，我要亲自领兵御敌。"

床古儿见萧塔不烟语气坚定，不敢再劝说，就传王后的命令，调集八千人马。萧塔不烟全身披挂，头戴凤翎紫金冠，身披亮银锁子甲，胯下桃花马，腰悬宝雕弓，怀揣十把飞刀，手提明晃晃的鬼头大刀，来到校场，检阅了军队，先声明几条军纪："临阵后退者斩，杀敌有功者赏。"然后嘱咐床古儿领一千军守可敦城，若遇金军来攻，要坚守不出，等待援兵到来，再与敌决战。

萧塔不烟告别了床古儿，率军风驰电掣般来到黑水河畔，原来从上京到可敦城必须经过这片大沙漠，而沙漠仅此一条路可以通过，那些经商的骆驼队都是从这里进出沙漠。萧塔不烟料定金兵必从此处走出沙漠，在沙漠里行军几天，人马干渴异常，一看到黑河有水，将士一定下马抢着喝水，这时金军必乱。因此萧塔不烟就把辽军埋伏于路口南北两侧的沙岗后面。

再说斡鲁古率领两万骑兵，在沙漠里跋涉几天，携带的食物和水早已用尽，人人饥渴难耐，有不少士兵渴死在浩瀚的沙漠中。金军好不容易走出了沙漠，忽然看到了清凌凌的黑河水，那战马便争相奔进河里饮水。将士个个渴得肠子里起火，看到了水，也不等下令，都滚下马来用手捧着水喝。连斡鲁古也下了马，咕嘟、咕嘟地痛饮。后面的人马涌过来，把前面的人马挤进河里，一时乱哄哄的。

正在这时，忽听一通鼓响，萧塔不烟率四千骑兵从北边杀来；何留根率四千骑兵从南边杀来。那些金军虽然勇猛，但都正在抢喝水，来不及上马就被辽军枪扎刀砍，命丧黄泉！

金军那两万匹战马受惊，乱踢乱蹦，金军自相践踏，死者不计其数。有那机灵的金兵，慌忙跳上马迎战，怎奈辽军是一排排骑兵集体冲杀，金兵是各自为战，乱糟糟地互不协同，因而跳上马的瞬间就被杀死。

斡鲁古跳上马，挺方天画戟，奋勇冲杀，正遇何留根挥刀砍来，斡鲁古举戟架住刀，闯了过去，何留根飞马追来。因何留根骑的是西域产的汗血马，那马日行千里，夜行八百，斡鲁古哪里能逃得脱？眼看就要追上，斡鲁古偷偷从腰间掏出流星锤，回身一锤，正击中何留根肩窝，何留根被打落马下。

斡鲁古掉转马头，挺方天画戟就刺，忽然一把飞刀刺入左臂，疼得斡鲁古几乎握不住画戟。就见萧塔不烟跃马挥刀，向斡鲁古杀来，吓得斡鲁古落荒而逃。恰巧金将赤密郎赶到，截住萧塔不烟厮杀。二人战十余合，赤密郎招架不住，被萧塔不烟一刀削去了天灵盖，死于马下。

这一仗金军死伤一万余人，缴械投降五千多人。斡鲁古仓皇逃回上京，检点残兵，只剩五千余人。从此金军再不敢进犯可敦城。

耶律大石听说萧塔不烟率得胜辽兵凯旋，心中大喜，亲率文武大臣和驻城军士出城三十里迎接。又见萧塔不烟押回六千俘虏，人心大振，一时欢声雷动。众大臣见萧塔不烟身披戎装，跨千里驹，手提明晃晃大刀，神采奕奕，雄姿英发，皆拜伏于地，尊若神明。

耶律大石执萧塔不烟之手，兴奋地说道："王后以少胜多，大败金军名将，虽孙吴用兵，不过如此耳！"

萧塔不烟道："全赖大王平时治军有方，将士杀敌奋不顾身，故能取胜。请大王论功行赏，以激励士气。"

于是，耶律大石论功行赏，凡杀敌立功者，升官加职，又把六千战俘收编入军中。本来耶律大石西征，损兵折将，士气低落，今天见萧塔不烟打败了金兵，又抓回六千俘虏，笼罩在军心那失败的阴云一扫而空，辽军士气又振作起来！

萧塔不烟又进言道："大王欲扩疆开土，必须远交近攻，先灭回纥，后图东喀喇汗国，万不可越国而图远。"

耶律大石道："我军此次西征，败就败在粮草不继。回纥见我军受困，非但不供给粮草，还袭击我后队人马，使我损失三千兵士。下次西征，要按您的计划行事，先灭了回纥，然后以回纥为基地，再伐东喀喇汗国。"

耶律大石又召集文臣武将，商讨伐取回纥之策。床古儿道："回纥国有民十万，它打仗时最多可调五万兵力，是我兵力的二倍。若要明着攻打，恐怕难以取胜。"

刺阿卜献计道："回纥国王毕勒哥喜欢狩猎。他狩猎时一般带五六百卫兵，有时会在离我边境很近的地方打猎。我军若能趁他出城狩猎的时候，突然出兵把他包围，生擒活捉过来，逼他投降，这是最可行的方法。"

耶律大石十分赞赏刺阿卜的计策，就授权刺阿卜刺探回纥国王毕勒哥的行踪，并准备好一万轻骑兵，随时待命。刺阿卜就使人向回纥国的内臣契丹人都迁送了重礼，许以灭回纥后封其为回纥部节度使之职。

都迁是契丹人，原籍是东京人氏，因家乡被金兵侵占，一路西逃，最后流落到回纥国。因他人长得秀气，又能说会道，兼有一副好嗓子，唱歌十分悦耳动听，因而被召为回纥国内臣，他也一心想恢复辽国，重返家乡，又佩服耶律大石，因而就爽快地答复，为辽军提供情报。

刺阿卜又劝说耶律大石表面和回纥国交好，以麻痹毕勒哥的警惕心。于是耶律大石多次派使者向回纥国通好，并开展边境贸易，互通有无。渐渐地，毕勒哥也放松了警惕，经常外出狩猎。一次，都迁得知毕勒哥在离辽境约两百里的地方狩猎，急报于辽人派来的细作，那细作便星夜送信到辽国。耶律大石闻报，立即率一万轻骑，分两路向毕勒哥狩猎的地方包抄过来。

这天毕勒哥射杀几十只麋鹿和十几只狼，正在高高兴兴地返回营地。突见前面几千骑兵杀奔过来，吓得掉头向后逃跑，却又见后面几千辽军骑兵杀来。毕勒哥的几百亲兵一会儿就被砍瓜切菜般消灭完了，毕勒哥战战兢兢，跪在地上，请求投降。

耶律大石令士兵押着毕勒哥来到高昌城下，让毕勒哥下令守城的回纥军投降。守城的回纥将领见国王已被辽军抓获，只好乖乖打开城门，放辽军入城。耶律大石进驻高昌城内，便逼毕勒哥传旨，让回纥军放下武器，都到校场集合，然后把这些回纥兵都分编进辽军中，封都迁为高昌节度使，管理回纥民政；封萧升为高昌团练使，领辽兵八千驻守高昌。又降毕勒哥为回纥王，只赏受俸禄，不得过问军政大事。

耶律大石又在回纥族中征兵二万人，编入辽军中，共扩军到四万多人。于是耶律大石就在回纥与东喀喇汗国交界处屯兵二万，等待时机消灭东喀喇汗国。

第二十四章

贵妃淫乱遭杀戮
叶护起兵讨昏君

　　正在这时，东喀喇汗国皇帝阿赫马德汗驾崩，儿子易卜拉欣继位。易卜拉欣喜欢女色，一次他带着亲兵外出狩猎，夜晚宿于葛逻禄部。葛逻禄部族首领叶护设宴款待易卜拉欣。

　　叶护有个女儿名叫娅卡妹，生得十分美丽，能歌善舞。叶护为讨好天子，令其女为易不拉欣敬酒。易不拉欣一见娅卡妹粉面桃腮，弯弯的眉毛下面两只黑葡萄般的大眼，挑战似的向他频送秋波，一双雪白柔软的小手捧着杯，亲热地劝他喝酒，易不拉欣就觉得心猿意马。他用手接杯时，故意摸住娅卡妹的手。

　　娅卡妹才一十六岁，情窦初开，第一次和男人肌肤相触，顿时觉得一股暖流涌遍全身。但娅卡妹性格泼辣，并不羞怯，口里却甜甜地说道："大汗今日光临，使寒舍满堂生辉，小女有幸伺候天子，是我今生今世的荣耀！"

　　易不拉欣听她说话嘴里像抹了蜜似的，十分好听，心里更加喜欢，又问道："听说你们这里的姑娘都能歌善舞，请姑娘为我表演一曲。"

娅卡妹正想在大汗面前展示自己的才华，于是轻敲手鼓，慢移玉足，彩裙飞旋，边舞边歌。易不拉欣看着娅卡妹那火辣辣的舞姿，听着她那银铃般的歌声，不由兴致勃发，也不顾自己的天子威仪，竟然离开宴席，随着娅卡妹跳起舞来。娅卡妹含笑牵住易不拉欣的手，两个人左盘右旋，眉眼传情，跳了足足有半个时辰。

叶护不由得暗笑易不拉欣轻狂，但转念又想，这样没有城府的天子才好控制呀。他又见女儿和易不拉欣一曲终了，已呈现出情投意合的亲昵状态，便乘机奏道："大汗如果喜欢小女，请把小女带进宫中，服侍大汗。"

易不拉欣正想把娅卡妹带走，叶护这话说到了他心坎上，于是当场垂谕，封娅卡妹为贵妃。是夜便同宿一帐，成就了夫妻之事。

第二天，易不拉欣就带着娅卡妹回到京师，把娅卡妹安置在东宫，从此对娅卡妹大加宠爱，又封叶护为王，赐给他一万奴隶。

可是这易不拉欣生性喜新厌旧，过了几个月，他读遍了娅卡妹的身体，渐渐失去了新鲜感。娅卡妹恃宠撒娇，爱使个小性，常惹得易不拉欣心烦。这时，部族又进来两位绝色美女，易不拉欣就移情别恋，很少临幸东宫了。

消息传到可敦城，刺阿卜向耶律大石献计道："叶护和易不拉欣团结一心，东喀喇汗国急切难图；若其分裂，就容易消灭了。听说叶护对易不拉欣冷落他的女儿十分生气，大王若能送给易不拉欣一批能歌善舞的美女，再带上一个大唐乐队，让易不拉欣整天陶醉在曼舞笙歌之中，他就会更加冷落娅卡妹。从而引起叶护和易不拉欣的矛盾，若其矛盾激化，我就可发兵各个击破。"

原来从前唐玄宗因宠信安禄山，就赏给他几位宫中美女，还把宫中的乐工也赏赐给他。那几位宫女都会跳霓裳舞，安禄山十分喜爱，就让这几位宫女做教师，又培养出一批舞女，以至于霓裳舞在幽州世代流传下来。到了辽代，因道宗皇帝喜欢汉家文化，不仅在辽国大力推广汉文化，还培养了大批霓裳舞女，唐宫廷音乐也在辽国广为流传。天锡皇帝时，萧普贤女也爱看霓裳舞，爱听唐乐，因此也在宫中养着舞女和唐乐队。

后来萧普贤女逃奔夹山，还带着宫廷乐队和舞女。萧普贤女被天祚帝鞭死，这些乐工和舞女都随萧塔不烟逃奔到可敦城。萧塔不烟嫁给耶律大石，又把乐工和舞女带进王宫。不过耶律大石是个创业英雄，对声色不感兴趣，因而这些舞女和乐工并没有机会施展才华。现在耶律大石听了剌阿卜的建议，便与萧塔不烟商量，想把舞女和乐工送给东喀喇汗。

萧塔不烟道："剌阿卜提的是好建议，若能分化东喀喇汗国，我何惜几个艺伎？"

耶律大石就派剌阿卜带着舞女和乐工出使东喀喇汗国。剌阿卜来到东喀喇汗国首都巴剌沙衮城，拜见了可汗易不拉欣，并呈上国书。易不拉欣见国书上言辞极其谦恭，又见献上了舞女和乐工。他早就听说过大唐的霓裳舞，做梦都想看看，想不到今日送上门来！真是踏破铁鞋无觅处，得来全不费力气。

易不拉欣大喜过望，他迫不及待地让舞女们给他表演一场霓裳舞。就见那些乐工奏起乐来，果然音调婉转悠扬，千变万化，听得荡气回肠。几个舞女上场，个个肤如凝脂，眉似柳叶，那眼睛虽然没有西域女孩的大，却显得更加妩媚娇羞，比起西域女孩那泼辣大胆的性格，这些舞女更显得温柔、文雅，令人感到可怜可爱。

那几位女孩子穿着薄如蝉翼的透明舞裙，隐约可见窈窕的身体，随着乐曲，轻移莲步，舞袖如烟，香风缭绕，飘飘然如仙女临凡。易不拉欣看得目酣神醉，不由得连声叫好！一曲终了，舞女们拜伏于地，娇滴滴地谢大汗龙恩。把个易不拉欣喜得手舞足蹈，立刻重赏剌阿卜，乐工舞女皆有赏赐。

当晚易不拉欣就挑一位最漂亮的舞女陪寝。那舞女一夜莺啼婉转，千媚百娇，把个易不拉欣整得如痴如醉，欲仙欲死。

从此易不拉欣迷恋中原舞女，再也不踏足东宫。娅卡妹是个风流女郎，以前可汗夜夜临幸，何其快乐，忽然中断了床笫之欢，如何忍受得住寂寞？幸好她有一个丫鬟，聪明伶俐，善于逗娅卡妹开心。两个人年龄相仿，夜里同榻而睡，白日形影不离，无话不谈，娅卡妹常把心里的苦闷向她倾诉。

一夜，娅卡妹想起易不拉欣，辗转反侧，不能入眠，不由得呜呜地啼哭起来。丫鬟劝道："娘娘不必伤心，天底下好男人多着呢，只要娘娘愿意，丫鬟我能给娘娘找个更好的男子！"

娅卡妹道："姐姐和我情同手足，我也没把姐姐当下人看，怎么姐姐忍心戏弄我？"

丫鬟道："我若戏弄娘娘，是个小狗。小人就是看娘娘寂寞难耐，心里疼得慌，所以才替娘娘想主意呢。娘娘反而说我戏弄你，那好吧，我也不戏弄娘娘了！"

娅卡妹听她说的好像有门道，便赔不是地说道："姐姐比我大几个月，我是妹妹，姐姐怎能跟妹妹一般见识？就当小妹说错了话，姐姐疼我爱我，不跟我计较，好吗？有啥好办法快给我说说呀！"

丫鬟道："我是奴才，命贱如草，可不敢胡说乱讲，闹不好了，娘娘怪罪于我，给我加个风流罪过，我可吃不了兜着走！"

娅卡妹见她故意卖起关子，便抱住她的脖颈道："好姐姐，我在这宫院里就你一个亲人，咱俩比亲姐妹还亲，我怎舍得怪罪姐姐？就是出了天大的事，我也一人抗住，保证不连累姐姐！"

丫鬟见她说得恳切，才说道："明天娘娘就说肚子疼痛难忍，我让仆人去街上寻个郎中来给娘娘看病，娘娘只需和他眉眼传情，要求他给娘娘按摩。那郎中都是透精的男人，见了娘娘这样的风流美女，还能把持得住？"

娅卡妹喜欢道："姐姐端的好主意！就怕那郎中是正人君子，他要不动，我可咋办？"

丫鬟道："傻娘娘哎，有几个猫不吃腥的呀？娘娘只要给他频送秋波，他看透娘娘的心思，还能饶了娘娘？"

当晚二人计议一定，丫鬟便呼呼地睡去，娅卡妹激动得一夜没有入眠。

第二天，丫鬟就假称娘娘心口疼，让仆人去街上请来个郎中。那郎中三十多岁，身材高大，浓眉大眼，高鼻梁，两撇胡须向上高挑，风度翩翩而来。娅卡妹一见，比易不拉欣英俊多了，心中欢喜，忙令丫鬟倒茶让座。那郎中坐下后，观察娅卡妹面色白里透红，一双大眼顾盼生辉，笑容满面，不像个病人，心中诧异。

原来这喀喇汗国还处于未开化状态，更没有系统的医学知识，郎中看病不会诊脉，全凭观察，外加询问，以此来判断病情。治病的手段也就是按摩、火灸，还有几味草药。郎中让娅卡妹坐于身旁，问她道："娘娘身体哪儿不舒服？"

丫鬟一旁插嘴道："娘娘肚子疼呢。"

郎中就道："是上腹疼还是下腹疼，是间歇性疼还是不间断地疼？"

娅卡妹装着疼痛的样子说道："一阵阵地疼，这会儿又疼起来了！"

郎中又道："请娘娘躺在床上，待我按摩试试。"

娅卡妹就平躺在床上，一双黑葡萄似的大眼含情脉脉地看着郎中，胸脯上那两座山丘高耸，十分撩人。那郎中也是聪明过顶的人、风月场中的老手，见此光景，已是明白了八分，便用手在娅卡妹腹部乱摸，不想娅卡妹被他一摸，竟如触了电一般，浑身都瘫软了，禁不住哼哼叽叽地叫唤起来。丫鬟在一旁推波助澜，插科打诨，帮助娅卡妹和郎中成其好事。

云雨已毕，郎中要辞行，娅卡妹握住他的双手恋恋不舍，又送他一些银钱，说道："我在宫中盼望郎君，希望哥哥常来常往，别做那负心郎哦！"

郎中也信誓旦旦道："奴才从此心中只想着娘娘一人，绝不到别处采花盗柳！"

这喀喇汗国虽也建了皇宫，其实和寻常百姓家没有什么两样，并不像宋朝皇宫有森严的制度，还有太监、宫女一帮人马伺候。宫门有侍卫把守，宫中的后妃病了，有专门太医诊断，那些江湖郎中非皇帝特批，是不准入宫的。但是在喀喇汗国，就没有这些规矩，因此那乡野郎中可以经常来东宫与娅卡妹幽会。俗话说，没有不透风的墙，娅卡妹和江湖郎中偷情的事，很快在朝中炒得沸沸扬扬，尽人皆知，就瞒着易不拉欣一人。

再说那些辽国献来的舞女和乐工，临来喀喇汗国时都受了安排，要他们挑拨易不拉欣和娅卡妹的关系。那位最受宠爱的舞女也被易不拉欣收为妃子，她听说了娅卡妹的绯闻，便趁着夜里和易不拉欣同床共枕时告诉了他。

易不拉欣闻信大怒，骂道："明日我处死这不要脸的婊子！"

舞女却说道："捉贼拿赃，捉奸拿双。皇帝只听传言，没拿住真凭实据，他娘家要是追问皇上，皇上何以应对？不如皇上秘密把看门人召来，命令他，看见郎中进宫就报告皇上，皇上带人去东宫捉拿住奸夫淫妇，就是处死了她们，她娘家也没有话说。"

易不拉欣见舞女说得有理，就把看门人召来，吓唬他道："你想死想活？"

看门人吓得跪于地上，泣道："奴才想活，求皇上开恩！"

易不拉欣道："娅卡妹与一郎中偷情，秽乱宫闱，你早就知道，为何不报？"那看门人吓得磕头如捣蒜，说道："奴才只知有一个郎中经常进东宫给娘娘看病，并不知道他们干了龌龊的事情。"

易不拉欣道："你如果再发现那郎中来东宫，就快点报告，若能抓住那郎中，我可以给你重赏。若十天里头你不来报告，十天头上我要卸下你一条腿来！"

看门人道："那郎中四五天就来一次，奴才十天以内，必来向大汗报告。"

看门人不敢怠慢，便天天守着宫门，盼着郎中快快到来。谁知那郎中好像听到了风声，一连五六天还不见人影，看门人急得像热锅上的蚂蚁，坐卧不安。看看到了第九天，太阳将要落山，忽见那郎中手里提着药袋，从东边街上行来，见了守门人点了点头。守门人满脸堆笑，还施了一礼，郎中就大摇大摆地过去了。

看门人见郎中走进东宫，便飞奔西宫，见易不拉欣正和舞女嬉戏，便把郎中已进东宫的消息禀告他。易不拉欣立刻率领十来个武士，直奔东宫而来。

易不拉欣来到娅卡妹的寝室，听到里面丫鬟在浪笑。易不拉欣勃然大怒，一脚踹开屋门，跨进屋里一看，郎中正一丝不挂地压在娅卡妹的身上，丫鬟在一旁鼓掌助兴。郎中忽见易不拉欣带着几个武士闯了进来，吓得一骨碌滚下地。易不拉欣怒不可遏，手起一刀，把郎中砍死。娅卡妹一声尖叫，蜷缩到墙角，浑身瑟瑟发抖。易不拉欣令武士把娅卡妹和丫鬟乱棍打死，然后拉出郊外埋了。易不拉欣还不解恨，又下令免去叶护的王爵，废为俗人。

易不拉欣的诏令还没发出去，消息已经传到叶护耳中。叶护听说女儿被乱棍打死，不由得怒火万丈，他的四个儿子都要求带兵去攻打巴刺沙衮城，杀了易不拉欣，为妹妹报仇！于是叶护下令，在本部落征兵。

原来这游牧部落，家家备有战马、兵器、盔甲，没有战事就回家放牧为民，一有战事立即骑上战马，带上武器，入伍为兵。所以叶护一下征兵令，十天就集合了一万骑兵。

这时忽报，有大臣携易不拉欣的诏令到来。叶护的四个儿子各执腰刀冲到那大臣面前，不由分说把钦差大臣砍死，又把钦差大臣带来的随从全部杀死。

叶护道："我们杀了钦差大臣，已属造反。现在我家已经骑在老虎背上，要么打死老虎，要么被老虎吃掉，别无选择。"

叶护的四个儿子齐声道："我们率军踏平巴剌沙衮，杀了易不拉欣，扶老爹登天子位！"

当下叶护就和四个儿子率一万大军，来攻打巴剌沙衮城。易不拉欣正在西宫纵情玩乐，忽然人报叶护率一万大军来攻打巴剌沙衮。易不拉欣闻报，吓得出了一身冷汗，急召大将绮拉提，令其布置城防。

这巴剌沙衮城内只有三千驻军，绮拉提还没布置停当，叶护就率军围了城池，架起云梯猛烈攻城。激战了三天，双方死伤惨重。绮拉提眼看城池就要被攻破，急告易不拉欣道："城危矣，大汗快快转移吧！"

这时大臣隔律亚道："大汗万万不可逃离京城，若让叶护占据巴剌沙衮城，他就可以自称大汗，征召军队，陛下恐再难恢复！臣料叶护的军队比守城军伤亡更多，叛军已疲惫不堪。大汗可趁机派人去与叶护进行谈判，许以恢复王爵，再给他些好处，叛军必退。"

易不拉欣别无良策，只好派隔律亚带些金玉宝物，出城去与叶护谈判。此刻叶护的军队已伤亡上千人，将士心里对叶护反叛大汗并不认同，今见士兵伤亡惨重，都想撤军。

有些人在兵营里散布谣言，说康里和辽军前来增援易不拉欣，我们会被全部消灭！这些谣言传到叶护耳朵里，他知道军心已经动摇，再打下去可能发生哗变。可是撤军一无所获，部族中人如果得知自己的王爵已被削去，谁还听自己指挥？很可能会有人在易不拉欣的支持下向自己发难，那就危险了！

　　叶护正在进退两难，忽报易不拉欣派隔律亚来谈判，心中暗喜，便请隔律亚进帐。隔律亚走进大帐，呈上礼物，然后施礼道："大汗轻信守门人谗言，误杀了贵妃，又逞一时之怒，免了酋长的王爵，后悔莫及，特派臣来向大王道歉，并下诏恢复王爵。请大王退兵，以免生灵炭涂，两败俱伤。"

　　叶护见易不拉欣已经服软，态度反而强硬起来。他严厉地说道："我率两万大军，攻破巴剌沙衮易如反掌，为天下伸张正义，为民除害。破城只在旦夕，岂能一句话就退兵？"

　　隔律亚道："大王要求什么条件，大汗都能答应。"

　　叶护道："易不拉欣若有悔罪诚意，必须割让楚河以东三百里草场和一万五千牧民给我，并封我世袭为王，否则定要打破巴剌沙衮，活捉昏君，另立贤明君主！"

隔律亚道："请大王先停止攻城，待臣奏明大汗，再派人来交割，如何？"

叶护当即下令停止攻城，放隔律亚回城。

隔律亚回到城中，向易不拉欣回报。易不拉欣听说叶护要求割让给他三百里草场，还要一万五千帐牧民，心想叶护这老家伙也忒狠，但又怕他打破城池，把自己给废了，另立新君，那可就彻底完了！易不拉欣害怕叶护继续攻城，只好忍痛割爱，下诏书把楚河以北三百里草场连带一万五千帐住民都赐给叶护，并恢复叶护的王位，允许其世袭。

隔律亚携带地图和户籍本出城交给叶护，并亲随叶护来到楚河北部，召集当地牧民酋长开会，当众宣读易不拉欣的诏书。叶护顺利地接管了这一带的牧民，势力更加强大，再也不把易不拉欣放在眼里。

再说这东喀喇汗国还有个肃里部族，酋长是罗思温，见叶护率兵攻打巴刺沙衮，吓得易不拉欣割让给他三百里草场还有一万五千牧民，心里很不平衡。他想，易不拉欣这小子欺软怕硬，我们供给他马匹、牛羊，他还对我族颐指气使，随意增加税收，弄得我族人穷困潦倒，怨声载道。我何不也率兵去攻打巴刺沙衮，逼易不拉欣也对我割地求和！想到这里，罗思温也召集一万人马，亲自带队，杀奔巴刺沙衮而来。

易不拉欣刚刚打发走一个叶护，不承想又来了个罗思温，吓得举止失措。武将绮拉提道："我军已伤亡一千余人，人员还没有补充，粮草也没有来得及筹措，叛军又来，如何能守得住城？"

隔律亚道："现在唯一的办法，是向辽国请求救兵。"

易不拉欣便派隔律亚向辽国求救。隔律亚刚走，罗思温的大军就围了城。绮拉提站在城楼上，看到罗思温正在城下指挥军士攻城，便大声问道："罗酋长，别来无恙？"

罗思温听到绮拉提喊话，便在马上拱手道："绮拉提将军，近来可好？"

绮拉提又道："大汗待你不薄，为何无故反叛国家？"

罗思温道："何谓不薄？我族年年照章纳税，却不见封赏。叶护领兵造反，易不拉欣就赏他三百里草场、一万五千户牧民，是何道理？你回去告诉昏君，他要想活命，就把楚河以西四百里草场和两万帐居民划拨给我，若说半个不字，我就要踏平巴剌沙衮，杀了易不拉欣，另立新君！"

绐拉提心想，我要稳住这贼子，骗他暂缓攻城，以待辽军来援，于是说道："大汗性格宽厚、仁慈，不忍我同宗自相残杀，因而赏叶护三百里草场、一万五千牧民。待我转告您的要求，大汗也一定会满足您的。请酋长先退兵五里，静待恩赏吧！"

罗思温信以为真，便传令撤军，把军队撤到五里外的一条河边驻扎下来。

再说隔律亚来到可敦城向耶律大石求救。耶律大石觉得征服东喀喇汗国的机会来了，立即派萧斡里剌领兵一万抄小路偷袭肃里，切断罗思温的归路，又亲率两万骑兵风驰电掣般杀奔巴剌沙衮城。

且说罗思温把大军驻扎在河边，静待易不拉欣的封赏，忽然拦子马飞报："有辽军不知其数，从东边杀来！"

罗思温大惊，急令集合人马，准备迎战。谁知还没有摆开阵势，辽军就冲杀过来。叛军大乱，各自抱头鼠窜。罗思温见叛军崩溃，只好率领残兵逃跑。辽军在后面一路追杀，只杀得叛军丢盔弃甲，尸横遍野！罗思温领着叛军逃奔一天，人困马乏，正想埋锅造饭，忽听一声炮响，前方一万骑兵排山倒海般冲杀过来。罗思温跳上马正想往回跑，又见后面黑压压的无数辽兵呐喊着猛扑过来。罗思温见身陷重围，料插翅难逃，只好下了马，跪在地上投降。

这一仗辽军斩首三千级，俘虏七千人。武士押着罗思温来见耶律大石，耶律大石连忙下马，亲解其缚，说道："酋长受惊了。"

罗思温拜伏于地，说道："谢大王不杀之恩，奴才定当忠心效命！"

于是耶律大石仍用罗思温为酋长，管理肃里各部落民政，把七千俘虏编入辽军，又派一将率领三千辽军驻防肃里。

耶律大石率军返回巴剌沙衮城，易不拉欣率文武大臣出城迎接。剌阿卜对耶律大石道："易不拉欣若保持大汗位，大王如何对他实施管理？不如削掉他的大汗称号，贬其为王，才好控制。"

耶律大石道："此事最好由其内部官员倡议，才能令东喀喇汗百姓心服。"

于是剌阿卜把罗思温和绐拉提、隔律亚招来，问道："你们觉得易不拉欣当大汗，能给东喀喇汗国百姓造福吗？"

罗思温、绔拉提和隔律亚都道："易不拉欣昏聩无能，不配大汗之称，让他留在大汗位上，只能造乱。"

剌阿卜道："你们要想永享太平，只有劝他辞去大汗称号，归顺大辽，也可保全你等的富贵和官职。"

罗思温、绔拉提和隔律亚见辽军势大，加上佩服耶律大石的英明果断，便都死心踏地地归顺了大辽。几个人都想在辽军面前立功，便一同去见易不拉欣。罗思温对易不拉欣道："你无才无德，妄占汗位，弄得国内大乱，同宗自相残杀，若不及时退位，恐惹杀身之祸！"

绔拉提和隔律亚也道："辽军已控制巴剌沙衮，耶律大石英明果断，有天子之相。人贵有自知之明，你还是顺天应人，主动让贤才是安身之道。"

易不拉欣无奈，只好把大汗玉玺交出，主动辞去汗位。耶律大石把其降封为"土库曼王"，仍让他管理民事，他手下文武大臣皆有封赏。

剌阿卜又献策道："当今回纥部和东喀什葛尔酋长皆封王爵，大王也是王爵，与他们平职，治理他们名不正、言不顺，久必生乱。要想使天下永久太平，请大王即皇帝位，才能居高临下，使各部大王臣服，官员听命，百姓心安！"

众大臣也一齐跪下，请求耶律大石称帝。

耶律大石道："我才疏学浅，功德未施，怎敢贸然称帝？"

萧斡里剌道："天下一日无主，百姓一日不安。主公功劳盖世，百官敬服，人人渴望圣王登基，以安天下。主上若不顺天应命，怎对得起大辽先祖？若冷了天下豪杰之心，怎能完成光复大业？"

耶律大石见众大臣言辞恳切，知道称帝时机已经成熟，便答应称帝。

1132 年二月五日，耶律大石在文武百官的拥戴下，在巴剌沙衮城登基称帝，号菊儿汗。群臣又上汉尊号"天佑皇帝"，建元"延庆"，又册封萧塔不烟为皇后。

一日，耶律大石升殿议事，剌阿卜奏道："葛逻禄部族首领叶护占据大片膏腴之地，拥兵过万，至今不来归顺，皇上应派兵前去问罪，迫其投降朝廷，勿使土豪坐大。"

耶律大石道："爱卿所言极是，但我朝新立，应当先礼后兵，可先派一使者通知他来朝议事，他若来了，可封其为节度使，令其交出军权；他要不来归顺，再出兵讨伐不迟。"

罗思温道："某与叶护有一面之交，愿意劝说叶护来降。"

当下耶律大石就派罗思温前去劝降叶护。罗思温来到葛逻禄部，拜见了叶护。叶护把他请进帐内，献上奶酪，二人边饮边聊。罗思温道："耶律大石皇帝，英明仁厚，用兵如神，将士用命，百姓归心，统一天下已成定局。今日朝廷愿封大王为节度使，乃一人之下、万人之上的尊官，你何不早日归顺朝廷，安享富贵？"

叶护道："耶律大石在西域还没站稳脚跟，为了减少阻力，他暂时利用咱们，就怕他站稳脚跟，再对咱痛下杀手，那时后悔晚矣！"

罗思温道："我是战败被俘的人，他要生性残忍，完全可以将我杀死，另立新的酋长，可是他不仅不杀我，反而给我升官加职；易不拉欣那样无能，依然让他称王。辽军所到之处秋毫无犯，足见他胸怀宽阔，心地仁慈，怎能会对大王痛下杀手？"

此时叶护的大儿子在侧，他怒道："罗思温为耶律大石收买，来做说客耳，父王何必和他聒噪！"

罗思温见叶护的儿子杀气腾腾，恐被其杀害，便敷衍几句，匆匆告辞而去。罗思温走后，叶护就在他四个儿子的怂恿下，自称大汗，与辽朝廷分庭抗礼。

耶律大石听说罗思温已自称大汗，便命萧斡里剌为都统、斡拓剌为都监、松山豹为先锋，起兵两万讨伐葛逻禄部。

松山豹领一万人马，风烟滚滚杀奔葛逻禄而来。叶护闻报辽军前来征讨，便点齐一万五千人马，前来迎敌。双方在楚河旁遭遇。叶护指挥叛军冲杀过来，叶护的大儿麻剌古一马当先，杀入辽阵，正遇上松山豹。麻剌古挥刀照松山豹头顶砍来。松山豹左手用锤架住刀，右手抡锤朝麻剌古肋下砸去，麻剌古躲闪不及，被一锤砸断四根肋骨，口吐鲜血，坠马而亡。他身后的士兵吓得纷纷后退。松山豹挥师掩杀，叛军大败，兵退百十里方下寨。

叶护见第一阵就折了长子，悲伤不止。他的二儿麻虎道："松山豹勇而无谋，今日胜了一阵，必然骄傲，夜里不加防范。我军趁今夜风高月黑，偷袭辽营，必能大获全胜!"

是夜叶护就让麻虎带一万人，偷偷去袭击辽营。麻虎令马去铃、人衔枚，半夜出发，一路急行军，至黎明来到辽军营寨。果见辽军夜无戒斗，都静悄悄安然入睡。

原来松山豹白天打了个大胜仗，以为叛军已经胆寒，必不敢出寨，因而放心大胆地让军士入睡。麻虎把军队分成四队，每队两千五百人，从营寨四面杀入。辽军白天打仗行军，十分疲惫，临明时分睡得正香，不提防叛军摸进营帐，挥刀乱砍。许多辽军将士还没醒来，就被砍死，有被砍伤的发出惨叫声，立时又被叛军补上几刀砍死。松山豹在中军大帐正睡得鼾声如雷，副将把他拉了起来道："叛军杀进大营了，将军快跑呀!"

松山豹急忙拿起双锤，跑出大帐，只听见四面都是辽军的哭喊声。原来那叛军是"哑巴骑驴——闷逮"，摸进营来见人就杀，就是不哼一声，所以听不见喊杀之声，只听见被砍伤的辽兵哭喊。

松山豹刚跳上一匹无鞍马，一队叛兵杀到。松山豹抡动大锤，砸死几个叛兵，杀开一条血路，逃出营寨。谁知寨外埋伏着弓箭手，见有人逃出营寨，一齐放箭，松山豹身中三箭，但仍奋力冲杀，把弓箭手杀散，才有一部分辽军逃了出来。松山豹带着残兵一气奔跑了三十里，天已大亮，见萧斡里剌率领大队辽军过来。

松山豹见了萧斡里剌，跪地请罪，萧斡里剌见他身上还带着三支箭，急令随军郎中给他拔出箭头，敷上金疮药，包扎住伤口，派人护送回巴剌沙衮养伤。萧斡里剌又听了副先锋的汇报，知道松山豹斩了麻拉古，胜了一阵，骄傲轻敌，被叛军偷袭，以致大败。

萧斡里剌见前方一带是杂木丛生、荒草胡棵的原野，草木深没人顶，时值初冬，草木干枯，极易燃烧。他心生一计，便把斡拓剌叫来，吩咐道："你率领五千人马，前去挑战叛军，战十余合，诈败后撤，把叛军引到这个地方，我们先放火烧杀叛军，然后趁敌人慌乱，用伏兵夹击，争取全歼叛军!"

斡拓剌领了将令，点齐五千人马，便去进攻叛军大营。早有拦子马报于叶护，叶护因昨夜麻虎偷袭辽营，大获全胜，因而气焰极其嚣张。他闻报辽军复来，立即点齐一万三千人马，摆开阵势，准备迎战。

这时斡拓刺也率领辽军来到，只见斡拓刺挺丈二钢叉，向叶护冲来。叶护身旁的二公子麻虎拍马抡刀，抵住了斡拓刺。二人在阵前刀来叉往，大战二十余合，不分输赢胜败。叶护恐麻虎有失，便把令旗一挥，一万三千叛军排山倒海般杀来。辽军抵敌不住，且战且退，叛军紧追不舍。

再说萧斡里刺把两万大军埋伏在荒原四周，他站在远处一小山上观望。日过中午，见斡拓刺领着辽军从荒原穿过，后面叛军大队人马紧追过来。看看叛军全部进入荒原，萧斡里刺令弓箭手放箭。只见数百支火箭朝叛军射来，那火箭落入草丛中，顿时起火。对面埋伏的辽兵也万箭齐发，那箭上皆绑着火炬，一时把个大草原点起了无数火堆，这时又有西风，只见风助火威，火助风势，顷刻十几里的草原变成了火葬场。可怜这一万多叛军，在火海中到处乱窜，自相践踏，烧死撞死者不计其数。有少数跑出火场的，又被早已埋伏在那里的辽兵一阵大杀，真是逃出火海，又入刀山！

叶护在他三个儿子保护下冲出了火海，正遇上萧斡里刺领兵杀来。麻虎挥刀上前迎战，叶护却在三儿、四儿的保护下夺路而逃。

麻虎和萧斡里刺战二十余合，渐渐力怯，招架不住，被萧斡里刺一刀劈作两半，死于马下。其余冲出火海的叛军，都下马投降。这一仗叛军死伤五千多人，投降七千多人，叶护和他的两个小儿子只带三百残兵，逃往西喀喇汗国。

萧斡里剌平定了葛逻禄部，又选一位德高望重的葛逻禄人当酋长，把俘虏的七千兵编入辽军中，又留下三千军驻守葛逻禄部，然后班师回朝。耶律大石见萧斡里剌凯旋而归，便犒赏三军，又加封萧斡里剌为殿前都点检。

剌阿卜又奏道："当前国内有粗鞑族、突厥族、契丹族、汉族，各族风俗习惯不同，宗教信仰有异，朝廷不可管理过细，充分发挥酋长的作用，才能长治久安。"

耶律大石采纳了剌阿卜的建议，仿照辽旧制，设立北枢密院，令剌阿卜为北院枢密使，管理牧民；设立南枢密院，令床古儿为南院枢密使，管理农民。各民族内部事务由酋长负责。朝廷轻徭薄赋，实行无为而治。经过三年休养生息，辽朝府库充足，政治清明，社会安定，兵强马壮。

一日，都统兼殿前都点检萧斡里剌奏道："今日我大辽兵精粮足，趁金兵与宋交战，主力困于黄河以南，北方兵力空虚。我出兵上京，可以势如破竹，光复大辽！"

耶律大石道："若能联合宋、夏两国，与我国同时出兵，使金军首尾不得相应，才有必胜的把握。"

刺阿卜奏道："臣愿出使夏、宋两国，劝其出兵攻金，牵制金军兵力。"

正议论间，忽报潜伏在金国的细作求见，耶律大石急令进殿。那细作进了殿，说了一席话，竟是给耶律大石泼了一头凉水，使耶律大石联系夏、宋两国共讨女真的图谋终成泡影。

原来，自从宗弼率金军在黄天荡被韩世忠所困，后又在伏牛山被岳飞战败，狼狈逃回江北，从此认识到江南河湖交错，而金兵不善水战，从中原南下渡江灭宋已不可实现。于是又想仿晋军灭吴之策，打算从陕南入川，然后顺江东下，直取临安，一举灭宋。谁知金军在和尚原被宋将吴玠战败，从陕南入川的梦想又破灭了。

此时岳家军从江南打到江北，屡败金兵，一直打到河南郾城。宗弼调集金军主力，在郾城和岳家军决战，又被岳家军战败。金军退守汴京。岳家军西路人马已收复洛阳，东路宋军在韩世忠率领下进抵徐州，中路宋军也剑指睢州。金军已面临全线崩溃。宗弼向金朝廷告急，请求速派援兵！

时金熙宗已即位，他召集文武大臣商议对策。完颜宗干道："我军连年作战，青壮年都已应征入武，民间只剩老弱病残，即使强迫他们上阵，也没有什么战斗力，徒让他们送死耳！"

又有大臣奏道："河北、山东、山西、陕西，民间土匪猖獗，杀死地方官员与宋军遥相呼应，应当尽快剿灭。"

金熙宗见各路都在告急，却无人能出退敌之策，不由哀叹道："若有娄室在，何怕宋军猖狂！"

这时，就见班部中闪出一位鹤发童颜的老臣，从容进道："皇上不必担忧，臣有一良策，管叫岳飞、韩世忠铩羽而退，金军兵不血刃，重占江北膏腴之地！"

金熙宗举目一看，是三朝元老萧离，于是半信半疑问道："老太师有何良策，可退宋军？"

萧离不慌不忙扳着指头，如此这般、如此这般细说一通话来，金熙宗和满朝文武听了无不拍掌叫好！当下金熙宗就按照萧离的计策，派萧离出使南宋。

萧离带着几个随从，来到山东，不敢走陆路入宋境，就绕道海上，乘船渡海，直下临安。萧离到了临安，先拜见了南宋丞相秦桧。原来秦桧在金国做过俘虏，萧离赏识他的才学，待其甚厚，二人颇有交情。

秦桧见是萧离惊道："前线正在交战，先生是怎么突然到了临安呢？"

萧离道："我自知陆路不通，故乘船渡海而来。"

秦桧道："先生千里泛海而来，必有军国大事相商。"

萧离道："我今日来见丞相，不仅是为金国谋，也是为宋家好耳。请屏退左右，我机密相告。"

秦桧令左右退下，萧离道："自唐末因镇压黄巢之乱，武将拥兵自重，不听朝廷调度，造成藩镇割据，终于使大唐败亡。宋太祖深知武将拥兵自重危害国家安全，所以先杯酒释兵权，再行轮戍制，令帅无常兵。所以大宋之兵皆朝廷之兵，而非将帅之兵也，故一百多年太平无事。而今岳飞之兵将，只知是岳家之军，而不知是朝廷的兵马，再发展下去，终成藩镇割据之势，丞相岂能放纵其坐大？"

萧离说的这些情况，其实宋高宗和秦桧早有顾虑，只是当今外敌入侵，若将帅常调动，使兵不知将、将不知兵，又怕抵挡不住金兵的进攻，故而还不敢摘武将的兵权。但是秦桧又不愿在萧离面前暴露宋朝内部矛盾，便淡淡地说道："宋国将士都忠诚可靠，不会出现拥兵自重的现象。"

萧离道："现在宗弼欲立赵桓为帝，若岳飞、韩世忠皆投靠赵桓，按照汉家礼仪，高宗为弟，当逊位于哥，秦丞相的官位也难保呀！"

且说这赵构就怕金人扶赵桓称帝，因为赵桓虽然昏庸，但论辈分，是赵构的哥哥，按照封建礼数，赵构应还政于他。再说赵桓是徽宗传位的皇帝，在法理上举国认同。而赵构这个皇帝没有先皇授权，是名不正言不顺。哥哥要称了帝，赵构无力和他争衡。这些情况，身为丞相的秦桧心知肚明。所以秦桧听他这样一说，心里便"咯噔"一下。但秦桧毕竟是官场老手，他不露声色，微微一笑道："以先生之见，此事怎样处理才好？"

萧离道："历史上凡武将篡权，皆因在征战中立下赫赫战功，军士佩服，功高盖主。如果宋、金再打下去，岳飞的势力迅速膨胀，宋朝廷将无力驾驭，宋室危矣！最好的办法是宋、金言和，各守本土，使武将不能立功，朝廷趁机削其兵权，宋室才能安稳。"

秦桧道："高宗早有言和之意，不知贵国对和谈有什么要求？"

萧离道："金主有言，如果宋军东线兵力撤到淮河以南，西线兵力撤到大散关以南，宋朝廷向金国称臣，岁岁纳贡，就可以和谈。"

秦桧道："领土划分，宋朝没有异议，宋向金国称臣，也好商量。当今高宗最大的心愿就是迎韦皇后还宋，此一条最为重要。"

其实萧离心里很清楚，韦皇后是赵构的生母，赵构虽为皇帝，母亲却在金国为奴，宋朝以孝治国，不能救回生母，赵构就在国人面前抬不起头来，说话也不气壮。特别是在金人面前不敢说硬话，唯恐金人拿他老母撒气。所以韦皇后是金人手里的紧箍咒，想控制赵构，只要一拿韦皇后说事，赵构就骨头发怵！萧离明知秦桧必提迎回韦皇后的要求，可是他偏不提韦皇后的事，为的是让秦桧先提出请求，他好要个高价。

现在见秦桧果然请求放回韦皇后，萧离便道："宋朝若要放回韦皇后，必须答复金国一个条件！"

秦桧道："只要能放回韦皇后，什么条件都好商量。"

萧离凑近秦桧身边，伏耳低声道："宋朝先杀岳飞，金国后放韦后还宋！"

秦桧原以为他提领土要求，没想到他要求杀死岳飞。岳飞可是宋朝的脊梁，正是岳飞打得金国招架不住了才来求和。宋朝廷要是杀了岳飞，不仅为金国除一死敌，也是宋国自毁长城。更可怕的是，其他抗金将领见杀了岳飞，人人心寒，谁还愿意为赵构卖命？

秦桧的大脑在飞速运转着。他转念又一想，高宗和自己都不知兵，在大将和群臣眼里威信不高。岳飞自己领的人马占宋军的一半以上，若让他收复了汴京，金国再把钦宗放归，岳飞要奉钦宗在汴京即位，赵构的皇帝和自己的丞相都坐不牢了！不及早铲除，后果将不堪设想！想到这里，秦桧道："先生这话先不要声张出去，待我密奏圣上，再给你答复。"

秦桧把萧离留在相府，自己来到皇宫密见宋高宗，把金使萧离的话向高宗禀报。高宗泣道："若不能救老母归宋，朕何颜立于天地之间？可是若杀岳飞，朕将留骂名于千古！"

秦桧揣摩高宗心理，知其救母心切，又对岳飞怀猜疑之心，权衡利弊，定要舍岳飞而救母后也！于是秦桧道："太后重如泰山，救太后是大孝之举，感天动地；而岳飞不过是陛下一鹰犬耳，舍一鹰犬而成孝义，有何不可？"

高宗其实正想除掉岳飞，不过没有正当理由，心里话说不出口。秦桧的话正说到他的心坎上，心中暗想，秦桧真是我心腹大臣呀，处处都能为朕着想。满朝文武，只有秦桧可以依靠！

于是高宗就授意秦桧，答复金使提出的条件，与金国签订密约，以杀死岳飞换韦后还宋。因杀害岳飞一条，不敢让天下人知道，又另写一个和约，上面没有杀害岳飞一条，只提出宋、金以大散关、淮河为界，宋割让京西唐、邓二州及陕西商、秦二州之半与金。宋对金奉表称臣，受金册封为皇帝。每岁金主生辰及正旦，宋遣使称贺。宋岁贡银二十五万两、绢二十五万匹，金许归宋徽宗梓宫及高宗母韦太后，然后公布于众。

这和约与其说是盟约，倒不如说是降表！

和约公布之日，高宗就下诏，攻过淮河以北的宋军立即后撤到淮河以南。中路军张俊、东路军韩世忠虽不情愿后撤，但他们知道此举是为换回韦皇后，因而不敢抗旨，都把军队撤回到淮河以南去了。

唯有岳飞因已击垮金军主力，又收复了洛阳郑州，眼看就拿下汴京，光复北宋疆域指日可待，岳飞对部下将领道："直捣黄龙府，与诸君痛饮一杯！"朝廷忽然让他撤军，如何舍得放弃！可是朝廷已预料他不肯退兵，竟一天下十二道金牌，强令其退兵，岳飞愤惋泣下道："十年之力，废于一旦！"于是不得已，下令班师。

岳飞还朝不久，秦桧就指使张俊、王贵，诬告岳飞阴谋造反，把岳飞和他的长子岳云、部将张宪杀死。韩世忠也辞官隐居，抗金力量受到了致命的打击！

金国解除了宋军的威胁，就把十万金军调到上京和西京，防备夏国和西辽军队来袭。夏国是小国，见金军重兵压境，吓得赶忙派出使臣向金国求和，愿意世代为藩属，称大金为宗主国，两国也签订了互不侵犯的盟约。

耶律大石原想联合宋、夏两国一齐进攻金国的图谋，已彻底破灭了。耶律大石听了细作的汇报，知道已无法劝宋、夏出兵，征伐金国的战争只有西辽一军承担。这胜算的把握可就更渺茫。

一日，耶律大石召集文武大臣，商议兴辽大策。一班文武大臣都认为当前金国内部稳定、外部和谐，仅靠西辽讨伐女直，没有胜算。

独有萧斡里剌奏道："现在金太宗已死，金熙宗年轻好杀，金太宗的子孙都被他杀戮。许多旧臣被他贬弃，名将宗望、宗翰、娄室皆死，只剩一个宗弼。宗弼武略平常，加上金军起家时的精锐兵将伤亡殆尽，如今鞑靼族又不卖给他战马，金军骑兵补充不上，多用步兵出击，战力很弱，因而宗弼屡战屡败。臣以为，现在是讨伐女直的大好机会，皇上千万不可错过。"

耶律大石也想到，自己和从夹山带来的辽将都已到了中年，若不趁年轻气壮举行东征，再晚几年就怕力不从心了。想到这里，他就下决心御驾亲征。这时萧塔不烟听说皇帝要御驾亲征，便在后宫劝耶律大石道："皇上刚刚征服回纥和东喀喇汗国，恩德未施，人心不稳，皇上带全国军马东征，这些旧贵族若起兵反叛，断了粮草供给，国家危矣！"

萧斡里剌也奏道："东征要行军万里，越过八百里沙漠，风险极大。皇上不可亲征。"

耶律大石就采纳了二人的建议，命萧斡里剌为兵马都元帅、耶律燕山为都部署、耶律铁哥为都监、何留根为运粮官，起兵七万举行东征。出征部队临行，在校场举行誓师大会，以青牛白马祭天。

耶律大石对天祷告道："日神在天，睹金人残暴，杀人放火，生灵炭涂，白骨露野。耶律大石今欲救万民出水火，治貔貅七万，出征暴金，光复辽国。求日神保佑，助正义之师，灭残暴之金。"

然后耶律大石率朝廷大臣，出郭送行十里方回。

萧斡里剌率领七万骑兵，队伍依次出发，蜿蜒百十里。但见旗帜鲜明，鼓声震天动地，枪刀寒光惊鬼神，战马啸声鸟兽遁，人如下山虎，马似出海龙，果然威武雄壮，气吞斗牛！

且说这七万人马日餐十万斤粮、几千只牛羊，全靠骆驼队、马队驮运，一开始还能勉强供应，但大军行出几千里，运粮队渐渐运送不上来了。等大军进入沙漠，运输队不仅要运送人的口粮，还要运送马的草料、饮水，怎么也供应不上。骆驼和骡马大量累死，兵士因缺水饥渴而死去几千人。还出现大批病号，需要运输队收容。

何留根的运输队已经累得焦头烂额，疲于奔命！还是不能保证军需，他接连向朝廷求援，要求再补充大批骆驼、骡马和人力，增强运输能力。可是西辽境内的骆驼、骡马都搜尽，只好派些老头驱赶着牛参与运输。

萧斡里剌率领七万辽军，在沙漠中艰难跋涉六七天，来到沙漠中的一块小盆地。这小盆地中间有一片湖，萧斡里剌就令军队驻扎下来，让部队短暂地休整，等待运输大队送来粮草。谁知等了十来天，粮草还没运到，军中断粮，把盆地里的鼠兔都吃光了，草根也挖完了，只好杀几千匹战马为食。

萧斡里剌心想，只要出离沙漠，到了草原上有牧民，就好筹备粮草。于是他下令把失去战马的几千兵士留下，等待粮草，并负责收容病号。其余六万多人马继续前进，大军又行了六天，吃掉了两千匹战马，才走出沙漠。

前边出现了大草原，水草问题解决了，可是大军在草原上行走几天，却不见一人，连一只羊、一头牛也不见。辽军只好仍以战马为食。又行几天看到几处城郭，却空无一人，找不到一粒粮食，连井都被用土填实了。

萧斡里剌意识到金军实行了坚壁清野，把几千里内的农牧民全部迁走，不留一粒粮、一只羊、一口井，想把辽军活活饿死！这时辽军已损失战马上万匹，士兵因疾病、饿死减员一万多人，剩下的将士也饿得身体虚弱，战斗力下降。

萧斡里剌召集众将商讨对策。斡拓剌道："我军已行程万里，粮食断绝，将士身体虚弱，已无力战斗；金兵十余万，可能就埋伏于前面，他们酒足饭饱，以逸待劳，向我军发动突然袭击，我军必败！"

耶律铁哥也道："我军应当赶快撤退，估计金军很快就要对我出击。"

萧斡里剌也感到形势严峻，于是下令连夜撤军。辽军撤到沙漠中的盆地，这时何留根押运大批粮草也来到盆地。萧斡里剌就传令，大军驻扎下来，并在盆地四周筑起城墙，等候金军来攻。

且说金军统帅斜也布置了坚壁清野，又令三万金军防守上京，等候辽军来攻。他亲率六万金兵埋伏在上京两侧，但等辽军来攻城，金军伏兵齐出。内外夹攻，一举歼灭辽军于城下。谁知辽军没有上钩，半途而退。拦子马报告斜也："辽军已退回沙漠去了。"

斜也闻报，急率领五万轻骑随后追击。却遇上失去战马的辽兵，于路伏击骚扰，延误了行程。待追到沙漠中的盆地，因没携带粮草，加上缺水，金军已经成为强弩之末，饥渴难耐，疲劳不堪。斜也见辽军尽在盆地驻扎，觉得这是难得的歼灭辽军的好机会，因而不顾金军疲劳，下令进攻。

守在盆地城中的辽兵已休整三天，有粮有水，早已恢复了战斗力，个个摩拳擦掌，准备痛击金兵。萧斡里剌令守军广备弓箭，待金兵攻近城下，一通鼓响，万箭齐发。霎时城下金兵被射死射伤上千人，吓得金军纷纷后撤。斜也见状大怒，他令军士举马鞍为盾，冒着箭雨登城。但是这些金军士兵已几天没有喝水，又渴又饿，头蒙眼黑，跌跌撞撞地爬到城边，被辽军刀砍矛刺，顿时死伤累累，横尸城下！没死的血流如注，哭爹叫娘，惨不忍睹！

金军连续进攻三天，死伤几千人，依然没有攻下土城。一开始金兵喝马尿解渴，到后来马几天不饮水，也不撒尿，金兵有不少人渴死。斜也料这土城攻打不下，只好下令撤军。

萧斡里剌见金兵不来攻打，料其撤兵，便率领辽军追杀过来。这时金军疲劳已极，哪里还有战斗的余力！能跑的就跑，跑不脱的尽被辽军杀死。辽军穷追几百里，只杀得金军尸横遍野，血流如河。斜也逃到上京，仅剩一万残兵！

辽军又俘虏上万金兵，得战马万匹，皆充入军中。萧斡里剌率军回到巴剌沙衮城，向耶律大石汇报路途的艰辛。耶律大石深知粮草不继，大军有倾覆的危险，但见萧斡里剌全军而归，又击退追兵，抓了上万俘虏，叹道："将军能把不利于我的条件转化为不利于敌，并克敌制胜，虽古之名将不如也！当今女直气数正盛，我不遇天时，暂时不可轻动。"

第二十七章

耶律大石再西征
麻阼不屈丧沙场

　　耶律大石知道金国内部稳定，外部平安，仅凭西辽一国之力难以撼动，因而不复计议讨伐金国。皇后萧塔不烟劝道："攘外必先安内，西辽下属民族很多，信仰各异，要使各族和谐相处，应使各门宗教并行不悖，才能长治久安。"

　　耶律大石遂下召："各级官吏不得干涉宗教事宜，尊重民众的信仰。"于是在西辽境内，伊斯兰教、基督教、佛教、道教都得到蓬勃的发展。各族民众感恩戴德，称其为"菊儿汗"，即汗中之汗也！

　　再说叶护带着三百残兵和他的三儿麻阼、四儿麻许来到西喀喇汗国，不敢再自称大汗，只称自己是酋长，想拜见西喀喇汗国王马哈木，乞求他发兵攻辽，帮自己打回东喀喇汗国。可是他的三百残兵一进西喀喇汗国境，就被西喀喇汗国的边防军给缴了械。叶护向他们再三解释，契丹人侵略了我们的家园，我是来请求西喀喇汗出兵救援的。可是边防军哪里肯放，把他们关了起来，当作俘虏看待，然后逐级上报。

　　原来东喀喇汗国和西喀喇汗国以前经常交战，互相敌视。所以西喀喇大汗马哈木听说东喀喇汗有败兵入境，就下令把他们抓起来，充作奴隶，分配给各部酋长。叶护和他的两个儿子被分配给酋长大护丹做放马的奴隶，于是叶护父子三人就在西喀喇汗国定居下来。

　　叶护见想搬兵复仇的计划破灭了，又由贵族沦为奴才，心情十分沮丧。三儿劝他道："君子报仇，十年未晚，父亲不要心急，耐心地等待机会吧。"

　　且说这麻阵长得身长八尺，膀阔腰圆，面如敷粉，浓眉大眼，十分帅气，又善马术，牧马特别细心，深受酋长大护丹的喜爱。西喀喇汗国年年要在草熟马肥的八月举行赛马大会，最后赛马胜出的两个骑手还要表演马上徒手搏击，以决雌雄。搏击再取胜者，将获重奖，并授予官职。大护丹这一部落人口不少，但多年在赛马会上落败，使得大护丹颜面尽失。现在他见麻阵骑术高超，力气过人，心想要让他去参赛，必能获胜，也为我这酋长老脸争份光彩！于是他便带着麻阵去参加马赛。

　　比赛这天，大汗马哈木带着他最宠爱的皇妃和宝贝女儿卓玛珠坐在观礼台上观看。只见各部落赛手都来呈递名状，那名状上写着赛手属于哪个部落、姓名、年龄。马哈木的女儿卓玛珠公主年方一十五岁，已经对男性产生了兴趣。她看那一个个选手，有长得高的，有长得粗的，都很彪悍，不过没有一个能入她的芳心。这时忽见一位青年，面如皎月，眉似丹青，双目生辉，身材魁伟，迈着矫健的步伐，向前投递名状。卓玛珠不觉眼前一亮！顿时心身都被这青年郎君给吸引住了，她暗暗惊讶，这人世间竟有如此标致的男人！她就觉得这人山人海的赛场里都是些丑小鸭，只有眼前这位青年鹤立鸡群，完美无缺！

　　比赛开始了，只见那位标致的青年跨上一匹白马，虽然跑得很快，但是他的前面还有几匹马在奋勇争先。公主卓玛珠急得心都悬起来了！她暗暗在为那青年加油，希望他能冲到最前面，拿个头彩！

　　看看跑到最后一圈，突然见那白马加快了速度，接连超过几匹快马，公主卓玛珠兴奋得站起来高声叫好！最后那匹白马和另一匹黑马同时到达终点；两匹马并列第一。

按照惯例，两位并列的骑手还要在马上表演相搏，谁能把对方推下马来，谁是第一。

只见那英俊的青年骑着白马和另一位骑着乌骓马的粗黑大汉又来到场中央。就听一声鼓响，两匹马相向奔来，二马相交，两个人互相抓住对方，拼命用力，想把对方拉下马来。就见那位粗黑大汉力气大，把那英俊青年扭得坐不稳马鞍，急得卓玛珠的心怦怦乱跳。这时就见那粗黑大汉双手抓住那英俊青年的膀臂，用力一拉，就把英俊青年拽离了马鞍，那英俊青年头撞在粗黑大汉怀里，却用脚照着自己的马鞍猛地一蹬，一头把粗黑大汉顶下马来。粗黑大汉仰面朝天摔在地上，英俊青年也趴在他的身上，二人同时落马。

公主卓玛珠心想，按照规定，二人都落马，谁身体先着地，谁就算输；谁身体后着地，谁就算赢。这下那英俊青年赢定了！卓玛珠心里暗暗高兴。可是大汗马哈木先看了名状，见那英俊青年是葛逻禄人，名叫麻阵，心里已知是东喀喇汗国人，不愿点他第一，便点了那粗黑大汉第一。麻阵得了个第二名。

公主见老爸把第一给了那粗黑大汉，气得眼珠都红了！她凤眼圆睁，怒气冲冲地质问老爸："明明那骑黑马的人身体先落地，那骑白马的人身体后落地，为什么父王判骑黑马的第一？"

马哈木笑着道："是那骑黑马的把那骑白马的给拽下马来的呀。"

卓玛珠道："是那骑白马的用头把骑黑马的给撞下马的，按谁先落地谁输，这一局分明是骑黑马的输了呀。父王也太不公道了吧！"

皇妃见公主当众顶撞大汗，弄得大汗下不来场，急忙替大汗解围道："你父王英明，判得公道，你小孩子不懂规矩，不要乱讲！"

卓玛珠不敢再大声顶撞父王，可还是咽不下这口气，依然小声地嘟嘟囔囔。皇妃才三十多岁，风华正茂，一见麻阵人才出众，打心里就喜欢上这个英俊的小伙了。她心里也偏向麻阵，但是马哈木是大汗，掌握着生杀大权，能给她带来荣华富贵，所以她还是千方百计地在马哈木面前献媚邀宠。她知道马哈木说一不二，性格执拗，所以不敢替麻阵说话。

当天马哈木就给那粗黑大汉颁了奖，又封为近卫军队长。那粗黑大汉名叫邹里郎，长得面老，其实才二十一岁，本是一介平民，今见大汗点他第一，不仅有赏，还加封了官职，心里对马哈木十分感激，向前谢了恩，就上任去了。

马哈木虽然也喜欢麻昨，但因他是敌国之人，不敢重用，就收麻昨为近卫军卫士，想考察他一段日子再说。这下皇妃和她的女儿卓玛珠虽然不满意，但觉得卫士担负着保卫皇宫的任务，可以经常看到麻昨，也就转怒为喜了！

麻昨担任后宫警卫，每逢他站岗，公主卓玛珠就凑上前去和他说话。麻昨见公主生得如花似玉，天真烂漫，也打心眼里喜欢她。卓玛珠常常在没人时给麻昨送些水果、点心，让他品尝，慢慢地二人一天不见都心神不宁。

一个阴雨夜晚，卓玛珠担心麻昨受了风寒，就来到后门麻昨站岗的哨位一看，麻昨还在那里像个石雕人似的站着，十分心疼，便对麻昨道："今晚天寒雨骤，哥哥在这里冻出病来也没人知道，快随我回屋里暖和一会儿吧。"

麻昨不敢离开岗位，坚定地说道："岗位是卫士的生命，没有命令，我冻死也不会离开岗位！"

公主见他不听自己的话，没有办法，就回到宫里想诉母亲。恰巧父王和皇妃在一起，公主就把麻昨仍在雨里站岗的事情告诉了父王。马哈木便来岗位前一看，果见麻昨手持钢刀，笔直地站在岗位上。马哈木很是感动，第二天就封麻昨为卫队长，把邹里郎提升为都监。

麻昨当了卫队长，处事严谨，深得马哈木信任。公主经常向他表示爱意，他怕马哈木怪罪，所以不敢有越轨的举动。

麻昨愈是严厉正大，他在公主心目中的形象愈是高大。公主已爱他爱得神不守舍，这情况被皇妃觉察。皇妃也觉得麻昨和自己的女儿是天生的一对，于是她就对马哈木道："我观麻昨严厉正大，一表人才，是大贵之相。大汗何不招他为驸马？也了却了女儿的终身大事。"

马哈木也有意把女儿嫁给麻昨，便道："爱妃说的正合吾意，待我明日就下诏，招其为驸马。"

于是马哈木就拨一宅院为驸马府，招麻昨为驸马，选择良辰吉日举行了婚庆大典，又加封麻昨的父亲叶护为大惕隐。

麻昨当了驸马，用心伺候公主，二人情好日密。麻昨就对公主道："现在父皇和母后在位，我们安享荣华富贵，将来你的哥哥即了大汗位，他和你非一母所生，若受嫂嫂排挤，我们的日子就不好过了。"

公主道："我也知道娘家非久留之地，可是夫君的故国被辽人占领，我们可向哪里去呀？"

麻阼道："辽人虽占据东喀喇汗国，但时日尚短，旧民都思念故国。父王若能借我三万精兵，我能赶跑辽人，重建东喀喇汗国。到时我称国王，你就是王后，我们的子孙后代就可以永享富贵，总比在这里寄人篱下强吧！"

公主听了非常兴奋，便道："夫君志向远大，是我家子孙后代的福分，我当告诉父王，让他调集人马，随夫君出征。"

公主就回到皇宫，向父王道："东喀喇汗是驸马的故国，现在被辽人占领。国人都盼着驸马把辽人赶跑，光复旧国。驸马也是有志气的人，父王要是赐给他一支人马，让他打回故国，东喀喇汗国永世做西喀喇汗国的藩属，岂不比让辽人霸占着好？"

马哈木本来就想把辽人赶跑，今见女儿这样一说，心想把辽人赶跑了，让驸马做国王，女儿做王后，永远臣服于自己，也解除了东方的威胁，因此就满口答应了公主的要求。于是令麻阼为大元帅、邬里郎为前部先锋，率领三万人马，去征讨辽国。

麻阼辞别了公主，点齐三万军马，就风驰电掣般向东喀喇汗地杀来。邬里郎的一万先头部队首先进入葛逻禄部族区，这里有许猂率领的三千辽军驻防。他听说西喀喇汗国大军入侵，便率军迎敌。

两军在楚河相遇，许猂刚摆开阵势。邬里郎就指挥西喀喇汗军从河对岸冲杀过来，其时天寒，山上冰雪尚未融化，河床干涸，所以西喀喇汗军迅速冲入辽阵。辽军虽然顽强抵抗，终因兵少，抵敌不住西喀喇汗军的攻势，败下阵来。

许猂久经战阵，虽败不慌，他指挥辽军轮番抵抗，边战边退，终于撤进了喀什城。邬里郎见辽军撤进城里，四门紧闭，便传令攻城。谁知城上乱箭齐发，许多西喀喇汗国士兵还未接近城墙就被射死。待攻近城根，爬上云梯，又被城上滚木炮石砸得头破血流，这时麻阼率大军赶到，他骑马绕城转了一圈，见攻城部队伤亡惨重，便下令停止攻城。

麻阼对邬里郎道："白天攻城，代价太大，不如改为夜间偷袭。"当下麻阼
就组织了三百敢死队员，准备了十架云梯，令邬里郎率领，待半夜子时，悄悄
接近城根。其时月黑头加阴天，伸手不见五指，邬里郎带着三百敢死队员偷偷
爬上城头，等辽军发现敌军爬城，邬里郎已跳上女墙，手起一刀，把对面的辽
军小校砍死。后面十余个敢死队员也爬上城头，向守城辽军猛攻。辽军抵敌不
住，纷纷跳下城墙逃命。邬里郎率军杀到城楼下，打开城门，等在城外的西喀
喇汗军蜂拥而入，杀进城去。

许猂闻听西门杀声震天，知道敌军已攻入西门，急忙率领一千辽兵，打开
东门，往巴剌沙衮逃去。

许猂逃到巴剌沙衮，向耶律大石请罪。

耶律大石道："西喀喇汗国自取灭亡，竟打上门来，我出兵有理也！"

于是耶律大石令萧斡里剌率两万辽军守巴剌沙衮，并告诉他要坚守不出，
能拖住西喀喇汗军半月就是胜利。他亲率三万轻骑，绕道偷袭西喀喇汗的首都
撒马儿罕。耶律大石率轻骑一日一夜行三百里，六天来到撒马儿罕城，马上展
开攻城的战斗。

马哈木觉得驸马率三万大军去攻大辽国，辽军全力以赴对付驸马的军队，
绝不可能有余力来个逆袭，更不可能打到撒马儿罕城。所以当辽军突然兵临城
下，他顿时吓得惊慌失措，六神无主。幸有将军莫扎非率领三千羽林军上城防
守，但因没有准备，缺少弓箭和滚木炮石，只能待辽军爬上城头后短兵相搏。
一天下来，双方都死伤累累。

当天夜晚，耶律大石吩咐大将斡拓剌和松山豹，令其分头攻打撒马儿罕城
的南门和北门，并严令，今夜必须攻克城池，不然明天麻阼的三万大军就可能
回援。辽军困于坚城之下，后有大队敌兵来袭，那就非常危险了。

松山豹这时箭伤已经痊愈，他回到本部，就选了五百勇士，准备了二十架
云梯，对这五百勇士道："明天麻阼的大军就要赶回来，我军如果今夜不能攻
破撒马儿罕城，就有全军覆没的危险；我率尔等今夜攻城，要么攻进城去，要
么死在城头，绝不再回营地！"

五百壮士各人左手持盾牌，右手持钢刀，抬着云梯，跟随松山豹攻城。且

说到了半夜，松山豹率敢死队率先从南门发起攻击，接着斡拓剌率军从北门也发起攻击。因松山豹先攻打南门，莫扎非正欲带着预备队去增援南门守军，可是还没走到南门，北门也喊杀声连天，北门守军前来告急，请求派兵支援。

这时莫扎非判断南门先打起来了，可能是敌人发动的佯攻，待我把预备队带到南门，敌人却从北门发起猛攻，企图来个声东击西，攻其不备、出其不意地攻破城池。于是莫扎非就带着预备队赶往北门去了。

这时南门守军战死的越来越多，却迟迟不见有兵来援。松山豹在城下看时机已到，便手握两把钢刀，飞身登城，连续砍杀四五个守军士兵。守军见他异常凶猛，吓得掉头乱跑。松山豹率领登城勇士驱散敌兵，打开城门，放辽军大队人马入城。

莫扎非正在北门与攻城辽军激战，听见南街喊杀声起，知道南门有失，急忙派人去禀告马哈木，让其快逃。他又率几百士兵飞奔南街截击辽军。莫扎非刚到南街，就遇上松山豹领兵杀来，莫扎非挥舞铁鞭，堵住辽军出路。松山豹跃马舞刀，照莫扎非头顶砍来。莫扎非也举鞭相迎，二人在街上大战二十余合，不分胜负。

忽然有流矢飞来，射中莫扎非的马眼，那马扑通倒地，把莫扎非掀翻马下。辽兵一拥而上，把莫扎非捆绑起来。其余西喀喇汗士兵吓得纷纷缴枪投降。

马哈木在后宫听说辽军攻入城内，也顾不得他的爱妃和子女，骑上马，在几百侍卫的保护下打开西门，投奔宗主国赛尔柱苏丹去了。

耶律大石进了皇宫，松山豹押着马哈木的皇妃和公主进来。母女俩吓得战战兢兢。部下见公主貌美，以为耶律大石必纳为己妾。谁知耶律大石问明了身份，知道是马哈木的妃子和女儿，便道："你们不要害怕，还回到宫中安歇，待马哈木回来，你们可以团圆。"说完就令士兵把他母女给放了，并派兵保护后宫，不许任何人骚扰。

接着士兵又押着莫扎非进来。只见莫扎非昂首挺胸，咬牙切齿，屹立不跪。耶律大石喝道："败军之将，为何不跪？"

莫扎非骂道："辽贼残寇，被金军打得落花流水，狼狈逃窜，竟然来偷袭我国，我恨不能把你碎尸万段，岂有下跪之理！"

耶律大石道："我本欲与西喀喇汗永结友好，互不侵犯，可是你家大汗派三万大军去攻打大辽，杀人放火，所以我才发兵来惩罚强盗！"

莫扎非道："麻咋小人，葛逻禄部族余孽，为了复其旧国，怂恿大汗出兵，以致误国，实是可恨！"

耶律大石道："你今已被俘，投降辽军，可以免死。"

莫扎非道："西喀喇汗国只有断头将军，岂能投降异类！"

耶律大石很欣赏莫扎非的气节，不忍杀害，便令押进牢房，待捉了麻咋再做处理。

这时麻咋正率军进攻巴刺沙衮城。萧斡里刺按照耶律大石定下的战策，坚守城池，任凭麻咋军兵怎么叫骂，就是闭门不出。麻咋指挥军士攻城，怎耐巴刺沙衮城高池深，加上辽军顽强敌抗，攻打了十余天，军士死伤惨重，但巴刺沙衮城依然牢牢掌握在辽军手中。

麻咋正在进退两难，忽然探马来报："有一支辽军三四万人，从回纥出发，绕道入侵西喀喇汗国，矛头直指撒马儿罕城！"

麻咋闻听大惊，心想，若辽军攻陷了撒马儿罕城，我将无家可归，军心自乱。爱妻和西喀喇大汗都落入辽人之手，自己岂不成为千古罪人！想到这里，他顾不得许多，慌忙传令回援撒马儿罕城。将士正在苦于攻打不下巴刺沙衮，都疲惫不堪，丧失了信心，忽然听说辽军袭了后路，人心惶惶。

麻咋恐怕伤兵员和辎重拖慢行军速度，下令尽弃于营中，只带着轻骑兵，火速回援撒马儿罕城。

第二天，萧斡里刺不见西喀喇汗军攻城，便派拦子马出去侦探。拦子马回报："西喀喇汗军已经撤走，把所有辎重和伤兵都抛弃在空营中。"萧斡里刺知道麻咋是听说辽军偷袭撒马儿罕城，慌忙回师救援，于是集齐城中军马，随后追击。

麻咋因抛弃了所有的辎重和伤兵，只率轻骑回援，驱赶着军队狂奔三天三夜，才来到撒马儿罕城，但到了城下一看，城头飘扬着辽国的旗帜。城墙上刀枪剑戟一片明晃晃的，方知辽军已经攻取了撒马儿罕城。

麻咋万万想不到，自己出师攻辽，不仅没有光复旧国，反而把西喀喇汗国也赔进去了，西喀喇大汗、皇妃，还有自己的老婆，是死是活还不知道。想到这里，麻咋急得心口一阵剧痛，"哇"的一声吐了一口鲜血，差点没有坠下马来！

麻咋不顾将士疲劳，强令将士攻城，可是他撤军的时候把一切辎重都抛弃了，连攻城的云梯也没带。将士只好临时砍伐树木，打造云梯。可是城上辽军早有准备，乱箭齐发，射杀得西喀喇汗军死伤无数。

其实这时城内辽军有三万多人，麻咋的军兵只剩下两万余人。辽军出击，肯定能打败敌军。但是耶律大石恐怕兵少，不能全歼敌兵，所以他先据坚防守，用箭和滚木炮石大量杀伤敌军，待萧斡里剌率部赶到，内外夹击，企图一举把西喀喇汗军消灭。

麻咋这时已气急败坏，疯狂地督促将士猛攻。两天下来，城下到处都是西喀喇汗军的尸体和伤兵，哀号之声日夜不息！

邬里郎见守军兵力雄厚，西喀喇汗军日损千人，心想，麻咋已经失去了理智，这样下去是让西喀喇汗将士白白送死。于是他劝麻咋道："辽军兵力远比我军雄厚，故意不出战，居高临下，诱杀我军。再攻几天，我军将丧失战斗力。敌人一发动反击，我军就崩溃了！"

麻咋闻言，大怒喝道："你敢乱我军心，左右给我推出去斩了！"

众部将都赞成邬里郎的意见，见麻咋狂暴，要斩邬里郎，便一齐上前讲情道："邬里郎是国家大将，战功卓著，现在大敌当前，国家正在用人之际，岂可先杀功臣！"

麻咋见众人讲情，只好放了邬里郎，然后说道："今日我们要与敌人决一死战，攻不下撒马儿罕城，就死在城下，谁再言退兵，立斩不容！"

邬里郎回到自己的营帐，他手下的军校都来抱怨，有的说自己的队伍已死伤三成，士兵还有逃亡的，再打下去部队就要"哗啦"了；有的说军粮已经吃完，军士又累又饿，实在没法攻城；还有的说都怨麻咋这个亡命之徒，为了一己之私，哄骗大汗出兵攻辽，害得我们人亡家败，咱不如把这灾星杀了，投降大辽算了！

邬里郎这时也盘算，跟着麻咋打下去是死路一条，现在要想活命，只有投降大辽了。于是他问大家道："你们家里都有父母兄弟，家人都盼着你们平安归来，你们想跟着麻阼去死，还是想活着回去和家人团圆？"

众将校都道："我们想平安回家。"

邬里郎道："现在辽军已占领西喀喇汗国，耶律大石英明果断，用兵如神，咱要想平平安安活下去，只有投降大辽。"

众将校齐声道："愿意随将军归顺大辽！"

于是邬里郎就写一封降书，绑在箭上射入城中。守城士兵拾了书信，报于耶律大石。耶律大石马上派人出城，和邬里郎密谈，商议夜里出兵偷袭麻阼的大营。原来麻阼的中军大营设在撒马儿罕城东边，邬里郎领一万军马驻扎在撒马儿罕城的西边。当天夜里，邬里郎率本部人马向麻阼大营杀来，耶律大石率两万辽军打开东门，也向麻阼大营杀来。

原来麻阼怕敌军夜里偷袭，令拦子马夜里巡逻，他和手下将士都夜不解甲，抱刀而眠。夜里拦子马发现辽军打开东门，往大营杀来，急忙告知麻阼，麻阼传令鸣鼓迎敌。那些西喀喇汗士兵听到鼓声，纷纷起来迎战辽军。这时邬里郎领着军队来到大营北边，守营的军士问："是哪一部分的？"

邬里郎高声道："我是大将邬里郎，来帮助守营的。"

守营将士信以为真，打开营门，放邬里郎的军队入营。谁知邬里郎进得营寨，忽然大喝一声："杀呀！"

只见那一万士兵都向守兵杀来，守军猝不及防，被杀得抱头鼠窜。麻阼见敌兵已杀入营寨，急忙率军打开东门逃跑，耶律大石和邬里郎率军随后掩杀。西喀喇汗军兵有的来不及上马，就被杀死于营中。麻阼的军队本来就已军心动摇，不愿再为麻阼卖命，于是趁乱四散逃跑，奔回老家去了。

麻阼带着几千残兵正向东逃了有一百多里，这时人困马乏，听着追兵渐远，才停下来休息。士兵都饥饿难耐，可是逃出营寨时，把锅瓢、粮食都丢失了，这荒原上人都逃往他乡，也找不到吃的东西。正想掉头向北，往赛尔柱苏丹方向逃跑。谁知忽听一通鼓响，四面伏兵呐喊着冲杀过来。原来是萧斡里刺率辽军来到这里，远远望见麻阼的逃兵过来，便把军队分为四队，从四面迂回包抄过来。

麻咋手下兵丁见辽兵从四面潮水般涌来，料插翅难逃，都下马跪在地上投降。麻咋身后只有百十骑跟着他冲杀。可是辽军把这百十个人围得水泄不通，战有一个时辰，麻咋左冲右突，杀不出重围，身后活着的骑士愈来愈少，麻咋已多处受伤，浑身鲜血淋漓。

萧斡里剌对他说道："贼将快快下马投降，饶你不死！"

麻咋仰天一阵狂笑，然后道："我乃西喀喇汗国驸马，只有战死，岂有降贼之理！"说完拍马挺戟向萧斡里剌刺来。萧斡里剌身后两员部将双枪并举，一齐刺向麻咋，麻咋中枪落马，被乱军杀死。

耶律大石也率辽兵尾追而来，见萧斡里剌已把麻咋杀死，便与萧斡里剌合兵一处，回转撒马儿罕城。耶律大石论功行赏，犒劳三军。因邬里郎有功，被封西喀喇汗国王，臣属大辽。邬里郎谢了恩，就上任去了。

他进居皇宫，收皇妃和公主为妾。是夜，公主梦见麻咋浑身是血，随着一阵阴风出现在床前，哭诉道："邬里郎叛变，勾结敌人，把我害死，又霸占你为妾，我已变为厉鬼，定要索他性命！"说完倏地不见人影。公主醒来痛哭一场，取了一丈红绫吊死于梁上。

　　话说耶律大石平定了西喀喇汗国，封邹里郎为西喀喇汗国王，留下一万人马，就率辽军返回巴剌沙衮城去了。床古儿又奏道："现在皇上开疆扩土，辖区不仅包括东喀喇汗国，还包括西喀喇汗国，回纥国和旧辽属白鞑靼部等诸多国家，国都命名应更雄伟大气，才能镇得住四方，巴剌沙衮这个名称太小家子气，不能彰显大国风范，应该改个更恢宏的名称。"

　　耶律大石道："爱卿觉得改成什么名称才好？"

　　床古儿道："不如改成虎思斡儿朵大气。"

　　耶律大石就下诏，把巴剌沙衮城改名为"虎思斡儿朵"城。

　　耶律大石又对群臣道："马哈木逃往赛尔柱苏丹向桑贾尔求救，桑贾尔是西部诸国的宗主，他不久必调集多国部队前来讨伐，我们还要做好打大仗的准备。"

于是辽国文臣积极筹备粮草和攻守战具，武将抓紧训练军队，准备迎战多国部队。

耶律大石又诏谕邬里郎，要安抚人心，稳定国内秩序，提高警惕，防止内奸勾结桑贾尔，里应外合，推翻新政权。

邬里郎是个粗中有细的人，看上去大大咧咧，什么也不在乎，其实十分有心计。他当了西喀喇汗国王，深感自己出身卑微，会遭到旧贵族的嫉妒，他就仿照金国，把自己家族中的兄弟都安插到军中，执掌兵权。他想到莫扎非在旧官员中很有威望，把他抬出来可以降住一大批官员。又考虑到莫扎非忠诚可靠，跟自己又有些交情，便劝说莫扎非道："耶律大石封我为王，辽人不干涉咱内部事务，还是咱们自己管理自己，你何必在这牢房受罪，出去我封你个团练使，还负责领兵保护都城，你的家人也不会天天伤心啼哭了。"

莫扎非道："国王对我信任，我当肝脑涂地，以报君恩！"

邬里郎就赦免了莫扎非，并封其为团练使。

再说马哈木跑到了赛尔柱苏丹向桑贾尔求救。他对桑贾尔道："耶律大石乃一东方邪魔，穷凶极恶，烧杀抢掠。灭了回纥，又吞并东喀喇汗国，现在又兴兵西来，侵占了西喀喇汗国，下一步就要进军赛尔柱苏丹！"

桑贾尔闻言大怒道："耶律大石不过是残辽余孽，逃亡西域，苟延残喘之徒，竟敢如此猖獗，待我传檄诸属国，发兵征讨，定要活捉耶律大石，斩首示众，以安天下！"

桑贾尔是中亚诸国的宗主，他一声令下，呼罗珊、古尔、哥疾宁、锡吉斯坦等地的王公纷纷率领部众前来，云集在旗下，从各地赶来的战士有十万之众。

桑贾尔的王后名叫露丝琦，很有智谋，并且武艺高强。她劝桑贾尔道："当今大汗的心腹大患是花拉子模，大汗若率全国人马远征辽国，而花拉子模军袭我后路，可就危险了。"

桑贾尔道："我给你留下一万人马，若花拉子模军来攻，你可率军坚守城池，不要出战，待我平定了辽国，再回来收拾他们。"

露丝琦又道："耶律大石以二百残兵，能横行西域，接连兼并数国，实是当今枭雄，必有异能。大汗不如与他讲和，以免万一战败被辱。"

桑贾尔道："西喀喇汗是我属国，被辽吞并，使我蒙受耻辱，再说其他属国见我畏惧大辽，见死不救，谁还尊我为宗主？今耶律大石虽占据多国，但恩威未施，人心不服，一旦战败，就会众叛亲离、土崩瓦解。若不趁机讨伐，延以时日，耶律大石站稳了脚跟，那就更不好对付了。"

桑贾尔不听皇后的劝阻，执意要讨伐西辽。他把十万人马分成左、中、右三路大军，自命大元帅，总领诸路大军。中路军五万人马，直属大元帅指挥。又命王公布哈里为左路军元帅，指挥左路军两万人马；命马赫穆德为右路军元帅，指挥右路军三万人马。

左右两路元帅邀大元帅阅兵。桑贾尔在马赫穆德和布哈里的陪同下，骑马到各营巡视，但见军营连绵三十余里，马似海波翻，兵如潮浪涌，刀枪寒光映日月，战骑漫卷似云腾！

桑贾尔豪情满怀，用宝剑指着东方道："我十万天兵一到，你耶律大石要是识时务，就伏地投降；若不识时务，管叫你灰飞烟灭！"

右路元帅马赫穆德道："耶律大石鼠流之辈，胆敢冒犯天威，惹宗主发雷霆之怒，宝剑落下，必使耶律大石身首异地！"

左路元帅布哈里道："我军可直接去攻打虎思斡儿朵，一举把耶律大石生擒活捉，辽属各部必不战而降。"

其他王公都拍手称赞道："此乃斩首战术，可以快速灭辽也！"

唯有马哈木惦记着皇妃和公主，急得像热锅上的蚂蚁，坐卧不安。他向宗主请求道："西喀喇汗离赛尔柱苏丹最近，还是先发兵收复了西喀喇汗国，然后进军虎思斡儿朵才对。"

桑贾尔道："那样叫蚕食战略，耗日费时。我十万大军，日费百万，利在速战速决。还是直捣贼穴，捉了贼首，其余贼徒可兵不血刃，自来投降。"

桑贾尔想创造战争史上的奇迹，打一场闪电战，让大辽帝国在人间瞬间消失，令罗马诸国和宋金各朝见识见识桑贾尔的手段。到时候他桑贾尔就不仅是眼下这几个国家的宗主，而是要当世界所有国家的霸主！

1141年七月，桑贾尔统领着他的大军，风烟滚滚，直取虎思斡儿朵。大军渡过阿姆河，进入河中地区。早有拦子马报与耶律大石。耶律大石召集群臣商议对策。

刺阿卜道："桑贾尔携十万大军来讨，兵锋正锐，我军应避其锋芒，深沟高垒，待其粮尽，自然退兵，我可随后掩杀，可以制胜。"

萧斡里刺道："兵不在多，而在于精。桑贾尔虽有十万人马，但都是多国临时拼凑，互不协调，吾有精兵三万就可击败他们！"

耶律大石道："我们还没与桑贾尔交过战，对其用兵方略了解不多，不可轻敌。待我先给他写封信，试探一下他的功力。"

当下耶律大石就修书一封，派使臣送给桑贾尔。桑贾尔打开信笺一看，内容竟是耶律大石请求桑贾尔停止进攻，双方以和平的方式解决存在的争端。桑贾尔心想，耶律大石闻听我大军压境，果然害怕了。他得意地把书信让各位王公传看。右路元帅布哈里道："我们兴师动众，跋涉数千里，眼看一举将贼寇消灭，万不能与贼和谈，以免贻误战机！"

左元帅马赫穆德道："一日纵敌，万世之患，这次必要斩草除根，决不要中他缓兵之计！"

桑贾尔道："二位元帅的意见和我相同。眼看把狼打死，岂能再让狼跑掉。"

桑贾尔给耶律大石写了一封回书，又派一使臣送去。使臣来到虎思斡儿朵，把桑贾尔的回书呈给耶律大石。耶律大石展开一看，见上面写道："本大汗奉天承命，携十万天兵，骁将千员，人人能手扼雄狮，武艺高强；弓箭手百步之内，可射断辽兵的胡须。本大汗仁慈为怀，念尔等无知，不忍伤尔等性命。你若明智，可在接到本大汗书后，限三日内率文武僚属前来投降，可免一死，否则，天兵到日，玉石俱粉，勿谓言之不预也！"

耶律大石看了书信，不由哑然失笑，心想，无礼则无谋，这桑贾尔竟然如此狂傲，必是轻浮之人。我可一举破之！耶律大石又见那使臣也是心高气傲，面露轻蔑之意，便问道："你们的弓箭手果然能把胡须射断吗？"

那使臣想吓倒耶律大石，迫使其投降，便吹嘘道："我军人人都是神箭手，弓强箭利，射断胡须不成问题！"

耶律大石就领人取来一枚钢针，并拔下使臣的胡须，令其用针去刺胡须，看其能不能刺断。结果那使臣刺了半天，也没刺断胡须，急得面红耳赤。辽将见那使臣急得头上冒汗，忍不住哄堂大笑。

耶律大石正色说道："既然你无法用针刺断自己的胡须，那还胡说什么其他人可以用箭射断胡须？告诉你们的苏丹，我，耶律大石，契丹人的菊儿汗，将在战场上恭候他的大驾光临。"

桑贾尔的使臣羞惭满面地退了下去。耶律大石就率领三万辽军，前去迎战桑贾尔的联军。辽军越过三十里长的达尔加姆峡谷，耶律大石见这峡谷进出口狭窄，中间肚大，形似葫芦，心生一计，又令萧斡里剌率领一万军兵埋伏在进口两侧丛林中，等待敌兵完全进入峡谷，就封锁住进口，不放敌兵退出峡谷。他见峡谷南边是悬崖峭壁，敌人怎么也爬不上去；北边是山坡，虽然陡峭，但人不骑马，还能爬行上山，但见那山坡上野草枯黄，极易燃烧，就令一千人携带燃火之物，埋伏于山坡上，待敌人都爬上山坡，就放火箭烧山。又令斡拓剌率领一万辽军埋伏在峡谷北侧的山北丛林中。然后耶律大石亲率两万辽军，列阵在峡谷出口之西的卡特万草原上，等待西方联军到来。

再说桑贾尔昨天住在马儿罕城，染了风寒，身体发烧，今天不能随军前进，就留在马儿罕城，由左右二位元帅统领大军继续进发。

布哈里率领两万人马率先杀奔而来。他看见辽军列成方阵，耶律大石跨枣红马，手提钢刀立于门旗下。布哈尔令军队也列成阵势，然后立于阵前，高声叫道："耶律大石鼠流之辈，被金军打得无处藏身，却来祸害西域。今日天军如昆仑压顶，你还不快快下马投降，还等我取你首级不成？"

耶律大石哈哈大笑道："本大汗自出师以来，战无不胜，攻无不克，你西番狂徒，又来为我献首祭刀乎！"说完把手中大刀一挥，辽军就呐喊着冲了过来。两军顿时杀在一起。战有半个时辰，耶律大石望见又有大批敌军赶来，便令军队且战且退，缓缓退入峡谷。

布哈里见辽军败走，便挥师追赶，也随后进入峡谷。后面左路元帅马赫穆德又率领八万联军全部进入峡谷。再后面是联军的运输大队，几千只骆驼、几万匹驮骡驮着粮食、战具，也浩浩荡荡地尾随而来。埋伏在两侧丛林中的辽军随着一通鼓响，冲杀出来，截断了去路，封锁住谷口。这些运输大队都是民夫，毫无抵抗能力，都乖乖地做了俘虏。大批粮食、辎重都落入辽军手中。

　　刚进入峡谷的联军士兵急向马赫穆德禀告，谷口已被辽军封锁，后面的辎重尽被辽军抢走。马赫穆德闻报大惊，急令大军停止前进，后队做前队，向峡谷的入口发起攻击。这谷口处约有二里狭窄的通道，两边是悬崖，悬崖之上是树林，辽军约三千弓箭手埋伏于悬崖之上，看到联军又往回冲，一时乱箭齐发，冲进狭窄处的联军将士纷纷中箭落马。有的战马中箭，乱蹦乱跳，联军自相践踏，死者无数。有冲到谷口的联军士兵，又被把守谷口的辽兵杀死。

　　再说布哈里领着两万联军追击耶律大石，来到出口处，忽听一声鼓响，两边峭壁之上万箭齐射，顿时把走在前边的辽军射得人仰马翻，死伤惨重。布哈里令将士冒着箭雨往前冲杀，有侥幸冲到谷口的，又遇上耶律大石指挥辽军杀了回来。那些乖巧的士兵一看不是道，早早缴枪投降；那些头脑反应慢的，来不及缴枪，都做了刀下之鬼！

　　厮杀到天黑，联军已损兵万人，但始终冲不出谷口。夜色降临，峡谷内更显得漆黑一团，伸手不见五指。联军想趁着夜色掩护，偷偷摸出峡谷，谁知先头部队来到谷口，却见谷口垒起一座石墙，高有两丈，联军没有云梯，就选几个善于攀爬的士兵沿着石壁往上爬。谁知还没爬到壁顶，就听一声锣响，石壁上成捆的柴草燃着了，滚落下来，两边峭壁上也有燃烧的柴草滚下峡谷，顿时把个谷底变成了火海，进入谷口的士兵被烧死烧伤无数。联军又伤亡了大批将士，也不敢再冲击谷口了。

　　联军在谷中困了三天，军心大乱。布哈里对马赫穆德道："再困下去，士兵哗变，我俩性命难保。我看北面山坡，人可以爬上去，不如舍了战马，率领士兵爬过山去，逃个活命。"

　　马赫穆德道："事已至此，唯有这一条路可行了！"

　　马赫穆德下令，全军舍去战马，爬行上山。那些被困了三天的士兵正焦躁不安，听到让爬行上山的命令，都放了战马弃了盔甲，争先恐后地往山上爬。

　　这山坡时缓时陡，陡崖上石棱突兀，难以攀登，缓坡处杂木丛生。穴居在这里的狼虫鹿麋忽见几万人密密麻麻、漫山遍野地往山上攀爬，如同蚂蚁行雨一般，只吓得到处狂奔。布哈里与马赫穆德，还有几位王公，在卫士的推拉下，爬了半天才爬上山顶。喘息了一会儿，不敢停歇，便又往山下行走，这下山的路要平缓一些，但到处是齐腰深的杂草。正行间，忽见山下四处起火，那满山坡都是枯草，见火即燃，霎时大火蔓延上了山腰，整个山上烟焰涨天。大批将士在烟雾中乱撞，不辨东西南北，活活葬身火海！

这时，卫士发现附近有一条流水沟，沟内只有乱石，没有蒿草树木，便搀扶着两位元帅和王公跳进山沟，沿着山沟走下山来。大批将士也都争着挤进山沟，但山沟狭窄，人员拥挤，脚下又是乱石，绊倒摔伤者不计其数。

马哈穆德和布哈里来到山下，坐于石头上喘息。忽听一通鼓响，两万辽军从左、右和前面三个方向铺天盖地地杀了过来。这时联军将士又饥又渴，疲劳不堪，还都带着烧伤，哪里还能战斗？纷纷把手中武器放下，匍匐在地，向辽军投降。马哈穆德和几位王公蹲于地上，不敢站立，等着辽军收拾。唯有布哈里奋然起身，手握马刀，厉声说道："我堂堂大国英杰，岂能投降东夷残寇，今日要与敌血战到底！"

他身后的十余个卫士也提起刀枪，紧随其后，一步步向辽军逼近。这时萧斡里剌率领辽军驰到跟前，见数万联军都已放下刀枪，准备投降。唯有布哈里和十个卫士怒目圆睁，面对两万铁骑全无惧色，摆出决一死战的架势，萧斡里剌心里不由得肃然起敬。他把手往后一扬，身后的将士都勒住了战马。

萧斡里剌用刀指着布哈里问道："请问将军是谁？你已到了山穷水尽的地步，为何还不投降？"

布哈里鄙夷地笑道："吾乃联军左元帅布哈里，今日中你辈奸计，几万将士被烧死，我恨不能食你之肉、饮你之血，要与你血战到底，岂有投降之理？"

萧斡里剌道："你觉得你的反抗还有意义吗？蝼蚁尚且知道珍惜自己的生命，何况是人，为何白白葬送父母千辛万苦送给你的生命呢？"

布哈里道："我宁为玉碎，不为瓦全，今日由死而已！"说完回身一刀，自刎而亡，他的十名卫士也同时挥刀自刎！

萧斡里剌命令士兵把他们的尸体掩埋了，又对几位王公道："你们不要害怕，大辽与你们休戚与共，只要你们归顺大辽，还可以永葆富贵。"然后又让辽兵牵来几匹马，让王公们骑上，送往大营。

其余投降的联军将士，烧伤严重的让其骑马回马尔罕城治疗，没受伤的，全部编入辽军队伍中。

几位王公战战兢兢来到辽军大营，拜见耶律大石。耶律大石设宴款待。席间几位王公都表示："愿意世代臣服大辽，做大辽的属国，年年纳贡缴税，提供兵源和战马，共同拥戴耶律大石为大汗。"

耶律大石安慰众王公："你们各回本土，依旧管理自己的国家。朝廷只派一名将军率三千军保护你们的安全。你等只要按规定缴纳税贡就行了。"

几位王公谢了皇恩，就各自带着三千辽军回本国去了。

桑贾尔在马尔罕城听说联军已全军覆没，众王公都投降了耶律大石，吓得带着几百卫士，连夜逃往赛尔柱苏丹的都城呼罗珊去了。

再说桑贾尔的皇后露丝琦在桑贾尔带兵走后，就亲理朝政，访贫问苦，视察城防军队，军民都很拥护。她担心花拉子模军队趁桑贾尔不在京都前来偷袭，又命驻城部队，准备弓箭、炮石，加强防守。

原来花拉子模的首领阿即思早就垂涎露丝琦的美色，想把赛尔柱消灭，夺回露丝琦做自己的皇妃。可是几次出兵，都和桑贾尔打了个平手，阿即思也损兵折将。但他并不死心，一直等待机会，再对赛尔柱出兵。现在听说桑贾尔率领精壮军队，去远征辽国，心中大喜，觉得这真是天赐良机。于是阿即思立刻率领花拉子模军偷偷绕过了布哈拉城，单刀直入杀奔呼罗珊而来。

露丝琦听说阿即思率军来攻城，急令四门紧闭，拽起吊桥，严加防守。阿即思指挥大军包围了呼罗珊城。他骑着汗血马，身后十员战将簇拥着来到呼罗珊西门。看到露丝琦一身戎装，立于城头，身姿飒爽，面如芙蓉，不由心动。

他走近城楼，向露丝琦招手示意，见露丝琦也在看自己，便大声说道："露丝琦，你若开城投降，我封你为皇后，咱俩喜结金兰，永做夫妻！"

露丝琦见他当众羞辱自己，气得咬牙切齿。她藏身将士背后，弯弓搭箭，瞄准阿即思高举着的巴掌，一箭射去，那箭正中阿即思的手心，穿透了手背，疼得阿即思一声惨叫，差点掉下马来。他掉转马头就跑，后面的将士见国王受伤，都怕他掉下马来，所以都保着他逃跑。

这时露丝琦率军追来，花拉子模军大败。露丝琦挥军追击三百里，方才收兵。阿即思手下将领见露丝琦收了兵，才停下来休息，令军医给阿即思拔出箭头，敷上金创药。阿即思因流血过多，身体支持不住，已不能骑马。将士就到民间找了一辆马车，让阿即思躺在车上，随败兵撤退。路上又遭到布哈拉城总督派思的袭击。花拉子模军损失过半，逃了几天总算回到了花拉子模国境。

再说邬里郎被耶律大石封为西喀喇汗国国王。他为笼络旧官僚，封莫扎非为准将。莫扎非假意感其恩德，说了些效忠国王的话，取得了邬里郎的信任。莫扎非听说西域诸国都联合起来讨伐辽国，心想辽国必败。我何不联系马哈木，让他带塞尔柱人马来攻打撒马儿罕，我与他里应外合一举，可收复西喀喇汗国，我也为旧国王马哈木立下大功。想到这里，他就修书一封，令心腹士兵揣了书信，前往呼罗珊去联系马哈木。

马哈木接到莫扎非的书信一看，信中写道："国王陛下，臣莫扎非受国王厚恩，城陷之时本欲杀身成仁，但觉得空留虚名不如留下有用之身，伺机报国。今臣骗得贼邬里郎信任，用为准将。请国王借塞尔柱苏丹之兵来攻城，臣率本部人马为内应，可一举消灭叛匪，光复故国也！"

马哈木看了信心中大喜，便带着书信来见皇后露丝琦，向露丝琦哭诉他的皇后被邬里郎霸占、公主被逼自杀的经过，请求露丝琦借给他五千人马，去收复西喀喇汗国。露丝琦听了他的哭诉，很同情他的不幸遭遇，就拨给他五千人马，让他带着去西喀喇汗国平叛。

马哈木带着五千塞尔柱苏丹兵马来到撒马儿罕城。他令军队四面围了城，指挥军队架起云梯攻城。莫扎非对他手下的百人长道："塞尔柱大汗会集十万大军伐辽，不日辽国就要灭亡。邬里郎臣服辽国，篡夺国王宝座，塞尔柱大汗率得胜之师归来，就要镇压邬里郎反贼。我们为他卖命，到头来也是死路一条！咱们要是打开城门放塞尔柱军入城，国王马哈木进了城，还要给我们论功行赏。你意下如何？"

那百人长道："我与将军不谋而合，今晚轮到我带兵守城时，我就打开城门，放塞尔柱军进城。"

莫扎非就写了一封信交给百人长，让百人长夜间用箭射下城去。谁知那百人长是个牧羊娃出身，和邬里郎同乡，二人是从小的朋友，邬里郎提拔他当了百人长，故意安排在莫扎非部下暗中监视莫扎非的。那百人长拿了书信，就交给了邬里郎。

邬里郎拆开信一看，是莫扎非半夜打开西门、举火为号，约马哈木里应外合偷袭城池的。邬里郎就令百人长用箭把信射下城去。城下的士兵拾了书信交给马哈木，马哈木看了大喜，到了半夜就领三千人马埋伏到西门外等候。

再说邬里郎通知莫扎非来王府议事，莫扎非心中狐疑，但又不敢不来。他刚一踏进王府大门，几个彪壮的士兵就把他按倒在地捆绑起来，不由分说押送进牢房内。邬里郎就令千人长带两千兵埋伏在西门两侧民院中，等半夜听到锣响，就杀出来堵住西门，不放马哈木的军队逃跑。又令一千兵分别埋伏于大街两旁的房屋上，准备好大捆柴草和引火之物，但等马哈木率军进了城，就把柴捆燃着，推下街道，火烧敌军，然后借着火光发箭射杀敌兵。邬里郎领两千兵埋伏在东门内，等马哈木率军走到十字路口，便拦头截杀。

一切部署停当，但等马哈木上钩。到了半夜时分，马哈木看到城门大开，城门洞里燃起一堆篝火，便一马当先率军冲进城门。他飞马驰到十字路口，却不见一人，正要冲进皇宫大门，忽听一阵锣响，街道两旁无数燃着的柴捆从房顶滚了下来，顿时把街道变成了火海！接着两旁屋顶上飞下无数支箭来，马哈木肩膀中了一箭。这时马哈木带的兵在火海中乱蹿，自相践踏。

忽然又听一通鼓响，邬里郎率两千兵从东街杀来，正撞上马哈木。邬里郎手起，一刀劈死马哈木于马下。刚进西门的塞尔柱士兵想返身逃跑，却被千人长率两千兵堵住了西门，逃不出去，都被杀死于城内。这一仗马哈木率领的三千人马，被全部歼灭。城外的塞尔柱军还有两千人，听见城里喊杀声震天动地，想来增援马哈木，却被千人长率军击退。这些塞尔柱将士听到城中杀声慢慢消失，知道马哈木率领的军士已全被消灭，便连夜逃回塞尔柱去了。

塞尔柱的败兵在逃跑的路上遇到从马尔罕城逃回来的大汗桑贾尔，向桑贾尔诉说征讨西喀喇汗国失败的经过，桑贾尔听了哀叹道："真是天亡我也！"

桑贾尔回到马尔罕城，见到皇后，皇后见他衣衫不整、形容憔悴、愁眉苦脸的样子，心里就明白八分，知道他是吃了败仗，所以不敢多问，只是给他换了干净的衣裳，泡上茶水，然后才温存地问道："大汗这几天瘦了许多。"

桑贾尔满面羞惭地道:"悔不听皇后的劝告,以致惨败!"

皇后道:"耶律大石是当世英雄,顺之者昌,逆之者亡。俗话说,识时务者为俊杰,大汗只有归顺大辽,才能保住王位呀!"

桑贾尔道:"我是西域宗主,西域各国都臣服于我,想不到今日败给耶律大石这个蛮子!要向他称臣心实不甘。"

二人正在说话,忽有大臣禀告:"辽军大队人马已杀奔马尔罕城来了!"

桑贾尔急忙召集大臣商议对策。这些大臣听说西域十万人马被辽军一战全部歼灭,个个胆寒,都劝桑贾尔进表称臣,归顺大辽,以保王位。

桑贾尔没有办法,只好派一大臣带一千只羊和一千只牛出城犒劳辽军,并奉上降表,表示愿意除去大汗称号,退位为王公,臣服于大辽,尊耶律大石为大汗。

耶律大石准其投降,桑贾尔率领百官出城迎接大汗,在宫中大摆宴席,为耶律大石和众将接风。席间,桑贾尔又对耶律大石道:"现在西域各国都臣服大汗,唯有花拉子模国国王阿即思桀骜不逊,大汗若不征服他,久必为患。"

耶律大石立即派萧斡里剌领兵两万,前去征讨花拉子模国。

花拉子模国国王手被露丝琦射伤,至今未愈,躺在床上养伤,忽有大臣来报:"西辽大将萧斡里剌率领两万辽军来伐!"

阿即思心想,西辽大军战无不胜,攻无不克,西域各国联军十余万人,不出一月被辽军全部歼灭。我花拉子模国才有一万人马,和辽军对抗岂不是自取灭亡?到时候自己做了俘虏,恐怕想保留王公的位子也难了。不如顺应大势,主动投降还可以保住王位。于是他也率领群臣,打开城门,出城迎接辽军入城,并表示愿意投降,永做大辽的藩属。

于是耶律大石册封阿即思为花拉子模国王,只留一个辽将监国,并不干涉其国内事务。阿即思和他手下旧臣都感恩戴德,死心塌地地臣服大辽。

耶律大石收得胜之兵,回到虎思斡儿朵。论功行赏,封萧斡里剌为平西侯,封萧斡里剌夫人玉仙为诰命夫人。萧斡里剌回到家里,和玉仙开怀痛饮,喝得酩酊大醉,倒头睡去。朦胧中觉得有人在空中召唤,萧斡里剌抬头一望,见一老母鹤发童颜,立于云端,高声叫道:"银貂,你的罪孽已满,快随我回长白山修仙！"

萧斡里剌忽然想到，这不是白山老母吗？这时他又忆起自己的前身曾是白山老母榻前的金貂，因与银貂私通，被罚下凡界受难。今天白山老母是来带玉仙回长白山去继续修行的。萧斡里剌哪里肯放玉仙走，玉仙也不忍撇下萧斡里剌独自回长白山，于是二人一齐跪下，哀求道："我夫妻二人来到人间，虽结为夫妻，可是从关东转战万里，颠沛流离，今日才安顿下来，还没过上一天平安的生活，请老母再宽限一年，容我夫妻安享一段人间的甜蜜日子吧！"

白山老母哪里肯容，只把手中的白练往空中一抛，立刻化作一条银链锁住了玉仙，然后银链一抖，就见玉仙变成一只银貂，被收入白山老母的花篮之中，然后驾白云而去。

萧斡里剌忽然惊醒，吓得出了一身冷汗。他一摸，身旁的玉仙身体冰凉，萧斡里剌想喊醒她，可是怎么喊，怎么摇晃玉仙的身体，都不见玉仙哼声。

萧斡里剌用手摸摸她的心口，已没有跳动了。萧斡里剌唤来郎中诊视，郎中道："诰命身体都凉了，已没了气息，快预备后事吧。"

萧斡里剌痛哭一场，又禀告耶律大石。耶律大石传旨，以王妃之礼葬玉仙于京都西郊。耶律大石恐萧斡里剌伤心过度，又把公主耶律普速完许配萧斡里剌长子萧朵鲁为媳。

这时，又有北地几个部族来归顺西辽，西辽的疆域东至高昌，西抵里海，纵横万里，威震欧亚大陆。汉文化得以在中亚传播，以至于欧洲人都认为西辽是大唐帝国的延续。

1143年，耶律大石病逝，享年五十七岁，庙号"德宗"。耶律大石在中华文明史上写下光辉灿烂的一章。西辽帝国又延续八十八年，历三世三帝二后，1218年被蒙古国所灭。